Winfried Bachmann, Michael Friedrich

Chaos – die neue Kraft im Selbst-Management

Das Kreative Brainwriting als innovatives Ordnungskonzept

Reihe
MULTIMIND

Winfried Bachmann, Michael Friedrich

Chaos – die neue Kraft im Selbst-Management

Das Kreative Brainwriting als innovatives Ordnungskonzept

Junfermann Verlag · Paderborn
1994

Cover-Gestaltung: Inga Koch

Satz: adrupa Paderborn

CIP-Titelaufnahme der Deutschen Bibliothek
Bachmann, Winfried:
Chaos – die neue Kraft im Selbst-Management: Das Kreative Brainwriting als innovatives Ordnungskonzept / Winfried Bachmann, Michael Friedrich. – Paderborn:
Junfermann, 1994
ISBN 3-87387-116-5
NE: Friedrich, Michael; GT

ISBN 3-87387-116-5

Inhalt

Vorwort

Chaos und Selbstmanagement – zwei Welten prallen aufeinander. Die eine, die alles so lassen will wie es ist und sich im Leben einfach treiben läßt. Die andere, die jeden Schritt genau plant und Selbstmanagement darin versteht, nichts in der eigenen Lebensplanung unberücksichtigt zu lassen.

Doch wo genau liegt der goldene Weg – jenes Quentchen Laisser Faire, also Los-Lassen-Können, welches das Leben erst lebenswert macht? Soll uns der Titel Glauben machen, daß es ohne Stringenz in der Planung geht, wo doch gerade dadurch erst viele Dinge möglich werden, man denke nur an die Planung eines Hauses oder die Einführung eines neuen Produkts im Markt.

Das vorliegende Buch will sagen: es geht so, aber es geht auch anders. Es will mit einem neuen, aber eigentlich uralten Ansatz Brücken zwischen den Polen schlagen und Stoff zum Nachdenken geben. Denn nicht alles im Leben ist in Konzepte gegossen, welche von schlauen Leuten erfunden werden, sondern vieles, wonach wir suchen, liegt in uns selbst verborgen. Wir müssen nur hinsehen und suchen. Es geht um die Fähigkeit, Dinge so zu tun, daß es leicht und einfach – und machbar ist.

Die Autoren dieses Buches gehen der Frage nach, ob wir die Leistungsfähigkeit unseres Gehirns richtig einsetzen und ausnutzen? Man denke nur an die Stunden, in denen wir uns Schillers „Glocke“

oder das große Einmaleins schlichtweg reingeprügelt haben. War das der goldene Weg der Wege, oder geht es nicht doch anders? Nicht daß wir auf Gedichte oder Grundrechenarten verzichten sollten, aber es gibt Möglichkeiten, effizienter und effektiver zu lernen, zu lehren und zu arbeiten.

Unsere Kinder müssen Dinge lernen, deren Sinn sie nur bedingt *ver-stehen*, geschweige denn *be-greifen*. Dabei steht in diesen beiden Worten doch der ganze Sinn, ja die Systematik menschengerechten Lernens geschrieben. So, als wollten uns unsere Urväter sagen: „Laßt euch nicht verbilden. Als wir lernten, da taten wir es durch Abschauen und Nachahmen. Wir taten es durch Ausprobieren, und wir machten jede Menge Fehler. Aber gerade das war ja das Gute an unserem System. Und was tut ihr euch heute an?“

Dr. Winfried Bachmann und Michael Friedrich, die Autoren dieses Buches, haben sich nicht an Konventionen gehalten. Nicht, daß sie aus revolutionärem Geist heraus das Alte generell verwerfen, sondern sie glauben, daß Lehren und Lernen einfacher sein kann. Beide selbst Pädagogen, haben sie die Mühlen des deutschen Schul- und Universitätswesens gründlich kennengelernt. An dem Punkt, an welchem sie den Sinn des eigenen Tuns zeitweise nicht mehr verstanden, müssen sie wohl umgedacht haben.

Von dem Zeitpunkt an begannen sie nachzuforschen, nachzufragen und auszuprobieren. Sie überprüften bekannte Konzepte wie das NLP, das Mind Mapping, lasen unzählige Bücher und entwickelten ihre Methode, das KREATIVE BRAINWRITING. Dabei verstehen sie diesen Ansatz als Vorschlag, den der Leser überdenken und auch nach den eigenen Vorstellungen verändern sollte. Denn eines haben sie verstanden: Die Fähigkeit menschlichen Denkens und Handelns ist bei jedem individuell verschieden.

Keiner handelt nach demselben Schema. Somit darf auch ein zukunftsweisendes Modell nicht in Stein gehauen sein.

Das Buch erwartet vom Leser einiges: Mut, den bisherigen Weg zumindest einmal kurzfristig verlassen zu können – und die Neugier, neue Wege zumindest ansatzweise beschreiten zu wollen. Denen, die dies nicht können oder wollen, sei an dieser Stelle die ganze Bandbreite der konventionellen Literatur empfohlen. Ich selbst bin bei der Lektüre dieses Buches an einigen Stellen hängengeblieben. Stellen, an denen ich den Sinn nicht verstand. Gerade aber die Auseinandersetzung mit dem für meine Begriffe „Nicht-Sinnvollen" hat mir ganz neue Wege ermöglicht. Insofern haben die Autoren kein schickes Modebuch geschaffen, sondern ein ehrliches, ver-rücktes und zupackendes Werk vorgelegt. Viel Spaß für die Zeit danach.

Armin Priester
Management-Coach
Beedenkirchen/Odenwald

Ein Buch für Weiterbildner und Führungskräfte ...

Wir denken und handeln oft so klar und linear nach dem „Wenn ... - Dann"-Schema. Das ist vielfach „unsere" Wirklichkeit, so wie wir uns angewöhnt haben, die Wirklichkeit wahrzunehmen. In einer Skizze sähe diese Wirklichkeit und unser schrittweises Handeln dann etwa so aus wie in der Abbildung unten links.

Eine andere Möglichkeit, die Wirklichkeit zu erfassen und zu beschreiben, ist das sog. Denken in Netzwerken. Danach entspricht unsere Wirklichkeit eher einem Netz, wo man an einem bestimmten Punkt angelangt, nicht nur eine einzige Lösungsmöglichkeit, sondern mehrere verschiedene „Lösungswege" hat. Und an jeder weiteren Weggabelung erneut vor die Entscheidung gestellt wird, sich für einen aus n-verschiedenen Wegen zu entscheiden. Und immer wieder neu wird man vor diese Entscheidung gestellt ... (siehe die Abbildung unten rechts).

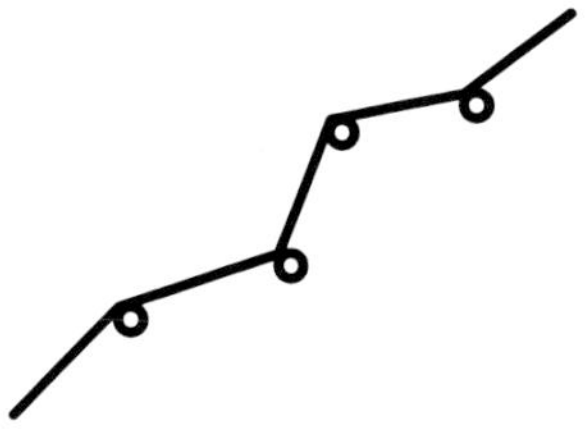

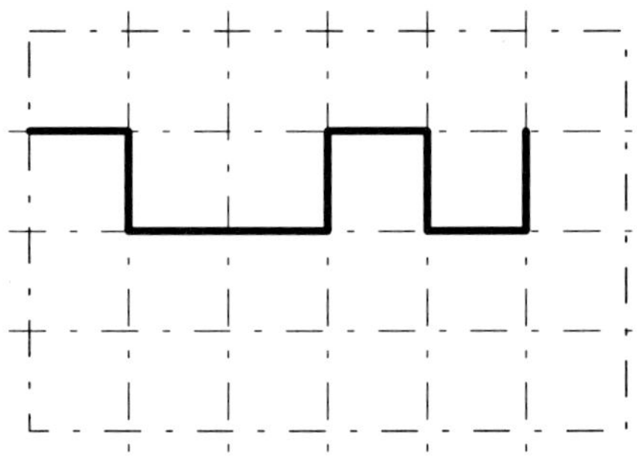

Lernen läuft eher ab wie in einem Netzwerk. Wir können nicht von vornherein „vorher-sagen", was genau passieren wird, wenn wir uns in einen Lernprozeß begeben. Wir können es deshalb nicht vorhersagen, weil unsere Wirklichkeit eben nicht so einfach und eindeutig strukturiert ist, sondern weil unsere Wirklichkeit höchst komplex und vielschichtig und sprunghaft und ... und ... ist. Und deshalb benötigen wir auch Methoden und Konzepte, die mit dieser Umwelt und dieser Erfahrung etwas anfangen können! Deshalb benötigen wir Netzwerkmodelle!

Netzwerkmodelle jeglicher Art werden zu den wichtigsten Lern- und Darstellungsmethoden dieses ausklingenden Jahrtausends gehören. Davon sind wir felsenfest überzeugt. Erstaunlicherweise sind die Kenntnisse über diese besonderen Arten des Lernens, Aufzeichnens, Strukturierens, Ordnens, Systematisierens und der vielen weiteren Anwendungsmöglichkeiten noch relativ unzureichend in der Literatur vertreten. Diesem Manko möchten wir mit diesem Buch entgegentreten, welches sowohl eine praktische Einführung in die Arbeitsweise als auch den theoretischen Hintergrund dieser Lernmethoden beleuchten möchte. Dabei liegt es keineswegs in unserer Absicht, ein ***Buch über das Kreative Brainwriting*** zu schreiben, sondern ein Buch, welches zur ***aktiven Auseinandersetzung mit dieser Lernmethode*** einlädt.

Wir stellen Ihnen hier keine geschlossene Theorie vor, sondern vielmehr ein Sammelsurium unserer Ideen zu den Bereichen „Lernen" und „Selbstmanagement", die wir seit 1989 Schritt für Schritt für uns entdeckt, verarbeitet und konzeptionell weiterentwickelt haben. Wir bieten Ihnen eine Fülle von Anregungen und Ideen, um hinter die Facetten unserer „wohlgeordneten" Welt zu blicken. Das ist unser Anliegen mit diesem Buch.

Wir denken, daß diese Arbeit sowohl für interessierte Einsteiger als auch für schon versierte Anwender von Map-Methoden geeignet ist. Den Einsteigern möchten wir dabei empfehlen, zunächst die Erläuterung des Kreativen Brainwriting in Kapitel 3 zu lesen, um sich einen allgemeinen Überblick zu verschaffen.

Im beruflichen Kontext wenden wir uns vornehmlich an **Weiterbildner** (Personalleiter, Trainer, Lehrer, ...) und **Führungskräfte**, kurz: an Menschen, die mit Menschen umgehen. Und die dabei erkannt haben, daß die entscheidende Voraussetzung dafür ist, mit sich selbst besser umzugehen.

Um die Bandbreite und die Innovationsmöglichkeiten dieser „chaotischen“ Methode richtig einordnen zu können, sind spezifische Hintergrundinformationen notwendig. Und diese werden vor allen Dingen in den Kapiteln gegeben, in denen das Kreative Brainwriting im Zusammenhang mit seinen Auswirkungen auf Lernen, Denken und Handeln (Anwendungsmöglichkeiten) im Management und Selbstmanagement beschrieben wird.

Wir möchten Theorie und Praxis gleichermaßen zu Wort kommen lassen und miteinander verzahnen. Deshalb haben wir dieses Buch in zwei Teile unterteilt; dies soll Ihnen helfen, Ihre spezifischen Schwerpunkte zu setzen.

Wer das Kreative Brainwriting dabei nur als „Lern- und Arbeits-Tool“ betrachtet, wer sich auf die Papierskizzen allein konzentriert und meint, er hätte es verstanden, wenn er gemäß den doch recht simplen Regeln eigene Brain-Maps erstellen könnte, der ist dem Wesen dieser Lernmethode noch nicht begegnet und noch Lichtjahre entfernt vom eigentlichen und möglichen Entwicklungspotential.

Denn die mentale Sprengwirkung dieser Lernmethode zeigt sich erst, wenn man hinter das „Offensichtliche“ und „Naheliegende“

blickt, wenn man die sich im Prozeßverlauf ändernde Denk- und Handlungsorganisation eines Brain-Mappers erfaßt und über die wachsende Bereitschaft desjenigen staunt, linear-eindimensionale Denkprodukte zugunsten mehrdimensionaler Denkprozesse aufzugeben und – als eigentliches Ergebnis der Auseinandersetzung – wesentlich gelassener und entspannter mit beruflichen und privaten Anforderungen umzugehen.

Nanu? – So mag mancher erstaunt fragen, wie sind wir denn auf diesen Weg gelangt, wie sind wir auf diese so überaus spannende Art des Denkens gestoßen? Und wie und wo begann diese Geschichte und wohin führt sie?

Wir – die Autoren – wissen es nicht, wir merken nur an uns selbst, daß dieser Weg gut für uns ist und uns in den unterschiedlichsten Handlungsfeldern zusätzliche „Kompetenzen" erschließt. Davon möchten wir in diesem Buch berichten und den/die LeserIn[1] ermutigen, sich ein eigenes Urteil über die Lernmethode und ihre Auswirkungen zu bilden ... und uns dies bitte mitzuteilen. Dafür schon vorab ein Dankeschön!

Im Zentrum der gedanklichen Auseinandersetzung steht folgende Frage:

Wie kann ich mit Hilfe des Kreativen Brainwriting mein Lern- und Arbeitsverhalten effizienter und effektiver, erfolgreicher und trotzdem spielerisch, und ... und ... und ... gestalten?

---

1 In vielen Abhandlungen hat sich die Sitte eingebürgert, jeweils beide geschlechtsspezifischen Anreden in einem „Wortungetüm" zusammenzufassen. Wir möchten uns im folgenden auf die neutrale Bezeichnung, der/die Leser beschränken und bitten, diese Bezeichnung als „umfassend" anzusehen.

Diese grundlegende Frage soll in sieben Kapiteln aus unterschiedlichen Perspektiven beleuchtet werden. Anhand der Inhaltsübersicht kann jeder Leser eine individuelle Erarbeitung der Gesamtthematik vornehmen, indem er sich zunächst mit den Kapiteln (Perspektiven) beschäftigen mag, die ihm gerade bei der Lösung seiner anstehenden Aufgaben besonders nützlich erscheinen.

Denn es ist in unserer heutigen Zeit ja nicht mehr unbedingt gefragt, ein Buch „linear" von vorn nach hinten durchzulesen, um die jeweils benötigten Sachinformationen zu erhalten, sondern – besonders bei der Gattung „Fachbuch" – besteht mehr und mehr die Nachfrage nach leicht verständlichen Einführungen, die dennoch über die zugrundeliegende „Technik" hinausgehende Informationen liefern.

Da das Kreative Brainwriting selbst eine „chaotisch-vernetzte Struktur" darstellt, sei dem Leser gerade im Umgang mit diesem Buch empfohlen, sich seine eigenen Lern- bzw. Arbeitsschwerpunkte zu bilden und sich so auf ganz individuelle Weise seinen eigenen Lernweg zu entwickeln. Die von den Autoren vorgenommene Gliederung sei dabei ein Vorschlag neben anderen – nicht mehr und nicht weniger.

Meine Absicht mit diesem Buch

Wir haben es als sehr hilfreich erfahren, vor der Lektüre eines Buches zunächst die eigene Zielsetzung zu klären, um schon beim Lesen zu filtern, wo genau interessante Informationen liegen und wo Textpassagen schnell überflogen werden können.
Die nachfolgenden Fragen sollen Ihnen dabei helfen, Ihre Absicht, Ihre Ziele zu klären:

- *Welche Gesichtspunkte sind mir besonders wichtig?*
- *Worauf werde ich im Laufe dieses Buches besonders achten?*
- *Welche Ziele verfolge ich mit der Lektüre dieses Buches?*
- *Bei welchen beruflichen und/oder privaten Aufgabenstellungen könnte mir das Kreative Brainwriting weiterhelfen?*
- *Was hat mich bei den anfänglichen Ausführungen überrascht?*

Teil 1:
Die Praxis des Kreativen Brainwriting

1 Was ist Kreatives Brainwriting? – Ein Einblick in Grundidee und Konzept

1.1 Wozu Kreatives Brainwriting? – Das Informationsproblem und die Suche nach effektiven Lösungen

Eines der zentralen Probleme jedes Menschen in unserem Gesellschaftssystem ist das sog. **Informationsproblem**, genauer: das Problem, mit der Fülle und Vielfältigkeit der stetig einströmenden Informationsflut fertigwerden zu müssen. Von besonderem Interesse sind dabei die Strategien, die Menschen zur Lösung dieser Problematik anwenden, genauer: es interessiert die Art und Weise, wie einzelne Menschen jeweils „ihren" Zugang zur Bewältigung der auf sie einströmenden Informationsmenge wählen, wie sie mental mit den Informationen umgehen *und* welchen Nutzen sie aus den dabei gewonnenen Erkenntnissen für sich selbst, für ihre unmittelbar betroffene Umgebung und für ihre Organisationen im weitesten Sinne ziehen.

Um sich ein Bild von der zugrundeliegenden Problematik (Blick auf das Problem) und den damit verbundenen Herausforderungen (Blick auf mögliche Lösungen) zu verschaffen, sei eine Gruppe von Menschen exemplarisch herausgehoben, die in besonders prägnanter Weise mit diesem Themenkreis befaßt sind: Es handelt sich um die sog. „Manager".

Gerd Gerken betont in seinem Buch *Geist. Das Geheimnis der neuen Führung*, daß die Suche nach „sinnvollen Lösungen" für das Informationsproblem als **eine der wichtigsten Managementaufgaben unserer Zeit** betrachtet werden müsse. Die dabei von ihm gemachten Ausführungen räumen in radikaler Weise auf mit manchen Irrwegen und Irrtümern, die auch heute noch mit den Stichworten „Information" und „Informationsverarbeitung" verbunden sind. Im folgenden seien die Grundzüge seiner Argumentation – soweit sie für unser Thema relevant sind – zusammengefaßt:

> Gerken schreibt: „In den Köpfen der meisten Manager steckt eine irrationale und überholte Einstellung zu Informationen. Sie glauben, daß die Informationen, die wir sammeln und verarbeiten, automatisch das jeweils richtige Bild der Wirklichkeit entwickeln werden" [2] ... und aus dieser Überlegung den Schluß ableiten, daß qualifiziertere Informationen demnach automatisch zu qualifizierterem Handeln führen müssen.
>
> Diese als *Mythos der Information* von Gerken charakterisierte Erwartungshaltung der Manager verkennt jedoch, daß es **nicht die Informationen** sind, die uns zum Handeln bewegen, **sondern die Kontexte**, die wir mit Hilfe vieler Einzel-Informationen durch deren Umwandlung aufbauen und die wir aus deren Zusammenhang dann ableiten. Als Kontexte versteht er dabei die **erklärenden Rahmen** (man könnte auch sagen: **Weltbilder**), welche von Führungskräften aus den vielfachen, zum Teil widersprüchlichen, aber dennoch „irgendwie" zusammenhängenden Informationen für sich und ihr Unternehmen herausgebildet werden.

Man kann sich die **sinnspendende Bedeutung des jeweiligen Kontextes für einen Inhalt** an folgendem Beispiel deutlich machen: Der Sinn des Satzes „Ziehen Sie sich bitte aus!" wird erst durch den

2 Gerken 1991, S. 80; die sich auf den Gerken-Text beziehende Interpretation ist im folgenden eingerückt.

jeweiligen Kontext entschlüsselt; es macht einen gewaltigen Unterschied, ob dieser Satz in den eigenen vier Wänden fällt oder etwa beim Arzt oder in einer dunklen Straßenecke von einem mit einer Pistole bewaffneten Gangster ironisch geäußert wird. Erst der jeweilige Kontext macht die Information verständlich und verhilft so zur Entwicklung situationsangemessener Handlungskonzepte.

Diese in Unternehmen stattfindende permanente und prozessuale Produktion von „sinnvollen" (zukunftsträchtigen) Kontexten verlangt nach anderen als den bisher üblichen Informations-Verarbeitungsstrategien: So führen etwa die *Selektions-Strategie* (z.B. wenn Stabsstellen für das Topmanagement die Informationssichtung übernehmen) oder die *Reduzierungs-Strategie* (es werden von einer Person nur die Informationen zugelassen, die dessen aktuelles Weltbild zu bestätigen scheinen) oder auch die *Vereinfachungs-Strategie* (z.B. wenn sich jemand als „Praktiker" bezeichnet und deshalb „theoretische" Zusammenhänge schlichtweg ausblendet) allesamt in Sackgassen, indem sie dem einzelnen Manager vorgaukeln, er besitze Souveränität, Festigkeit und Entscheidungsfreiheit, in Wirklichkeit aber eine raffinierte Selbsttäuschung darstellen.

Und diese Selbsttäuschung befällt als Konsequenz dann nicht nur einzelne Personen, sondern wirft einen tragischen Schlagschatten auf ganze Unternehmen oder gar Branchen. Es gibt nicht wenige Wissenschaftler und Zukunftsforscher, welche die aktuelle rezessive Wirtschaftssituation eher als ein Managementproblem betrachten denn als ein durch die „Wende" hervorgerufenes Verteilungsproblem.

Doch was verleiht eigentlich den zitierten Strategien der Selektion, Reduzierung und Vereinfachung ihren besonderen Reiz? Weshalb tendieren viele Wirtschaftsführer – sollte man den einschlägigen Befragungen Glauben schenken – zu solchen Strategien?

„Die Tatsache", so schreibt Dietrich Dörner in seinem Buch *Die Logik des Mißlingens*, „daß solche reduktiven Hypothesen Welterklärungen aus einem Guß bieten, erklärt vielleicht nicht nur ihre Beliebtheit, sondern auch ihre Stabilität. Wenn man einmal weiß, was die Welt im Innersten zusammenhält, so gibt man ein solches Wissen ungern auf, um wieder in die unübersichtlichen Gefilde eines nichthierarchisch gegliederten Netzes wechselseitiger Abhängigkeiten zu geraten. Unübersichtlichkeit schafft Unbestimmtheit, Unbestimmtheit schafft Angst. Dies mag einer der Gründe dafür sein, daß man an solchen reduktiven Hypothesen hängt."[3]

Allzu oft begegne man – so Gerken – noch dem selbstbewußten Ausspruch, „Ich weiß schon, welche Informationen ich benötige ..." und mache sich gar nicht klar, daß man damit im Grunde genommen behauptet, „zu wissen, was man noch nicht weiß."[4] Die sprunghaften, punktuellen, unstetigen und auf „Zufälle" angewiesenen Verhaltensweisen im „Informationsdschungel" legen letztlich das eigentliche Manko bloß: Wenn der Informationsnebel gar zu dicht wird, dann flüchtet man wieder in die „alten" und „bewährten" Muster. Eine vorausschauende und die Zukunft gestaltende Planung ist mit diesen Instrumenten jedoch immer seltener und eingeschränkter möglich.

Auch der massive Einsatz von **Computern** der fünften Generation, mit deren Hilfe und sog. **Expertensystemen** das Informationsmanagement gestrafft werden soll, bringt letztlich keine Entlastung, weil mit ihnen lediglich eine quantitative aber **keine qualitative Informationsverarbeitung möglich** ist: „Der Computer", so Gerken, „kann das emotionale Problem der Informationsverarbeitung nicht lösen. Der Computer versagt also gerade da, wo die Probleme liegen."[5]

3 Dörner 1989, S. 134.
4 Gerken 1991, S. 83.
5 Gerken 1991, S. 89.

Die Realisierung der jeweils nächsten Chip-Generation kann als Beispiel die gegenwärtig schon notwendige, für zukünftige Ereignisse unverzichtbare paradoxe Wirklichkeitserfassung und -gestaltung (den kinetischen Prozeß) verdeutlichen. Gerken schreibt: „Heute haben die Chip-Produzenten im Durchschnitt fünf Jahre Zeit, um einigermaßen gut zu verdienen. Dann sind die Preise verdorben, weil neue Chip-Generationen auf dem Markt sind. Auf der anderen Seite weiß niemand, ob die nächste Generation der Chips tatsächlich möglich ist oder ob sie nur ein Hirngespinst der Entwicklungs-Ingenieure ist. Man denke nur an den Bio-Chip, für den bereits viele Millionen Dollar investiert werden, obwohl niemand vorhersagen kann, ob es den Bio-Chip wirklich einmal geben wird."[6]

Und er zieht daraus die Konsequenz, daß man im Feld der Unsicherheiten beständig radikal Neues denken muß, um „am Ball" zu bleiben. Ja, mehr noch, als Chip-Produzent ist man gezwungen, mit viel Geld das Unsichere zu finanzieren, um dabeizusein, wenn das Undenkbare dann einmal Wirklichkeit werden sollte.

Aufgrund dieser Überlegungen gelangt Gerken zu dem Schluß, daß die eigentliche (schöpferische) Aufgabe des Managers demnach in der Erschaffung und Durchsetzung von Wollens-Bildern (Visionen und Kontexten) liegt. Und diese **mentale Erfindungs-Kompetenz** (Kreatives Kontext-Management) zeichnet sich dadurch aus,

- permanent aus Denk-Traditionen auszubrechen,
- stets so zu handeln, daß weitere Möglichkeiten entstehen,
- Mitarbeiter zu befähigen, mental autonomer und flexibler zu werden,
- eine Umstrukturierung von der sog. Anordnungs-Organisation hin zur Selbst-Organisation zu bewirken und
- Win-Win-orientiert zu denken und zu handeln, indem nicht mehr das Gegen-, sondern das Miteinander in den Innen- und Außenbeziehungen von Organisationen gelebt wird.

6 Gerken 1991, S. 93.

„Wer erkannt hat, daß seine Welt die eigene Erfindung ist, billigt dies auch den Weltbildern seiner Mitmenschen zu und etabliert eine echte Toleranz. Das ist gerade im Bereich des Top-Managements ratsam. ... Die typischen Positions-Kämpfe, die fast überall im Top-Management stattfinden, lassen sich leichter reduzieren auf der Basis dieser Toleranz, die der gemeinsamen Konstruktion alternativer Weltbilder entspringt. Man kämpft dann nicht mehr für seine Überzeugung, weil alle sehr viele Überzeugungen haben, an die man sein Ego nicht mehr sklavisch festmacht. Oder anders ausgedrückt: Überzeugen heißt dann nicht mehr, den anderen zu besiegen.“ [7]

Wie anders und befreiend klingen diese Worte im Blick auf die gegenwärtig häufig noch beklagte „relative Einsamkeit“ an der Spitze vieler Unternehmen, die sich ableitet aus dem klassischen Konkurrenzdenken, der Versagensangst, der Unfähigkeit, „Schwächen“ (was immer man darunter versteht) zu bekennen, dem Erkennen eigener Grenzen oder gar der Befürchtung, sich möglicherweise auf der falschen Karriereleiter zu befinden.

Wie schon eingangs betont, ist jeder einzelne Mensch in unserer Gesellschaft mit der Bewältigung seines persönlichen Informationsdschungels befaßt und Erfolg – beruflich und/oder privat – drückt sich nicht zuletzt in den (organisatorischen, sozialen, persönlichen) Fähigkeiten und Bereitschaften aus, mit dieser Herausforderung in angemessener Weise fertig zu werden.

Doch wie sehen die Lösungsansätze aus, die viele Menschen anwenden? Es fällt auf, daß im Grunde genommen **inhaltsorientierte Lösungen** nach wie vor überwiegen, d.h. Lösungen, die stark auf die jeweiligen thematischen Einzelfragen oder -aspekte zugeschnitten sind. Und als Folge davon ist man gezwungen, aufgrund der oft nicht erkannten Vernetzungen für jede neue Aufgaben-

7 Gerken 1991, S. 107.

stellung wieder „nahe bei Null" anzufangen und sich erneut thematisch-inhaltlich hochzuarbeiten: Schubladendenken versus vernetztes und vernetzendes Denken und Handeln.

Ganz anders würden **strukturorientierte Lösungsansätze** (Fragen nach der Form, nach Zusammenhängen, Beziehungsnetzen etc.) wirken, doch diesen wird zur Zeit noch kaum die ihnen gebührende Aufmerksamkeit zuteil. Dabei sind in diesem Handlungsfeld ohne Zweifel die weitaus größten Wachstums- und Entwicklungspotentiale vorhanden – gleichgültig, ob man dabei an Organisationen oder an einzelne Menschen denkt.

Was sind nun strukturorientierte Lösungsansätze? Dazu zwei Erläuterungen:

Die in frühen Kindheitsjahren gelernten sog. **Kulturtechniken** des Rechnens, Schreibens und Lesens sind solche Struktur-Ansätze, denn bei ihnen geht es nicht darum, was (inhaltlich) geschrieben wird, sondern die Beherrschung der Technik selbst steht im Vordergrund.

Nun hat es sich in unserem Kulturkreis aber eingebürgert, daß in den Folgejahren des schulischen oder beruflichen Entwicklungsprozesses die einmal gelernten Grundstrukturen kaum mehr modifiziert bzw. sogar qualitativ aktuellen Anforderungen angeglichen werden. Wir lesen, rechnen, schreiben weitgehend so, wie wir es ursprünglich einmal gelernt haben ... und es kommt uns nicht in den Sinn, daß möglicherweise die von uns erworbene „Form" des Lesens, Schreibens und Rechnens die Ursache mancher Wachstumsschwierigkeiten birgt, einfach weil die durch „unsere Form" definierten Grenzen keine weiteren Entwicklungssprünge zulassen.

- Ein Programm kann auf einem 286er Rechner niemals die Geschwindigkeit eines 486er Rechners erreichen – die Form ist halt überlegen ...

- Wir lassen uns durch die Merkfähigkeiten eines Gedächtniskünstlers beeindrucken und staunen darüber, was dieser alles behalten kann, dabei steckt das Geheimnis im „Wie", in der „Form", in der Art, wie dieser die Inhalte strukturiert und organisiert ...
- Und selbst bei den Kulturtechniken macht die Form vielfach den Unterschied aus, man denke an das chinesische Alphabet mit seinen hunderten von Schriftzeichen und die doch recht einfachen westlichen Alphabete mit ihren etwa 100 Zeichen ...

Sicherlich, es geht nicht darum, auf herkömmliche Weise z.B. das Lesen noch einmal zu erfinden, sondern es geht darum, neben der bisher bevorzugten Art des Lesens noch weitere Lesearten kennenzulernen, um die jeweiligen situativen Handlungsanforderungen nicht immer nur mit ein-und-derselben Lesart, sondern mit variabel zugeschnittenen Lesevarianten erfassen zu können, d.h. – je nach Erfordernis –

- behaltend (Wort für Wort),
- verstehend (das Prinzip, den groben Inhalt im Überblick),
- assoziierend (durch den Inhalt zu eigenen Gedanken angeregt) oder
- schnell informierend (Photo-Reading) zu lesen.

Dann ist man nicht mehr gezwungen, auf Veränderungen mit dem sog. Konzept des „Mehr-desselben" reagieren zu müssen, indem man seine Anstrengungen in gewohnter Manier verdoppelt oder gar vervielfacht ... und doch nicht zum Zuge kommt ..., um schließlich gezwungenermaßen einzelne, nicht mehr bewältigbare Elemente wegzulassen ... mit allen Risiken und Nebenwirkungen, die mit solch einem Verhalten einhergehen, wie z.B. Frustration,

Versagensangst, Streßsymptome, Tunnelblick, Konzentration auf kurzfristige und klar definierte Projekte.

Dann erst besteht die Möglichkeit, **flexibel** auf immer neue qualitative Lösungen umzusteigen und jede Veränderung nicht als Störung, sondern als Gelegenheit, als Herausforderung, als Chance zu ergreifen und sich **selbstbewußt** und **proaktiv** in den einzelnen Bahnen zu bewegen bzw. diese Bahnen sogar selbst zu definieren.

Das Kreative Brainwriting ist eine Lernmethode, welche viele dieser zukunftsträchtigen mentalen Fähigkeitspotentiale unterstützt und fördert. Ursprünglich, in früheren Varianten nur als „etwas andere“ Aufzeichnungs- und Verarbeitungsmethode bekannt (Netzwerktechniken, Mind Mapping nach Buzan), hat es sich mittlerweile zu einer Lernmethode entwickelt, die alternativ und ergänzend zu traditionellen Lernmethoden völlig neue Dimensionen des Denkens, Lernens und Arbeitens erschließt.

1.2 Grundidee und Konzept des Kreativen Brainwriting

Ein Vergleich des Kreativen Brainwriting mit traditionellen Lernmethoden könnte mit der Frage beginnen, welche Denkarten oder Hirnhemisphären mit welchen Methoden primär angeregt werden. Dabei läßt sich festhalten, daß traditionelle Lernmethoden ihren Akzent auf das linear-logische Denken legen: Sie konzentrieren sich auf Darstellungsinstrumente, die sich weitgehend an den gängigen Aufzeichnungs- und Notizformen orientieren.

Man könnte auch sagen, daß mit ihnen vorrangig eine Nutzung der „linkshemisphärischen“ Potentiale erfolgt, wenn man einmal das populärwissenschaftliche Konzept der **Hemisphärentheorie**[8] als

8 vgl. dazu Kapitel 5.3.3.

Denkgrundlage verwendet. Als Folge dieser unausgewogenen Auslastung des Gehirns – das linke wird beständig „überlastet", das rechte „unterbeschäftigt" – dürfte nur eine relativ geringe Lernleistung möglich sein. Und allzu oft ziehen Menschen aus ihren „frustrierenden" Lernerfahrungen den Fehlschluß, daß sie offensichtlich für diesen oder jenen Lernbereich nicht sonderlich begabt seien, denn sonst hätten sie ja nicht derartige Schwierigkeiten ...

Es gibt unzählige Beispiele dafür, daß Menschen gegen den Grundsatz einer ausgewogenen Hirnnutzung verstoßen und damit spezifische „hausgemachte" Lernschwierigkeiten produzieren, z.B.

- wenn Menschen versuchen, sich viele einzelne Fakten zu merken, ohne jedoch den großen Zusammenhang mitzuberücksichtigen;
- wenn nur stur das „nachgebetet" wird, was gelernt werden soll, aber keine gehirngerechte individuelle Aufbereitung der Informationen erfolgt;
- wenn im Stehen und Gehen der Lernstoff aufgenommen, jedoch im Sitzen wiedergegeben werden muß;
- wenn die besonderen Streßmomente einer Situation einfach „ignoriert" werden (was nicht funktioniert, da diese auf einem Wege willentlich unterdrückt, sich dann eine andere Ausdrucksweise suchen – z.B. starkes Schwitzen, rote Flecken im Gesicht bis hin zum Blackout).

Und die Kritik von Vera Birkenbihl, daß der größte Teil des offiziellen Lernens/Lehrens in Schule und Ausbildung nur halbhirnig stattfindet, ist nicht ganz von der Hand zu weisen. Populärwissenschaftliche (gehirn-gerechte?) Aufbereitungen schwieriger Themen sind auch heute noch die Herausforderung für jeden Autor und Lehrer.[9]

9 vgl. Birkenbihl 1990, S. 46.

Haben nicht auch Sie, werte Leser, solche und ähnliche Erfahrungen in bestimmten Bereichen gemacht? Denken Sie kurz darüber nach, woran sie wohl „gescheitert" sind, was Ihnen solche Widerstände bereitet hatte? Waren es nicht häufig zu viele Informationen, die zudem durcheinander und in widersprüchlicher Weise präsentiert wurden? Oder es war Ihre jeweilige Perspektive – „Ihr Einstieg in das Thema" -, welcher die Schwierigkeiten bereitet hat?

Nur wenige – doch das ist unserer Ansicht nach der entscheidende Faktor – machen sich aber darüber Gedanken, daß ihr „Versagen" möglicherweise nicht mit der Zahl der zu merkenden Zahlen-Daten-Fakten, sondern mit der Art und Weise ihrer Informationsaufnahme und -verarbeitung zusammenhängen könnte. Und daß ein Wechsel der Lern- und Arbeitsmethode genau den Erfolg bringen würde, den sie anstreben.

Das Kreative Brainwriting ist eine Lern- und Arbeitsmethode, die auf die oben beschriebene Funktions- und Arbeitsweise unseres menschlichen Gehirns genau abgestimmt ist: Denn sie verknüpft die logischen Verarbeitungsprozesse der linken Hirnhälfte mit den Imaginationen der rechten Hirnhälfte. Die dadurch entstehenden „chaotischen Netzstrukturen" sind ein relativ genaues Spiegelbild des Aufbaus und der Arbeitsweise des Gehirns.

Da das innere Abbild (die neuronalen Strukturen und die Art der interneuronalen Verknüpfungen) mit dem äußeren Abbild (dem Brain-Map) quasi-identisch ist, können sich viele Menschen eher mit ihrem Konzept (ihren schriftlichen Arbeitsergebnissen) identifizieren, fühlen sich deshalb emotional „gut drauf", und das Gesamtergebnis der menschlichen Gehirnleistung fällt insgesamt bedeutend höher aus als bei vergleichbaren Methoden.

Oder mit anderen Worten: Die begrenzte Aufnahme- und Verarbeitungskapazität unseres Gehirns ist in doppelter Weise gefordert:

Zum einen ist eine **themabezogene gezielte Informationsverarbeitung** notwendig (darauf konzentriert sich ausschließlich die klassische Aufzeichnungsmethode), zum anderen benötigen wir aber zum effizienteren Speichern und Verarbeiten eine **assoziative Informationsverarbeitung**, um die von jedem Menschen in jeder Situation „automatisch mitgespeicherten" kontextuellen Sinneseindrücke (die Umgebung, die Geräusche, die Tageszeit, die persönliche Befindlichkeit, den Tonfall des Gesprächspartners, dessen Aussehen, die Störungen, ...) gleichfalls mitzunehmen und als Schlüsseleindrücke zum Speichern und Wiederfinden zu nutzen. Auf diese Weise können wir auf Potentiale und Lernkapazitäten zurückgreifen, die sonst nur in besonders guten Lernphasen oder etwa durch mentale Entspannungstechniken zur Verfügung stehen. Lernen und Arbeiten machen wieder viel mehr Spaß ...

Das Kreative Brainwriting ist somit ein Lösungsansatz, um kognitiven Überlastungen vorzubeugen und kreative Zustände auf recht einfache Weise zu erzeugen. Es ist eine Methode, welche zugleich „ordnungsstiftende" und „nicht vorhersehbare, sprunghafte" Elemente miteinander kombiniert und dadurch – im wahrsten Sinne – das „chaotische Denk- und Handlungspotential" unseres Gehirns entfesselt.

In der Abbildung 1 wird modellhaft die Verwaltungsarbeit des menschlichen Gehirns in Anlehnung an die Hemisphärentheorie sowie das Tri-Une-Brain-Modell und ihre Entsprechungen in der Brain-Map-Technik dargestellt und erläutert. Wer an weiterführenden Informationen zu den einzelnen Denkmodellen interessiert ist, der sei auf das Kapitel 5 verwiesen:

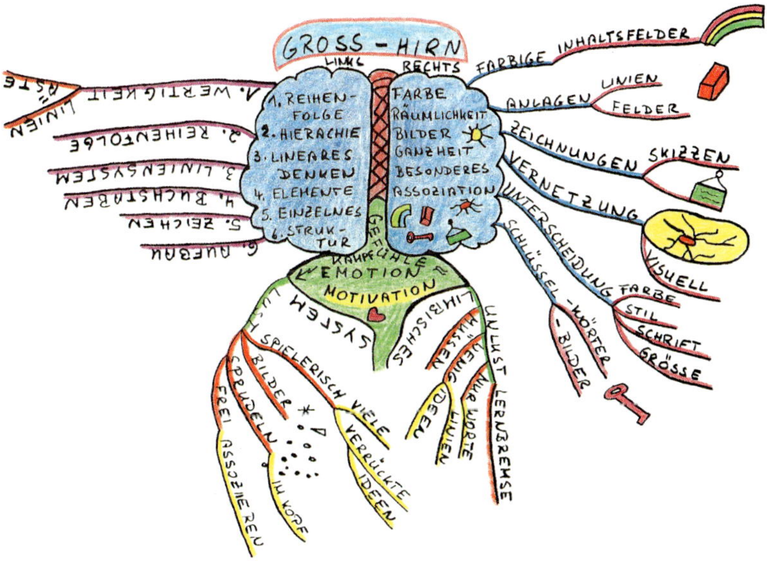

Abb. 1: Das Gehirnmanagement – Zuständigkeiten und Entsprechungen.[10]

Wie vor allem das **Tri-Une-Brain-Modell** verdeutlicht, beeinflussen **Gefühle (Emotionen)** unser Lern- und Arbeitsverhalten weitaus stärker und tiefgreifender, als dies in den meisten (kognitiv orientierten) Hirnmodellen angesprochen wird. Die sog. „Intelligenz der Gefühle" – in Anspielung auf ein neueres NLP-Arbeits-

10 modifiziert nach Beyer/Marwitz 1989, S. 17.

buch[11] – besitzt dabei sowohl voraussetzende als auch prozeßbegleitende Auswirkungen.

In dem eben zitierten Buch wird das Verhältnis von Gefühl, Situation und Verhalten an verschiedenen Beispielen erläutert. Der Leser mag sich selbst überprüfen, wie er handeln würde. Die grundlegende Frage, *Welche Folgen wird es haben, wenn ich mich in dieser Situation (das Gefühl) fühle?*, wird von Cameron-Bandler und Lebeau mit Blick z.B. auf eine Lernsituation so beantwortet: Wenn Sie sich als Schüler ...

- „neugierig" fühlen, wird Ihnen das Lernen leicht fallen;
- „unzulänglich" fühlen, wird das zu einer geringeren Beteiligung, verbunden mit Grübeln, Selbstzweifeln und Verwirrung führen;
- „stur" fühlen, wird dies Sie dazu verleiten, sich eher in Auseinandersetzungen über den Unterrichtsprozeß und Prüfungsbestimmungen einzulassen als sich auf die Inhalte zu konzentrieren;
- „apathisch" fühlen, werden Sie durch Ihre emotionale Teilnahmslosigkeit vieles versäumen.

Der Kontext – so die Schlußfolgerung – ist jedesmal weitgehend gleich, verändert haben Sie nur Ihre jeweilige Emotion und beeinflussen dadurch in erheblichem Maße Ihr „aktuelles Lernpotential".

Die Autoren haben ähnliche Erfahrungen in Seminaren gemacht, wo sie das Kreative Brainwriting vermittelt haben. Auch dort kam es häufig vor, daß Teilnehmer durch ihren jeweiligen emotionalen Ausdruck viel oder wenig zum Gelingen beitragen konnten. Denn besonders in Anfangssituationen, wenn die immensen Möglichkeiten des Kreativen Brainwriting noch nicht für sich erkannt worden sind, haben „einschränkende" emotionale Befindlichkeiten vielfach als „Lern- und Handlungsbremsen" fungiert. Wenn oftmals keine

11 vgl. Cameron-Bandler/Lebeau 1991, S. 134f.

konkreten kognitiven Argumente mehr einfallen, möchten Teilnehmer vielmehr durch ihre Emotionen zum Ausdruck bringen, daß sie z.B. Hemmungen empfinden, ihren Gedanken freien Lauf zu lassen – hier stellen die emotionalen Bindungen gewissermaßen die „Zügel des Denkens" dar, die entweder freigegeben oder angezogen werden:

- Was traue ich mir konkret zu?
- Wie geht es mir (emotional), wenn ich mich auf offene Strukturen (Lernsituationen) einlasse?

Im Laufe der Erprobung des Kreativen Brainwriting entdecken viele Teilnehmer dann, wie Freude, Spaß, Sich-Loslassen-Können und andere „positive" (erweiternde, lernförderliche) Gefühle einen völlig anderen Lernkontext bilden und zu weitaus umfassenderen Lernergebnissen befähigen als dies unter den sonst bekannten kognitiv-sterilen Lernbedingungen erfahren wurde.

Meine Zusammenfassung von Kapitel 1:

Beantworten Sie die nachfolgenden Fragen:

- *Welche Gesichtspunkte sind mir besonders wichtig? Worauf werde ich im Laufe dieses Buches weiterhin achten?*
- *Was hat mich in diesem Kapitel besonders überrascht?*
- *Was hat mich auf meinem bisherigen Weg bestätigt?*
- *Welche Anregungen könnte ich sogleich in die Tat umsetzen?*

Unser Vorschlag: Entwerfen Sie auch ein Brain-Map von Kapitel 1!

Auf der folgenden Leerseite können Sie für sich ein Brain-Map von Kapitel 1 erstellen.

↓

2 Welche Impulse hält der Chaos-Ansatz für das Management und Selbst-Management bereit?

Welche Informationen über die „Chaos-Forschung“ benötigen Sie, um vor diesem Hintergrund das Konzept des Kreativen Brainwriting einordnen zu können? Das ist die Frage, mit der wir uns in diesem Kapitel beschäftigen werden.

2.1 Chaos – ein Paradigmenwechsel kündigt sich an

Zunächst einmal sollten Sie wissen, daß „Chaos-Forschung“ nicht die einzige, sicherlich aber die populärste Bezeichnung für einen Forschungsansatz ist, der unser bisheriges Weltbild (unsere Art des Denkens) bis in seine Grundfesten hinein erschüttert. Gleichermaßen werden aber auch Bezeichnungen wie „Nichtlinearität“, „Strukturwissenschaft“, „Theorie komplexer Systeme“ u.a. in der Diskussion genannt. Auf jeden Fall ist mit dieser Richtung aber ein **disziplinübergreifendes Anliegen** verbunden.[12] Die klassischen

12 Gerken (vgl. 1992, S. 52ff.) zählt insgesamt sieben Schulen und Strömungen auf, die das moderne **Evolutions-Paradigma** bilden; im einzelnen sind dies und ihre bedeutendsten Vertreter:
1. Die Theorie der dissipativen Strukturen (u. a. Ilya Prigogine)
2. Die Theorie der Synergetik (Hermann Haken)

Naturwissenschaften Physik, Biologie und Chemie sind von diesem Ansatz gleichermaßen betroffen wie die Mathematik, die Sozial- und Betriebswissenschaften oder auch die Ökologie und Medizin.[13]

In allen diesen Disziplinen wird die Erfahrung geteilt, daß innerhalb ihres jeweiligen Forschungsrahmens natürliche Phänomene vorhanden sind, die mit den bisher entwickelten Erkenntnisinstrumenten nicht erfaßt werden können.

3. Die Theorie autokatalytischer Hyper-Zyklen (Manfred Eigen)
4. Chaos-Theorien (Benoit Mandelbrot; Mitchell Feigenbaum)
5. Systemtheoretische und kybernetische Ansätze (Heinz von Foerster)
6. Autopoiese und Selbstreferentialität (Humberto R. Maturana; Francisco J. Varela)
7. Theorie des elastischen Öko-Systems (Jim Lovelock)

13 vgl. Küppers 1990, S. 28.

Betrachten Sie den Bildausschnitt auf der vorigen Seite und stellen Sie Spekulationen über den Rest des Bildes an:

- Was glauben Sie, verbirgt sich hinter dem Rest des gesamten Bildes?
- Was können Sie als ziemlich sichere Erkenntnis aus ihrem Ausschnitt herauslesen, worüber müssen Sie spekulieren?
- Wieviele Personen sind wohl auf dem gesamten Bild dargestellt?
- Was tun diese Personen?
- Und wie sieht der gesamte Kontext aus?[14]

Fragen über Fragen und Spekulationen über Spekulationen! Stellen Sie sich vor, Ihnen wäre es möglich, quasi wie mit dem Sucher einer Kamera ihren Fokus zu verändern, um so andere Ausschnitte des Bildes zu beleuchten. Was würde Ihnen dies bringen? Wäre dies nicht ein entscheidender Fortschritt im Blick auf das Ganze?

Oder anders ausgedrückt: Sie wären dadurch fähig, Ihre Perspektive zu verändern, d.h. nicht immer nur zu „vergrößern“, sondern auch einen bestimmten Ausschnitt schärfer einzustellen, im gesamten Bild hin- und herzuspringen, um somit Ihre Situations- und Kontextwahrnehmung entscheidend zu verbessern.

Man könnte auch sagen: Durch diese Tätigkeit lernen Sie die Fähigkeit, Ihr Paradigma zu wechseln – vormals haben Sie Ihren Ausschnitt als einzig Möglichen betrachtet, nun wissen Sie um viele verschiedene Möglichkeiten der Wirklichkeitserfahrung.

Im Grunde genommen geht es uns immer so, daß wir nur einen kleinen Teil der gesamten Wirklichkeit wahrnehmen und erkennen können. Vieles andere bleibt uns verborgen. Weil dies so ist, sollten wir uns hüten, unsere Sicht der Dinge als einzig Richtige anzusehen.

14 Für Leser, die ihre Spekulationen gerne überprüfen möchten, haben wir das gesamte Bild am Ende von Kapitel 2 eingefügt.

Eine ganz ähnliche Erfahrung wird zur Zeit in vielen wissenschaftlichen Disziplinen gemacht: **Bisher ausgeblendete Bildteile werden unversehens „entdeckt“ und ihre Bedeutung zum Verständnis des Ganzen hervorgehoben.** So folgen z.B. die „natürliche Architektur“ einer Blume, die Gestalt von Wolken, das dynamische Auf und Ab von Wellen ganz „anderen Gesetzen“ als die traditionelle aristotelische Mathematik und Geometrie erfassen können.

Man sagt, in der Natur gibt es keine geraden Linien und rechten Winkel. Die von uns entwickelte Technik, Architektur und Kultur orientiert sich aber an diesen Prinzipien. Die Geschichte der Chaos-Forschung ist **die Geschichte der Suche nach diesen „anderen Natur-Gesetzen“**, um Prozesse und Phänomene verstehen und vorhersagen zu können.

Diese Aufgabenstellung erwies und erweist sich aber als weitaus weitreichender und tiefgreifender als dies von vielen Forschern erwartet worden ist. Denn dieser Paradigmenwechsel (populär: vom Ordnungs-Denken zum Chaos-Denken) deutet einen gewaltigen Umbruch an, der nicht nur die Naturwissenschaften, sondern sämtliche Wissenschaften erfaßt und gewaltig durcheinanderbringt. Denn chaotische Phänomene gibt es in jeder Disziplin, Phänomene und Prozesse, an die man sich bisher nicht herangewagt bzw. die man bisher einfach ausgeblendet hatte.

Eigentlich ist dieses Ausblenden eine überaus erstaunliche Tatsache, da wir als Teil der Natur mit ihr und in ihr ja beständig konfrontiert worden sind! Aber die Wissenschaften waren eben viele Jahrzehnte lang so intensiv mit den höheren Stockwerken eines Theoriegebäudes beschäftigt gewesen, d.h. in ihrem „alten“ Gebäude mit dem Einrichten der Zimmer zugange gewesen. Dabei haben sie gar nicht auf die Qualität und Beschaffenheit ihres Fundaments geachtet, nämlich darauf, ob dieses Fundament wirklich für ein Hochhaus oder nur für ein dreistöckiges Gebäude ausgelegt war.

Die gegenwärtig beobachtbaren Schwankungen zeugen davon, daß das Fundament offensichtlich nicht ausreicht ... Die Entstehungsgesetze von Bergen, Winden (Stürmen) und Wellen oder von Vulkanausbrücken erinnern daran, daß derlei Phänomene mit den verfügbaren Instrumenten und Fundamenten nicht vereinbar sind. Und selbst in kulturellen und sozialen Systemen begegnen wir Phänomenen, die sich durch ihre „Unberechenbarkeit" auszeichnen, wo wir nicht vorhersagen können, was im nächsten Augenblick genau „Sache" ist.

Wer vermag etwa die „Architektur eines Streits oder Konflikts" vorherzusehen, wo unsere geradlinige Logik durch die sprunghaften Veränderungen der Beziehungsstruktur völlig aus den Angeln gehoben wird? Wer vermag die wirtschaftliche Entwicklung eines Landes, eines Unternehmens oder die persönliche Karriereentwicklung eines Menschen, die doch durch so vielfältige, unvorhersehbare Einflüsse geprägt sind, präzise zu prognostizieren?

Doch wie kam man eigentlich dem Denkfehler im Theoriegebäude auf die Spur? Dazu sei eine kurze Rückschau auf die „Baugeschichte" dieses Gebäudes gegeben.

Das alte mechanistische Weltgebäude, an welchem die Wissenschaftler lange gearbeitet hatten, gründete sich auf die Vorstellungen von Pierre Simon de Laplace. Dieser hat die Newtonschen Gesetze bis zur letzten Konsequenz hin durchdacht und folgende Behauptung aufgestellt:

➪ Wenn es einem fiktiven Wesen – welches als „Laplacescher Dämon" (1776) bekannt wurde – gelänge, zu einem bestimmten Zeitpunkt die genauen Positionen und Geschwindigkeiten aller Materieteilchen im Universum zu kennen, dann wäre es diesem Dämon möglich, sämtliche zukünftigen Entwicklungen und vergangenen Erscheinungen unfehlbar daraus abzuleiten.

Nichts im Universum wäre dann mehr dem Zufall überlassen ... vorausgesetzt, der Ausgangszustand des zu erforschenden Systems wird genau genug bestimmt! Und genau diese scheinbar nebensächliche Bemerkung über die Bestimmung des Ausgangszustands markiert den Ansatzpunkt der Chaos-Forschung und legt die entscheidende Schwäche der Laplace'schen Argumentation bloß. Dennoch dauerte es nahezu 150 Jahre, bis sich um die Jahrhundertwende ernsthafter Widerspruch gegen das mechanistische Weltbild regte.

Der Mathematiker Henri Poincaré wies nach, daß bei dynamischen Systemen winzige Unterschiede in den Anfangsbedingungen große Unterschiede in den späteren Erscheinungen bedingen können. Diese als „**Schmetterlingseffekt**" populär gewordene Erkenntnis (der durch den Flügelschlag eines Schmetterlings hervorgerufene Luftwirbel in China könnte als Initialzünder einen Hurrikan wenige Wochen später in der Karibik auslösen) wurde jedoch erst 60 Jahre später durch den Meteorologen Edward Lorenz wieder aufgegriffen und bestätigt.

Lorenz, der sich mit mathematischen Modellen zur Wettervorhersage beschäftigte, hatte ein einfaches Modell für das Wechselspiel in der Atmosphäre entwickelt. Regelmäßig fütterte er seinen Computer mit Startwerten, worauf der Rechner ihm im Minutenrhythmus dann die weitere Entwicklung auswarf. Eines Tages wollte Lorenz die unangenehm lange Rechenzeit verkürzen, indem er die Zwischenergebnisse eines früheren Ausdrucks erneut eingab und das Programm wieder startete. Doch es geschah etwas für ihn Überraschendes: Die zunächst erneut errechneten Werte stimmten nur anfangs mit denen des alten Experiments überein, schon bald aber war jegliche Ähnlichkeit verschwunden, es zeigte sich ein völlig anderes Wetterszenario.

Es war Lorenz' Verdienst, daß er diese Unstimmigkeiten nicht beiseite wischte, sondern sie bis zur Fehlerquelle zurückverfolgte: Der Computerausdruck, so erkannte er, zeigte nur drei Stellen hinter dem Komma an, pro Wert ergab sich demnach ein „winzigster" Rundungsfehler, der jedoch von dem Klimamodell nicht verziehen wurde, sondern zu dem anderen Wetterszenario führte.

Mit der Veröffentlichung seiner Untersuchung läutete Lorenz dann den Abschied von der Vorstellung ein, man könnte aufgrund der meteorologischen Daten jemals eine vollkommen exakte Wetterprognose erstellen. Denn in jeder Messung sind Ungenauigkeiten enthalten, die früher oder später diesen „Schmetterlingseffekt" auslösen und damit das „chaotische Element" zum Vorschein bringen. – Und diese Erkenntnis gilt analog für jeden Bereich, in dem Messungen vorgenommen und zur Grundlage von Entscheidungen herangezogen werden. Somit gibt es keinen Bereich, der sich dem „deterministischen Chaos", dem Phänomen sprunghafter Entwicklungen, entziehen könnte.

Die Vorstellung, statische „Ordnungen" in Welt und Natur entdecken zu können, d.h. Gegenstände und Phänomene zu sammeln, zu systematisieren und in einen logisch, in sich geschlossenen Katalog einzugliedern, war damit endgültig überholt. Die Ordnungsschemata zur Bestimmung der Tier- und Pflanzenarten können nur einen bestimmten Status-Quo festhalten, jedoch keine dynamischen, insbesondere evolutionären Prozesse. Und diesen „neuen, alten Entdeckungen" wird zur Zeit die volle Aufmerksamkeit zugewandt.

An dieser zugegeben unvollständigen Entdeckungsgeschichte der Chaos-Forschung[15] ist zweierlei bemerkenswert:

- Zum einen die Tatsache, daß in diesem Jahrhundert noch so viele Jahrzehnte verstreichen konnten, bis die Bedeutung der Randbedingungen für die Entwicklung dynamischer Systeme erkannt und die einzelnen Puzzleteile in den verschiedenen Wissenschaftsdisziplinen (Meteorologie, Physik, Biologie, Chemie, Medizin, Neurowissenschaften, Soziologie, ...) zu einem gemeinsamen Ansatz zusammengefügt wurden,
- zum anderen die Tatsache, daß es – auch heute noch – immense ideologische, gesellschaftliche, ja auch individuelle Beharrungskräfte gibt, die sich nach wie vor diesem Faktum einer „chaotischen Weltordnung" verschließen und ihr Leben, die ihnen anvertrauten Menschen und Organisationen, ihr politisches, ihr ökologisches, ihr berufliches, ihr ... Denken und Handeln nach alten Ordnungsmustern gestalten wollen.

Mit diesen Ausführungen ist auch schon die Überleitung zur Umsetzung und Anwendung des Chaos-Ansatzes vorgezeichnet. Denn es handelt sich hier sicherlich nicht nur um ein akademisches Problem, welches im „wissenschaftlichen Elfenbeinturm" die Gemüter erregt, sondern es wird eine tiefgreifende Veränderung des gesamten gesellschaftlichen und individuellen Lebenszusammenhangs vorgezeichnet.

Es war ein langer Weg, bis es den Forschern bewußt war, daß ihr **„Suchen nach geordneten Strukturen"** ihr eigenes Denken, Handeln

15 Wir haben uns hier auf ein Beispiel aus dem Bereich der Wetterforschung beschränkt; selbstverständlich sind zum gleichen Zeitpunkt viele andere Ansätze entwickelt worden, die in anderen Forschungsrichtungen zu ähnlichen Ergebnissen gelangt sind, die – zusammengefaßt – dann als Ansatz der Chaos-Forschung bekannt geworden ist.

und Weltverstehen mehr als geahnt beeinflußt, indem sie selbst, ihre Art des Denkens, plötzlich zum Thema wurde und sich auf dem Prüfstand befand: „Sag mir, wie Du denkst, und ich sage dir, zu welchen Ergebnissen du fähig bist", so lautete unversehens das Motto.[16]

Als „Kinder unserer Zeit" sind wir alle hier gleichermaßen betroffen, denn wir haben in uns ähnliche Tendenzen, vertrauten Denkrahmen und bewährten Erkenntnissen blindlings zu folgen, ohne die Veränderungen der Rahmenbedingungen zu erkennen und ... dadurch gleichfalls in Sackgassen zu geraten.

Die gegenwärtige Führungs- und Identitätskrise im Management hat einen Ursprung in der Angst (bzw. Unfähigkeit) vieler Unternehmer und Manager, trotz veränderter Rahmenbedingungen ihre gewohnten Denkstrukturen aufzugeben und sich mutig den neuen Herausforderungen zu stellen.

Deshalb können wir von den Bemühungen, den Irrwegen der Forscher profitieren und deren gefundene Lösungsansätze gleichfalls nutzen. Wir brauchen nicht in anderen Handlungsfeldern sämtliche „Fehler" erneut zu begehen, wir können in Übertragungen auf unsere eigenen Handlungsfelder manchen Weg abkürzen und schneller zu vernünftigen Lösungen gelangen.

Was können wir aus den bisherigen Überlegungen lernen?

1. Zunächst einmal, daß es offensichtlich **eine ökonomisch-vernünftige Grenze der Planbarkeit und der Einflußnahmemöglichkeit** gibt, die – wenn sie überschritten wird – sich gegen den Planenden richtet!

---

16 vgl. Maturana/Varela 1989.

Wir sind es gewohnt, Planungsfehler durch mehr Planung zu begegnen und erzeugen dadurch – paradoxerweise – genau die Effekte, die wir durch unser Handeln vermeiden wollen, nämlich Planungsfehler.

Das haben viele Forscher selbst bei ihrem Tun erlebt: Je „ordentlicher“ und „geordneter“ es in den einzelnen Disziplinen zuging, desto mehr entzog sich oft der Forschungsgegenstand dieser Ordnung, desto häufiger entdeckten Forscher Ungereimtheiten, Abweichungen, Ausrutscher, unerklärliche Phänomene, spontane Sprünge, Entgleisungen, etc. Sicherlich war es ihnen eine Zeitlang gelungen, mit Hilfe feinerer Analysemethoden neue Ordnungen zu entdecken und damit manche Widersprüche früherer Erkenntnisse aufzulösen. Trotz der dabei erzielten Erfolge verlief die gesamte Entwicklung jedoch auf vorgezeichneten Bahnen. Im Grunde genommen wurde eine Forschung des „**Immer-Mehr-Desselben**“ in Richtung feiner-differenzierter-begrenzter etc. betrieben, eine generelle Trendwende wurde aber nicht vollzogen.

Und in der Anwendung dieses Ordnungsdenkens zeigten sich dann häufig einseitige, ursache-wirkungs-bezogene Handlungsmuster, welche oftmals die grundsätzlichen Mängel oder Gefahrenstellen einer Situation, einer Organisation oder von sich andeutenden Veränderungen gar nicht erkannten, vielfach ein vordergründiges „Reparatur-Verhalten“ empfahlen und dadurch in vielen Fällen zu einer „Verschlimmbesserung“ beitrugen.

Denn je härter und konsequenter man eine Situation, eine Organisation, eine Entwicklung „managte“, je mehr man sich dabei um Ordnung bemühte, um so häufiger erreichte man genau das Gegenteil dessen, indem die Kontrolle über die Entwicklungen mehr und mehr den eigenen, ordnenden Händen entglitt ...

„Wenn wir gegen das Chaos managen,
bekommen wir das falsche Chaos.
Wenn wir gegen Ordnung managen,
bekommen wir das richtige Chaos."
– *Gerd Gerken*

Als Einzelpersonen und als komplexe Organisationen stoßen wir zur Zeit beständig an die Grenzen unserer Planbarkeit und unserer Einflußmöglichkeiten. Um in unserer Welt bestehen zu können, sind andere Meßinstrumente, vor allem aber eine andere Art des Denkens und damit des Umgangs mit diesen Meßinstrumenten notwendig. Davon handelt die Chaos-Forschung!

2. **Dynamische Systeme** – und das sind im Grunde genommen die meisten Systeme, auf jeden Fall **alle natürlichen und alle kommunikativen Systeme** – entwickeln und verändern sich halt nicht nach rationalen Planungsgesichtspunkten und Beschlüssen, sondern aufgrund **evolutionärer Prinzipien**, wobei jedes dieser Systeme seinen eigenen Gesetzmäßigkeiten folgt, die es zunächst ansatzweise zu verstehen gilt, bevor man damit beginnt, sie steuern zu wollen.[17]

Man spricht davon, daß sich dynamische Systeme selbst organisieren, d.h. daß sich Systeme in einem beständigen „Fließgleichgewicht" mit ihrer Umwelt befinden und durch „Rückkoppelung" ihre Existenz erhalten und entwickeln. Dabei ist das Bestreben vorhanden, einen Ausgleich herzustellen zwischen Ordnung und

17 vgl. Wehowsky 1990, S. 152ff.; vgl. auch Dörner 1989.

Chaos, etwa in dem Sinne, „soviel Ordnung wie nötig – soviel Chaos (und damit kreatives Experimentieren) wie möglich".

Gerken schreibt zum neuen Verständnis von Ordnung und Chaos: „Man hat erkannt, daß ganz offensichtlich Ordnung kein stabiler, sondern ein fließender Zustand ist, ja daß Ordnung sogar – wie die neue Chaos-Forschung zeigen kann – nur ein Ergebnis des Maßstabes ist. Eigentlich ist immer alles Chaos, so wie eigentlich auch immer alles Ordnung ist."[18]

> Oder um ein anderes Bild zu gebrauchen: Ordnung und Chaos verhalten sich in ihrem Wechselspiel wie die in der griechischen Sage genannten Skylla und Charybdis für den durch die Meerenge fahrenden Odysseus. Für Odysseus bestand kein Unterschied darin, welcher der beiden Gefahren er sich stärker annäherte: In jedem Falle erlitt er Verluste an Mitreisenden. Und in ähnlicher Weise trifft dies auch auf diese beiden Denkstrukturen zu.

Möglicherweise haben wir uns in unserer Gesellschaft dem Felsen „Ordnung" allzu stark genähert und dadurch „Verluste" erlitten, diese Verluste sollten uns aber jetzt nicht dazu verleiten, schnurstracks das Steuer herumzureißen und den Strudel anzusteuern, weil wir dadurch keineswegs unsere Ziele erreichen können, die uns vorschweben. Was wir aber tun können – und das ist die eigentlich neue Art des Denkens –, ist, daß wir lernen „zwischen Felsen und Strudel hindurch zu navigieren". Die Aufgabe lautet nicht mehr „Zielen und Treffen", sondern „Navigieren" bzw. „Surfen"[19].

---

18 Gerken 1992, S. 76.

19 vgl. Gerken 1992, S. 77: Selbstorganisation braucht Surfen! – Surfen „ist die frühzeitige Verschmelzung mit dynamischen und eigendynamischen Prozessen mit gleichzeitigem Mitfließen mit diesen Prozessen. Es ist also ein Akt der Integration und ein Akt der Fluktuation zugleich." – vgl. auch Radar für Trends 9 / 1993, S. 18: Hinter dem überaus wichtigen Thema der Komplexität verbirgt sich der sog. Trend zum „Edge of Chaos", der soviel bedeutet wie das

Es gilt, die Balance zu halten, sowohl den Felsen wie den Strudel im Auge zu behalten, um möglichst unbeschadet diese Meerenge zu durchschiffen.

Beispiele für das Wechselspiel von Ordnung und Chaos und den daraus erwachsenden Handlungsfolgen lassen sich aus allen Lebensbereichen anführen; man denke an die hierarchischen Unternehmensstrukturen und den „Obergefreiten-Dienstweg", welcher oftmals die einzige Möglichkeit darstellte, um noch zum Zuge zu kommen, man denke an die Straßenverkehrsordnung und die vielen kleinen Übertretungen, die den Straßenverkehr überhaupt erst zum Fließen bringen, man denke an die juristischen Bemühungen, Verträge „wasserdicht" zu machen und das im Grunde gar nicht mit Worten faßbare Vertrauensverhältnis, welches eine konstruktive Vertragsrealisierung überhaupt erst möglich macht und den „Geist" jeglichen Vertragswerkes ausmacht, und man denke an die 99 Tage, in denen das Wetter vom Wetteramt „richtig" vorhergesagt wird und an den einen Tag, an dem es „Kapriolen" schlägt und sich trotz des gigantischen Vorhersage-Aufwands der Prognose entzieht.[20]

Man spiele einmal diese Beispiele durch und nähere sich versuchsweise dem Felsen (mehr Ordnung) und bedenke die Folgen, und man nähere sich dem Strudel (mehr Chaos) und bedenke gleichfalls die Folgen.

---

kontinuierliche Pendeln eines Systems zwischen einer mechanischen Ordnung und einer chaotischen Bewegung.

20 Weitere eindrucksvolle Beispiele für natürliche und soziale Chaos-Ordnungen sind abgebildet in Geo Wissen, Heft 2/1990: Chaos und Kreativität.

2.2 Chaos – die neue „Ordnung“ im Management und Selbst-Management

Zur Zeit ist Chaos noch ein Thema, mit dem sich im Managementbereich vorrangig Trendforscher, Zukunftsexperten und wenige innovative Einzelpersönlichkeiten beschäftigen; doch die breitgefächerte Umsetzung deutet sich mehr und mehr an, so daß sich in nächster und mittlerer Zukunft sicherlich auch das Management als ganzes mit diesem Konzept beschäftigen wird.[21]

Es ist keineswegs ein Zufall, daß sich der bekannte Trendforscher Gerd Gerken in seinem 1992 erschienenen Buch *Manager – Die Helden des Chaos* explizit mit der kreativen Kraft des Chaos-Managements beschäftigt. Seiner Ansicht nach hat man sich im Management allzu stark daran gewöhnt, mit Präzision, Ordnung und Ziel-Optimierung als typischen Managementeigenschaften umzugehen, wohingegen die Forderung zur Ausbildung von „Chaos-Fähigkeiten“ heutzutage noch als recht seltsam und ungewöhnlich angesehen wird: „Denn die meisten Menschen“ – so schreibt er in seinem Vorwort – „glauben ohnehin, daß wir viel zuviel Chaos in der Welt haben. Und tatsächlich klappt eigentlich fast gar nichts hundertprozentig. Überall in unserem Leben gibt es Abweichungen, Ausrutscher, Unstimmigkeiten und Entgleisungen. Aber gerade das ist das Leben.“

---

21 Dazu Gerd Gerken in Radar für Trends 9/1993, S. 19: „Das gesamte Spektrum der Chaos-Forschung ist mittlerweile so seriös geworden, daß Chaos, Komplexität und Management immer häufiger in einem Kontext erwähnt werden. Aber das Thema Chaos stiftet zugleich immer noch viel Verwirrung und Probleme in den Unternehmen, denn eigentlich weiß man so gut wie gar nichts darüber, wie man mit der wachsenden Komplexität umgehen soll bzw. wie man sie planen kann.“

Und Gerken gibt folgende Fragen als Denkanstöße:

- Wie wollen wir uns auf dieses Leben, das permanent in seiner Unstimmigkeit ist, einstellen?
- Wollen wir es sozusagen zurückordnen und damit zu unserer Ordnung zwingen?
- Oder wollen wir den Prozeß der permanenten Entgleisungen akzeptieren und in sich selbst optimieren?

Was wollen wir tun? Sind wir bereit dazu, eine neue Art des Denkens, der Betrachtung unserer Wirklichkeit, einzuüben, um uns auf die zukünftigen Anforderungen vorzubereiten? Sind wir bereit, mit offenen Fragen, Möglichkeiten und Potentialitäten umzugehen oder ziehen wir unser Schneckenhaus der liebgewordenen, aber leider völlig überholten Gewohnheiten vor?

Wie sieht unser Fokus aus: Konzentrieren wir uns auf das Alte und Bekannte oder auf das Neue, noch Unbekannte? Oder stehen wir im Hier-und-Jetzt und wenden unsere Aufmerksamkeit den Ereignissen und Prozessen zu, die zur Zeit gerade aktiv sind?

Vilém Flusser gibt ein eindrucksvolles Beispiel, um seine engagierte Kritik an der Einstellung der traditionellen Wissenschaften und Managementpraktiken zur zukünftigen Entwicklung zu untermalen:

> „Diese Gesellschaftsstruktur taucht erst seit wenigen Jahrzehnten empor, und sie bricht dabei durch die vorangegangenen Gesellschaftsstrukturen, wie etwa ein Unterseeboot durch die Eisdecke hindurch emportaucht.
>
> Die vorangegangenen zwischenmenschlichen Gesellschaftsgruppen fallen bei diesem Durchbruch zu allen Seiten hin auseinander und zerbröckeln. Familien, Volk, Klasse zerbersten zu Schollen. Und es ist bezeichnend für die meisten Soziologen und Kulturkritiker, daß sie sich für den Zerfall der hergebrachten Gesellschaftsstruktur (des Bekannten,

d. V.) mehr interessieren als für das Emportauchen der neuen; daß sie mehr auf das Krachen des Eises als auf das emportauchende Unterseeboot achten.

Daher sprechen sie von einem Verfall der Gesellschaft, statt von der neuen Gesellschaft zu sprechen. Sie kritisieren die zerfallenden Strukturen, anstatt die neuen zu kritisieren; ...; sie kicken tote Pferde."[22]

Es ist wirklich an der Zeit, sich mit Begriffen wie Evolution, Chaos, Nichtlinearität, Selbstorganisation, Kinetik, Komplexität, systemisches Denken und Handeln zu beschäftigen und den generellen Paradigmenwechsel, d.h. das grundsätzliche Anerkennen und bereitwillige Mitgestalten des neuen Weltbildes, als konstruktive Kraft im Hier-und-Jetzt anzuerkennen.[23]

Der Betrachtungshorizont, welcher vor etwa zehn Jahren noch als relevante Bezugsgröße im Management eine Rolle gespielt hat, wird mittlerweile als nebensächliche Größe eingestuft, vor allem die relativ großen Horizonte (global, international, regional) verlieren an Bedeutung.[24] Statt dessen tritt mehr und mehr die **Beziehungs-**

22 Flusser, zitiert in Gerken 1992, Vorwort.

23 vgl. die Systematik der zentralen Begriffe in Gerkens Buch (1992): *Manager – Die Helden des Chaos.*

24 vgl. Radar für Trends – Zukunftsletter 4/1993, S. 1ff.: „In letzter Zeit hat es im Marketing so viele 'große Ideen' gegeben, denen die Marketing-Welt z.T. bereitwillig gefolgt ist. Da gab es z.B. die Globalisierungs-Philosophie. Danach hätten die Produkte nur noch Erfolg, wenn sie ein globales, also internationales Profil aufweisen würden. Global-Marketing (analog: Global-Management, d. V.) nannte man das. Inzwischen ist diese Welle am Ende. Und Helmut Maucher, Vorstands-Vorsitzender von Nestlé, hat einmal süffisant dazu gesagt, man könne 'boshafterweise die Vermutung hegen, daß das Global-Marketing von zentralen Stabsleuten erfunden worden ist als neue Möglichkeit zur Vergrößerung ihrer Macht'."
„Die Selbstverständlichkeit, mit der die Schiene Produktion – Marketing – Verkauf bisher funktionierte, scheint durchbrochen zu sein. Und sie ist durchbrochen worden, weil ganz offensichtlich immer mehr Konsumenten völlig eigenständige Dynamiken und Codierungen vollziehen, die überhaupt nicht zu den Positionierungen der Hersteller passen."

struktur (relationship) in den Mittelpunkt, der Mensch als Geschäfts- und Kommunikationspartner wird interessant – eine **kooperative Kontext-Kommunikation** ist angesagt, das subjektive Element der Kommunikation wird endlich auch im Management gewürdigt!

Und hatte man bisher den Schwerpunkt auf Kommunikation gelegt, so treten nunmehr der Kontext (und andere Elemente) als wesentliche Bezugsgrößen in den Vordergrund. Denn: **Ohne Kontext ist Kommunikation im Grunde genommen gar nicht denkbar, einfach weil die Bedeutungen die Inhalte bestimmen und nicht umgekehrt!**

Erinnern Sie sich noch an das Beispiel? – Der Satz „Entkleiden Sie sich!" macht je nach Kontext einen ganz anderen Sinn, etwa im Sprechzimmer eines Arztes oder in den eigenen vier Wänden oder in einer dunklen Hausecke, wenn ihnen ein Mensch mit gezogenem Revolver gegenübersteht.

Und analog gilt dies auch für die neben dem Kontext gleichermaßen relevanten kommunikativen „Randbedingungen", als da wären der subjektive innere Zustand, die jeweils aktivierten Vorkenntnisse und das anvisierte bzw. realisierte Ergebnis und seine auf den Inhalt bezogene Bewertung. Abbildung 2 faßt die wesentlichen Randbedingungen in ihrer wechselseitigen Abhängigkeit zusammen.

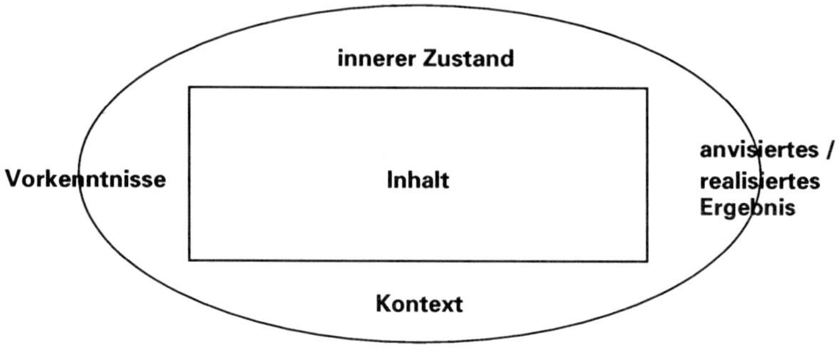

Abb. 2: Die Elemente, welche als *Rahmenbedingungen* die inhaltliche Erarbeitung einer Thematik wesentlich mitbestimmen.

Fazit: Der Kontext sagt mehr über den Inhalt aus, beeinflußt diesen und damit auch das jeweils angestrebte Ergebnis stärker und nachhaltiger als wir gemeinhin glauben. Und diese Einflußnahme auf die inhaltliche Erarbeitung einer Thematik im engeren Sinne geht gleichermaßen auch von den anderen in obiger Abbildung genannten Elementen aus.

Wie können wir diese „Weisheit" nutzen? – Ganz einfach. Indem wir unsere Aufmerksamkeit umlenken – weg von den Inhalten, hin zu den Randbedingungen – und Erfahrungen machen mit dieser etwas anderen Sicht der Dinge.

Lassen Sie sich überraschen! Spielen Sie damit! Probieren Sie diese neue Sichtweise einfach aus!

Mit dieser Umorientierung haben Sie wichtige Ansatzpunkte für Ihre persönliche Weiterentwicklung und Qualifizierung selbst in der Hand. Sie werden enorme Fortschritte bei sich selbst feststellen. Enorm deshalb, weil Sie sich bisher noch nicht um diese Elemente sonderlich gekümmert haben und daher kleinste Weichenstellungen in die neue Richtung – so unsere Erfahrung aus vielen Seminaren – schon eine große Wirkung erzielen.

Betrachten wir noch einmal kurz die uns allen bekannte, traditionelle Vorgehensweise: In Schule, Beruf und Gesellschaft haben wir bisher gelernt, uns nahezu ausschließlich auf Inhalte zu konzentrieren; es galt und gilt noch immer der Satz, wonach „Wissen" irgendwie „Macht" bedeute und viele denken, mit „Wissen" seien dabei Fachkenntnisse im engeren Sinne gemeint. Konsequenterweise werden nun Inhalte auf Inhalte erworben, wobei vielfach schon der Zusammenhang zwischen einzelnen verwandten Inhalten auf der Strecke bleibt.

Dabei wiegt eine andere Fehldeutung noch weitaus schwerer: Denn **Wissen bedeutet** keineswegs Macht, sondern lediglich **potentielle Macht**. Was nützen die besten Anlagen, die größten Fähigkeiten und das umfassendste Wissen, wenn es letztlich nicht genutzt wird! Erst die Tat entscheidet, erst der Gebrauch des erkannten Wissens, der Fähigkeiten und Talente führt zu Veränderungen und zu echten Ergebnissen.

Auch dieses Buch können Sie auf zweierlei Weise nutzen: Zum einen können Sie sich über das Kreative Brainwriting informieren ... und haben dadurch neues Wissen gewonnen, jedoch noch gar nichts erreicht! Zum anderen können Sie das Kreative Brainwriting nutzen, ausprobieren, anwenden ... und haben damit das Wesentliche erreicht: Sie wachsen und entwickeln sich!!!

Auf Ihrem persönlichen Entwicklungsweg werden Sie sicherlich **auf Grenzen stoßen**; Grenzen, die Sie daran hindern, sich auf unserem Wege weiterzuentwickeln. Die „normale" Reaktion besteht nun darin, zum Inhaltlichen zurückzukehren und sich noch intensiver, noch eingehender, noch detaillierter, noch zeitlich ausgiebiger, noch ... mit demselben zu beschäftigen, weil uns wohl –

so die häufigste Annahme – in der Erarbeitung betreffender Inhalte einige „Fehler“ unterlaufen sind. Diese können nur durch „noch mehr Anstrengungen“ behoben werden.

So denken viele und sind damit wieder an ihre nächste Grenze gestoßen, nämlich an die Grenze, daß an einem bestimmten Punkt unsere Leistungsfähigkeit und -bereitschaft erschöpft ist. Sollte uns das in einem Fachgebiet häufiger geschehen, so ziehen wir daraus unsere Schlußfolgerungen, im schlimmsten Falle akzeptieren wir diese Grenze als für uns unüberwindlich (Glaubenssatz!). Zumindest glauben wir an diese Grenze und drücken unseren Glauben in Sätzen aus wie: „Mathematik habe ich noch nie gekonnt“, „Fremdsprachen zählen nicht zu meinen Stärken!“, „Diese Tätigkeit überfordert mich regelmäßig, da sollte ich mich raushalten!“, „Sobald ich unter Druck gerate, verliere ich den Überblick!“, „Ich bin kein großer Redner, deshalb sollte ich auch keine Reden halten!“

Im Grunde genommen spielen wir mit uns ein „ewiges Billardspiel“, wo wir von einer Bande zur nächsten rollen, jedoch ohne jemals echte Entwicklungsmöglichkeiten zu besitzen bzw. derartige Möglichkeiten ernsthaft in Betracht zu ziehen.

Wir können jedoch immer auch noch ganz anders reagieren: Sollten wir – als Beispiel – die Grenze haben, täglich maximal 100 Buchseiten lesen zu wollen, aber in der Regel nur etwa 50 Seiten zu schaffen, so können wir daraus die (übliche) Schlußfolgerung ziehen, daß es wohl angebracht sei, die Ansprüche an uns selbst langfristig auf 50 Seiten zu begrenzen (und damit zufrieden zu sein und uns dadurch weitgehend in einem vorgezeichneten Rahmen zu bewegen) ... oder ... fortan zu beschließen, es täglich mit 1.000 Buchseiten zu versuchen, ... um dadurch unseren normalen Leserahmen zu sprengen und zu einer ganz anderen Denk- und Lesequalität vorzustoßen.[25]

Dies klingt paradox für Sie? – Das ist paradox! Aber gerade in diesem widersprüchlichen Ansatz steckt die entscheidende Kraft, die wirkliche Veränderungen in festgefahrenen Situationen herbeiführt und damit zu Lösungen verhilft, die mit dem normalen Denkrahmen nicht vereinbar sind.[26]

Das Kreative Brainwriting ist ein ganzheitliches Lern- und Entwicklungssystem, welches in diese neuen Lernfelder und Denkschemata einführt. Wir möchten durch Paradigmenwechsel, paradoxe Interventionen und chaotische Strukturen Veränderungsimpulse und Anregungen weitergeben. Mit diesem Ansatz erfolgt eine **Würdigung der Randbedingungen** (Vorkenntnisse, innerer Zustand, Kontext, anvisiertes Ergebnis) **in ihrer Bedeutung für den jeweiligen Inhalt** – und damit ein Denkansatz, welcher typisch ist für die Chaos-Forschung.

Das macht Sinn: In einer „Welt", wo die normalen Regeln und Strukturen offensichtlich nicht mehr den vorfindlichen Anforderungen genügen, sind **paradoxe Interventionen** notwendig, um bestehen zu können: Wenn ein Flugzeug in Turbulenzen gerät und seine Stabilität verliert, dann ist die natürliche Reaktion „weg vom Boden, den Flieger nach oben ziehen", weil die Gefahr (das Abstürzen und Zerschellen) ja offensichtlich „unten" lauert ... und damit erreicht man genau das Gegenteil von dem, was man möchte: Man wird auf jeden Fall abstürzen, weil das Flugzeug so keine Chance hat,

25 Diese Herausforderung ist eine der Grundlagen des sog. Photo Reading – vgl. Scheele 1993.

26 vgl. de Bono 1989; 1991 u.a.: Vor allem der bekannte Psychologe Edward de Bono hat sich darauf spezialisiert, mit Hilfe des lateralen Denkens – das ist die Fähigkeit des Umschaltens auf Seitenwege – gängigen Denk-Konzepten neues Leben einzuhauchen; er ist davon überzeugt, daß nur mit derartigen Methoden die Suche nach (Markt-)Chancen und neuen Ideen erfolgreich verläuft.

Geschwindigkeit aufzunehmen, um seine Stabilität wiederzuerlangen. Wenn man hingegen in dieser Situation den Flieger nach unten zieht, so wird man Geschwindigkeit aufnehmen ... und aus dem Sturzflug heraus wieder seine Flugstabilität erlangen ... und wird überleben.

Bildlich gesprochen: Die Lösung liegt oftmals genau dort, wo wir die Gefahr vermuten ... und das mutige Hineintauchen in die „Gefahr" hilft uns, diese zu überwinden, ... das darin verborgene Chaos zu gestalten, uns mit ihm zu versöhnen.[27]

In der aktuellen Managementliteratur begegnet man gleichfalls diesem paradoxen Phänomen, daß als „Renner" zur Lösung der gegenwärtigen Identitäts- und Führungskrise im Management Bücher und Konzepte herangezogen werden, die im Grunde genommen gar nichts mit dem Management zu tun haben: Als ein Beispiel sei der sehr bekannte Titel *DelphinStrategien* von Dudley Lynch und Paul Kordis genannt, in welchem das fiktive Verhalten von Delphinen, Haien und Karpfen und deren Kommunikationsstrategien erörtert werden. Durch die dabei verwendeten Wortbilder werden den interessierten Lesern „Spiegel ihrer selbst" vor Augen gehalten und damit Botschaften und Erkenntnisse anschaulich vermittelt, die viele Menschen als bloße, vielfach negativ besetzte Worthülsen nie und nimmer akzeptiert hätten.[28]

---

27 Dieses schöne Wortbild verdanken wir Patricia Danielson, Learning Strategies Corporation, USA.

28 vgl. Lynch/Kordis 1991; als weitere lesenswerte Beispiele für paradoxe Buchtitel seien genannt: Carter-Scott, C.: *Negaholiker am Werk. Mit schwierigen Kollegen, Vorgesetzten und Geschäftspartnern gut fertig werden.* Frankfurt/M. 1992; Bernstein, A. J., Rozen, S.C.: *Das Dinosaurier-Syndrom. Vom Umgang mit sich und anderen schwierigen Kollegen.* Zürich und Wiesbaden 1990.

Vielleicht hat es sie als LeserIn auch erstaunt, in der Kapitelüberschrift „Management und Selbst-Management“ zu lesen, um dann aber im Text kaum mehr einen direkten inhaltlichen Bezug dazu gefunden zu haben.

Auch das macht Sinn, denn es handelt sich hierbei um ein generelles Thema und Phänomen unserer Zeit und Gesellschaft, wobei uns daran gelegen ist, daß sie sich aktiv damit auseinandersetzen. Eine aktive Auseinandersetzung ist unserer Ansicht nach nur dann möglich, wenn sie sich anstrengen müssen, um den gedanklichen Rahmen auf ihre Situation zu übertragen, ihn zu modifizieren und schließlich auch inhaltlich auszufüllen. Diese Übertragungs-Anstrengungen können und wollen wir ihnen nicht abnehmen.

Letztlich ist es dabei gleichgültig, ob man universale, globale, regionale, personale oder gar atomare Betrachtungsperspektiven aufzeichnet, in allen Fällen sind Ordnungs- und Chaos-Strukturen im Wechselspiel miteinander verzahnt: Und je mehr es uns Menschen möglich wird, nicht nur standortbezogen, sondern regional, ja global unsere Welt zu „ordnen“, umso häufiger stoßen wir an die Grenzen unserer Planbarkeiten und technischen, gedanklichen, organisatorischen und materiellen Möglichkeiten ... und damit mitten hinein ins sogenannte Chaos.

2.3 Planen und Lernen im Chaos

Stehen wir nun dem Chaos hilflos gegenüber, ohne jegliche Eingriffs- und Gestaltungsmöglichkeiten? Oder ist das Chaos steuerbar, ja sogar im Rahmen unserer Möglichkeiten durch uns gestaltbar?

Für manchen Kritiker der modernen Wissenschaft mag es eine gewisse Genugtuung sein, „daß in unserer komplexen Welt nicht alles berechenbar ist. Aber in der vermeintlichen Schwäche liegt zugleich auch eine große Stärke der Naturwissenschaft. Sie verdankt ihren enormen Erkenntnisfortschritt nicht nur dem Umstand, daß ihre Theorien unentwegt experimentell überprüft werden. Sie ist vielmehr zugleich in der Lage, ihre eigenen Grenzen zu formulieren und diese Einsicht wiederum erkenntnisbringend zu nutzen: Sie macht auch das Unberechenbare wieder ‚berechenbar', indem sie uns die Augen öffnet für Chaos und für Nichtlinearität als Quelle der bunten Vielfalt unserer Welt."[29]

Die Erkenntnisse der Chaos-Forschung laden demnach zu zweierlei ein, nämlich zum einen dazu, die **Chancen dieses neuen Denkmodells** zu entdecken, zum anderen als Mensch wieder **eine neue Bescheidenheit gegenüber natürlichen Systemen einzuüben**, den eigenen Macht-Anspruch gegenüber den natürlichen und sozialen Gegebenheiten zu korrigieren und von dem falschen Weg des „Herrschers über die Natur" wieder zu einer bescheideneren Form des „Kooperationspartners mit der Natur", welcher viel von dieser lernen kann, zurückzukehren.

- Die traditionellen Wissenschaften gingen davon aus, daß Ordnung die Regel und Chaos die Ausnahme sei ... und daß es darum ginge, im Chaos Ordnungen zu entdecken, um diese festzuschreiben!
- Die uns Menschen umgebende Wirklichkeit ist jedoch ganz anderer Natur: **In ihr bilden chaotische Prozesse die Regel und festgefügte Ordnungen die Ausnahme.**

Das deterministische Chaos, d.h. aus festen Regeln entsteht eine unvorhersehbare Entwicklung, „erlaubt flexible Reaktionen auf

29 Küppers 1990, S. 31.

kleinste Störungen und macht damit Anpassungsprozesse möglich: Es gibt dem Organismus eine Chance, den ,Zufall' zu kanalisieren, ihn gleichsam kreativ zu nutzen, und damit eine starre Ordnung zu vermeiden."[30]

Der tiefere Sinn des deterministischen Chaos in uns und in der uns umgebenden natürlichen Welt mag durch folgende Idee angedeutet werden: Chaos könnte ein zu gleichförmiges Verhaltensmuster benachbarter Organismen unterbinden, das zerstörerisch wirkt – etwa wie der Gleichschritt eines Trupps Soldaten auf einer Brücke diese so in Schwingung versetzen kann, daß sie einstürzt. Chaos sorgt demnach für eine permanente Evolution im Sinne eines Trial & Error, im Sinne spielerischen Experimentierens mit den Möglichkeiten und Unmöglichkeiten einer Situation oder Konstellation ... und damit „lernt" dieses System beständig, mit den gegebenen Potentialen umzugehen.

Gregory Bateson ist einer der Forscher gewesen, dessen Lebenswerk sich im Grunde genommen fast ausschließlich um die *Rahmenbedingungen wissenschaftlichen Arbeitens* drehte, der wenig auf Ergebnisse aus war, aber viel darüber nachgedacht hat, auf welche Weise viele der Ergebnisse eigentlich zustande gekommen sind. Und er hat sich schon im Jahre 1948 auf sehr unterhaltsame Weise dieses Themas angenommen. In einem fiktiven Gespräch zwischen Vater und Tochter hat er die sicherlich in unzähligen Haushalten heiß diskutierte Frage, „Warum kommen Sachen durcheinander?"[31] betrachtet. Einge Auszüge aus diesem Gespräch verdeutlichen die Grundthematik:

---

30 Kerner 1990, S. 141.

31 Bateson 1988, S. 32ff.

Tochter: Pappi, warum kommen Sachen durcheinander?

Vater: Was meinst du? Sachen? Durcheinander?

Tochter: Na ja, die Leute verbringen viel Zeit damit, Sachen aufzuräumen, aber sie scheinen nie Zeit zu brauchen, um sie durcheinander zu bringen. Alles scheint irgendwie von selbst durcheinander zu geraten. Und dann müssen die Leute wieder aufräumen.

Vater: Aber kommen deine Sachen durcheinander, wenn du sie nicht anrührst?

Tochter: Nein – nicht, wenn niemand sie anrührt. Aber wenn du sie anrührst – oder wenn irgendwer sie anrührt –, kommen sie durcheinander, und das Durcheinander ist schlimmer, wenn ich es nicht bin.

Vater: Ja – deshalb versuche ich dich immer davon abzuhalten, die Sachen auf meinem Tisch anzufassen. Denn meine Sachen kommen in ein schlimmeres Durcheinander, wenn jemand anderes als ich sie anfaßt.

...

Vater: Manchmal siehst du im Kino eine Menge Buchstaben des Alphabets über die Leinwand verstreut, ganz kunterbunt durcheinander und einige sogar falsch 'rum. Und dann schüttelt irgendwas die Bildebene, so daß sich die Buchstaben zu bewegen anfangen, und das Schütteln geht so lange weiter, bis sich alle Buchstaben zusammenfinden und den Titel des Films ergeben.

Tochter: Ja, das habe ich schon gesehen – dabei kam DONALD raus.

Vater: Darauf kommt es nicht so sehr an. Wichtig ist, daß du gesehen hast, wie etwas geschüttelt und aufgestört wurde, und anstatt noch mehr vermischt zu werden als vorher, fanden sich die Buchstaben zu einer Ordnung zusammen, alle in der richtigen Stellung, und ergaben ein Wort – sie bildeten etwas, das eine Menge Leute für Sinn halten würden.

Tochter: Ja Pappi, aber weißt du ...

Vater: Nein, ich weiß nicht; ich versuche nur zu sagen, daß in der wirklichen Welt nie so etwas passiert. Das gibt es nur im Kino. ... Und im Kino lassen sie es so erscheinen, indem sie das ganze rückwärts drehen. Sie reihen die Buchstaben so auf, daß sie DONALD ergeben, dann setzen sie die Kamera in Gang und dann fangen sie an, die Bildebene zu schütteln.

Tochter: Oh Pappi – das wußte ich, und ich wollte dir dasselbe erzählen und wenn sie dann den Film spielen, lassen sie ihn rückwärts laufen, damit es aussieht, als sei alles vorwärts passiert.

Unsere eigene Alltagserfahrung kann diese Beobachtungen ebenfalls bestätigen, man denke nur daran, wieviele Anstrengungen wir auf Ordnungschaffen verwenden und wie diese geschaffenen Ordnungen sich „wie von selbst“ wieder auflösen, einfach deshalb, weil es eben für einen Gegenstand nur so wenige „ordentliche Möglichkeiten“, aber „so unendlich viele Arten des Durcheinanders gibt. Und deshalb werden sich die Dinge immer in Richtung Durcheinander und Vermischung entwickeln.“[32]

Viele Wissenschaften und unsere Schul- und Berufsausbildung haben uns in den letzten Jahrzehnten noch mit dem „alten“ Denken vertraut gemacht, und uns dadurch gleichermaßen in die eingangs erwähnte Sackgasse geführt: Es liegt an uns, in sämtlichen Lebenswelten, gleich ob es sich um berufliche oder private Welten handelt, das „Chaos“ anzunehmen und pro-aktiv mit den darin enthaltenen Möglichkeiten umzugehen, es als Gestaltungs-Chance und Entwicklungs-Möglichkeit zu ergreifen, anstatt die Gegebenheiten in vertraute Strukturen zwingen zu wollen. Das Lernkonzept des

32 Bateson 1988, S. 37.

Kreativen Brainwriting möchte mit dieser Art des „chaotischen Denkens" vertraut machen und dadurch einen Beitrag leisten, um neue Denkstrukturen aufzubauen.

An dieser Stelle ist aber noch eine sprachliche **Klärung unseres Chaos-Verständnisses** notwendig: Wir meinen mit Chaos nicht das, was man allgemein unter Chaos im Sinne einer destruktiven Unordnung versteht, sondern Chaos beschreibt eine **neuartige Ordnungs-Dynamik**[33], die mit dem Bild eines Schwimmers in einem Fluß verglichen werden kann.

- Und die zentrale Frage lautet: Was kann dieser Schwimmer eigentlich mit seinen Aktionen beeinflussen?
- Antwort: Den Strom selbst, das Vorbeifließen des Wassers links und rechts und unterhalb von ihm auf keinen Fall; der Schwimmer kann einzig seine relative Position im Strom beeinflussen und – je nach Strömungsgeschwindigkeit – ungefähr den Ort, an dem er aus dem Fluß steigen oder wie schnell er im Strom mitschwimmen möchte. Dabei sollte ihm klar sein, daß stromaufwärts gelegene Orte weitaus größere Anstrengungen erfordern als stromabwärts gelegene Orte.

In der Übertragung auf unsere Lebenswirklichkeit bedeutet dies, unseren Strom des Lebens in seinem chaotischen Sein anzunehmen und mit seinen gegenwärtigen und sich zukünftig abzeichnenden Möglichkeiten vertraut zu werden. Und diese Aufgabe stellt sich für unseren gesamten Lebenszusammenhang, d.h. sowohl für berufliche als auch für private Zusammenhänge, sowohl für einzelne Menschen als auch für gesamte Organisationen.

Für das Management und die Führung und Steuerung ganzer Unternehmen hat Gerd Gerken diese gesellschaftlichen Strömungen

33 vgl. Gerken 1992, S. 49.

als gegenwärtig aktuelle und zukunftsträchtige Trendbeschreibungen in seinem Buch, *Manager ... Die Helden des Chaos*, dargestellt. Was jedoch nach der Lektüre dieses sehr spannenden, aber dennoch eher übergreifenden Buches nicht so ganz klar und deutlich ist, ist die Frage, was konkret zu tun ist, **wie die ersten Handlungsschritte einer Umsetzung in Richtung „neues Denken“ aussehen können.**

2.4 „Ändere dein Weltbild“: Das Kreative Brainwriting als chaotisches Ordnungsinstrument

Wir haben in den bisherigen Ausführungen schon manches von diesem neuen Denken angedeutet, möchten aber die drei wichtigsten Aspekte, welche die Verknüpfung von Kreativem Brainwriting und Chaos-Ansatz betreffen, noch einmal kurz in drei Thesen (Abschnitte 2.4.1 – 2.4.3) zusammenfassen.

2.4.1 Ändere deinen Fokus: Am Rande zeichnen sich oft die entscheidenden Veränderungen ab

Das Kreative Brainwriting ist ein Lernsystem, welches sich mit den Randbedingungen jeglicher Thematik beschäftigt, um nach der Klärung dieser Einflußgrößen zum Inhaltlichen vorzudringen. Dies ist die entscheidende konzeptionelle Akzentverschiebung – zunächst weg vom Inhaltlichen, hin zum Strukturellen –,

- um dadurch von uns **gestaltbare Einflußgrößen** zu entdecken **und deren Freiheitsgrade** auszuloten („Chancen wahrnehmen und ausnutzen“),

- um unsere **Flexibilität im Denken und Handeln** zu erhöhen („Diese Situation ist so ... und auch ganz anders ... und das ist gut so ..."),
- um die **relative Bedeutung jeglicher Sichtweise** zu unterstreichen („Dies ist meine / deine / unsere / eure Sicht der Dinge, ... es ist eine zeitpunktbezogene Sicht, ... die zu einer anderen Zeit zu ganz anderen Prozessen und Ergebnissen führen wird ..."),
- um dadurch **Kommunikation zu ermöglichen und zu fördern** („Ich bin neugierig darauf, was du mir zu diesem Thema/Aspekt/ Ereignis ... sagen möchtest, ... was ich noch nicht weiß, aber wissen sollte ...").

Zur Erinnerung sei noch einmal die Abbildung von Seite 54 eingeblendet:

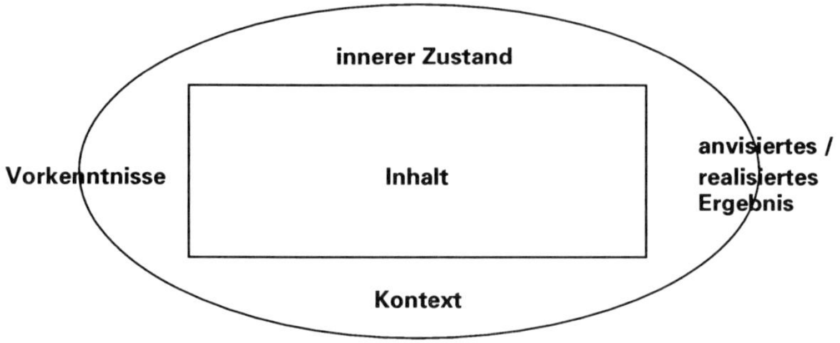

Wir sehen in dieser Akzentverschiebung eine der wesentlichen Stärken des **Kreativen Brainwriting**, indem mit dieser Lernmethode in einem interdependenten Wachstumsprozeß das eigene Denken in überaus eleganter Weise für diese neuen Möglichkeiten erschlossen wird ... und auch das Bewußtwerden und die Kenntnisnahme neuer Möglichkeiten wiederum das eigene Denken bereichern.

Denn eines dürfte klar sein: Eine Neu- bzw. Umorientierung, in welche Richtung auch immer, ist nur dann sinnvoll und von Erfolg gekrönt, wenn auch die Methoden, mit denen die Veränderungen erzielt werden sollen, mit den Möglichkeiten und Veränderungs-Zielen kompatibel sind. Und in dieser Hinsicht dürften die aus der Schul- und Berufszeit bekannten Lern- und Arbeitsmethoden keineswegs mehr den Anforderungen genügen, die an moderne, gehirngerechte Methoden zu stellen sind!

2.4.2 Ändere die Struktur deiner Aufzeichnungen: Die fraktale Struktur der Brain-Maps

Wenn wir die Brain-Maps genauer betrachten, so entdecken wir in ihnen die für den Chaos-Ansatz so typischen fraktalen Strukturen wieder: Jedes Brain-Map ist in diesem Sinne der **fraktalen Struktur unseres Denkens nachgebildet** und erfüllt damit **eines der wichtigsten Wesensmerkmale chaotischer Modelle**.

Was genau ist damit gemeint?

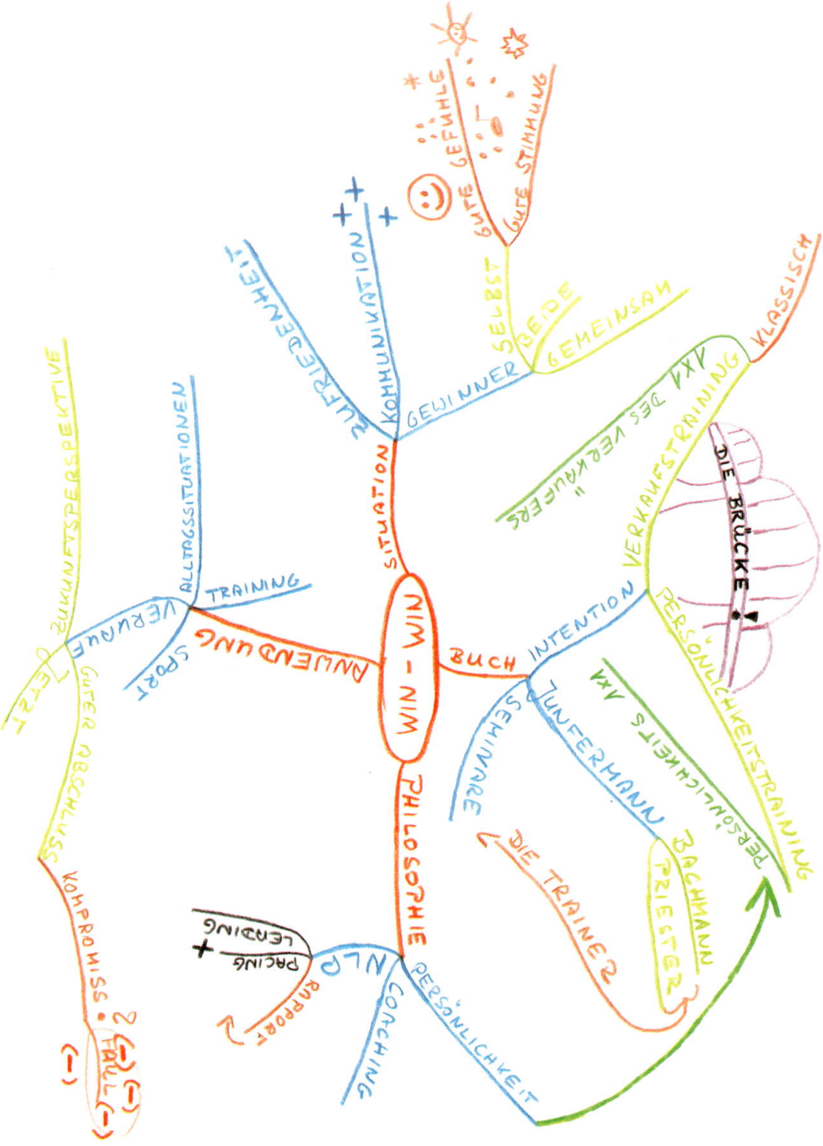
WIN - WIN
SITUATION
KOMMUNIKATION
ZUFRIEDENHEIT
GEWINNER
SELBST
GUTE GEFÜHLE
GUTE STIMMUNG
BEIDE
GEMEINSAM
KLASSISCH
„1x1 DES VERKÄUFERS"
VERKAUFSTRAINING
DIE BRÜCKE!
BUCH
INTENTION
PERSÖNLICHKEITSTRAINING
PERSÖNLICHKEITS 1x1
SEMINARE
JUNFERMANN
BACHMANN
PRIESTER
DIE TRAINER
PHILOSOPHIE
NLP
PACING
LEADING
RAPPORT
COACHING
PERSÖNLICHKEIT
ANWENDUNG
TRAINING
ALLTAGSSITUATIONEN
SPORT
VERKAUF
ZUKUNFTSPERSPEKTIVE
JETZT
GUTER ABSCHLUSS
KOMPROMISS?
FALL

Schauen Sie sich das vorliegende Brain-Map zum Thema „Win-Win“ an. Es ist ein Map, welches die **subjektive Sicht** einer spezifischen Person zu einem **ganz bestimmten Zeitpunkt** offenlegt.

Das zentrale Thema dieses Maps lautet „Win-Win“, aber grundsätzlich ist es möglich, aus jedem der hier genannten Begriffe, etwa aus „Philosophie“ oder aus „Kommunikation“ oder etwa „NLP“ gleichfalls ein eigenes Brain-Map zu erstellen und aus den in diesen Brain-Maps genannten Begriffen wiederum eigene Brain-Maps zu bilden usw. usw., so daß diese assoziative Methode nie zu einem Ende gelangt, sondern unendliche Fortsetzungen produziert.

Was bei allen Brain-Maps immer gleich bleibt, ist lediglich die Struktur – man könnte auch sagen, die zugrundeliegende Ableitungsregel –, was sich jedoch beständig verändert, sind die damit erarbeiteten Inhalte.

2.4.3 Ändere deine Denkhaltung: Vom Ordnungs- zum Chaos-Denken

Auch **inhaltlich** werden wesentliche und notwendige Korrekturen vollzogen, denn jeglicher Inhalt (d.h. unsere Lebenswirklichkeiten, wissenschaftlichen Erkenntnisse[34], unser Verkaufs-Know-How, unser Führungswissen, die Produkte und Dienstleistungen unseres Unternehmens, die Zahl und emotionale Grundstimmung in unserer Arbeitsgruppe, unsere Tagesform, ... oder was auch immer wir gerade als „denk-würdig“ erachten) ist ständigen Veränderungen unterworfen. Angesichts dieses zeitlich relativen Bestands aller „inhaltlichen Wahrheiten“ ist es einsichtig, daß auch die Methode zur

34 Ein geflügeltes Wort lautet: „Die wissenschaftlichen Erkenntnisse von heute sind die Irrtümer von morgen.“

Verarbeitung von Inhalten mit diesen Veränderungen Schritt halten sollte.

Deshalb ist jedes Brain-Map nur eine **Momentaufnahme**, ein Schnappschuß eines augenblicklichen Zustands einer Person oder eines Teams (bei einem Gruppen-Brain-Map) und erhebt **keinen Anspruch auf Allgemeingültigkeit**. Es wird nie „das Brain-Map" zu einem Thema geben, etwa ein Map, welches dann – ähnlich wie viele Schulinhalte oder „goldene Verkäuferregeln" oder „eherne Führungsgrundsätze" – auswendig gelernt werden muß, sondern das Kreative Brainwriting ist und bleibt eine Methode, die Veränderungen produziert und unterstützt.

Denn genauso wie die uns umgebende Wirklichkeit, unsere Art des Denkens, unsere Kenntnisse beständigen Veränderungen unterliegen, so muß – als Forderung – auch die Methode zur Erfassung und Erarbeitung derselben diesen Prozeß mitmachen, ja fördern können.

Mit dem Stichwort „**Prozeß**" ist ein weiteres Wesensmerkmal dieser Methode beschrieben, indem das Kreative Brainwriting durch seine Struktur **offene Assoziationsangebote** liefert im Gegensatz etwa zu linearen Texten, Aussagen, Sätzen oder Satzfragmenten. Was ist damit gemeint?

Nun, schauen Sie sich noch einmal das Brain-Map an und fangen Sie an, aus den einzelnen Wörtern, aus dem relativen Standort der Wörter im gesamten Map, mit Bezug auf benachbarte Wörter eine kleine Geschichte zu formen. Sie werden bemerken, daß Ihnen sogleich viele unterschiedliche Ideen und Gedanken einfallen. Und wenn Sie probehalber andere Menschen eine Geschichte erzählen lassen, werden Sie merken, daß diese – obwohl es sich ja nur um so wenige Wörter handelt – auf ganz andere Einfälle kommen. Und das ist gut so. Denn durch diese Methode wird die natürliche

Kreativität jedes Menschen angesprochen und damit das Lern-, Verständnis- und Behaltenspotential jedes Menschen aktiviert.

Lernen ist eine aktive Tätigkeit. Nur wer sich in Bewegung befindet, der kann lernen, der hat Zugang zu seinem Lernpotential. Durch unsere Brain-Maps steigen wir in einen nie abreißenden „Gedankenfluß", der uns motiviert und vorantreibt und uns in „Bewegung" hält.

Eine ganz andere Gestalt besitzen aber viele Schulbuchtexte: Diese beschreiben einen Sachverhalt, fassen das Wesentliche zusammen (wer weiß eigentlich, was das Wesentliche eines Textes ist?!?[35]) und fordern die Lernenden auf, diese „bewährten und erprobten Aussagen" zu wiederholen. Als ob eine Wiederholung (sprachlich: Ich hole etwas wieder hervor!) wirklich zu „neuen" Ideen, Gedanken und Klärungen führen könnte ... und als ob wirklich das, was für Person X geeignet war, auch in gleichem Maße für Person Y oder gar für mich selbst geeignet ist. Es handelt sich hier um Lehr- bzw. Lern***produkte***, d.h. abgeschlossene Gestalten, die nur noch einen funktionalen Wert für eine ganz spezifische Situation besitzen, aber worin kaum noch „Lernpotential", d.h. aus der Auseinandersetzung mit diesen Inhalten her erwachsende Assoziationsmöglichkeiten, enthalten ist.

Mit Hilfe des Kreativen Brainwriting werden wir Lerninhalte wieder als „offene Gestalten" und damit als im Prozeß befindliche, veränderbare Inhalte kennenlernen. Dadurch sind wir auch selbst wieder mit dem Fluß der Ereignisse und Geschehnisse verbunden und können so die vielen verschiedenen Facetten eines aktiven, ganzheitlichen Lernsystems kennenlernen und erproben.

35 Wer sich mit dem Wesentlichen von Inhalten beschäftigen möchte, der sei verwiesen auf die Diskussion der Konzepte zur didaktischen Reduktion bei Bachmann 1989.

Erinnern Sie sich noch an den Bildausschnitt auf Seite 38? Hier ist nun das gesamte Bild!

Meine Zusammenfassung von Kapitel 2:

Wenn Sie möchten, können Sie eine Zusammenfassung mit Hilfe der nachfolgenden Fragen erstellen:

- *Das Thema „Chaos" hat meinen bisherigen Bezugsrahmen in Frage gestellt. Welche Gesichtspunkte haben mich dabei besonders verwirrt?*
- *Mit welchen Ideen möchte ich mich eingehender beschäftigen?*
- *Welche Übertragungsmöglichkeiten der in diesem Kapitel behandelten Konzepte fallen mir spontan ein?*
- *Was ist mein nächster Schritt? Welche Anregungen könnte ich sogleich in die Tat umsetzen?*

3 Wie funktioniert das Kreative Brainwriting?

3.1 Sorgen Sie für sich: Schaffen Sie sich eine günstige Lern- oder Arbeitsumgebung!

Viele Beschreibungen von Methoden konzentrieren sich nur darauf, was man mit einer Methode konkret erreichen kann; weitgehend ausgeblendet wird jedoch oft, innerhalb welchen Rahmens (welcher Umgebung) diese Methode ihre größte Wirksamkeit erzielen kann. Dabei sind es oftmals gerade diese Rahmenbedingungen, die über Ge- oder Mißlingen eines Verfahrens entscheiden. Und die schließlich unser Urteil über eine neue Methode „Ja, es klappt prima" oder „Nein, diese Methode scheint doch nicht die richtige für mich zu sein" beeinflussen.

Weil wir diese erfolgswirksamen Rahmenbedingungen (Umgebungsbedingungen) kennen, haben wir uns darüber Gedanken gemacht, wie wir diese Bedingungen in unser Konzept integrieren können. Deshalb betrachten wir das Kreative Brainwriting als ein ganzheitliches Lernsystem, welches verschiedene Betrachtungsebenen miteinander verbindet. Wir möchten sichergehen, daß Sie diese Methode in ihrer vollen Wirksamkeit erleben können. Deshalb sind wir sehr darauf bedacht, ihnen die Vorteile dieses mehrdimensionalen Ansatzes zu verdeutlichen.

Wie können wir Ihnen die Bedeutung einer günstigen Lern- und Arbeitsumgebung nahebringen?

Stellen Sie sich vor, jede Tätigkeit, die wir tun, würde durch einen bestimmten „Raum" in unserem Lebensgebäude symbolisiert. Täglich gingen wir durch die verschiedenen Stockwerke, durchwanderten Flure und träten schließlich durch Türen in bestimmte Räume ein, um dort unsere Arbeit zu erledigen. Wir kennen uns aus in unserem Haus, jedes Zimmer hätte eine bestimmte Bezeichnung (Büroraum, Konferenzzimmer, Entspannungsraum, Wohnraum, Sportraum, Lernraum, Spielraum, Schlafraum). Und unsere „Arbeit" bestünde darin, nach unserer individuellen Zeitgestaltung jeden Raum so einzurichten und zu entwickeln, daß unser gesamter Lebenszusammenhang optimal „ausbalanciert" ist.

Und stellen Sie sich weiter vor, daß jeder einzelne Raum – wie auch immer – weitere „Räume" in sich birgt und Sie in einem der Räume Ihres persönlichen „Lernraums" nun die Tätigkeit, **„Das Kreative Brainwriting kennenlernen und anwenden"**, ausüben möchten.

Wie sollten Sie sich nun diesem Raum nähern?

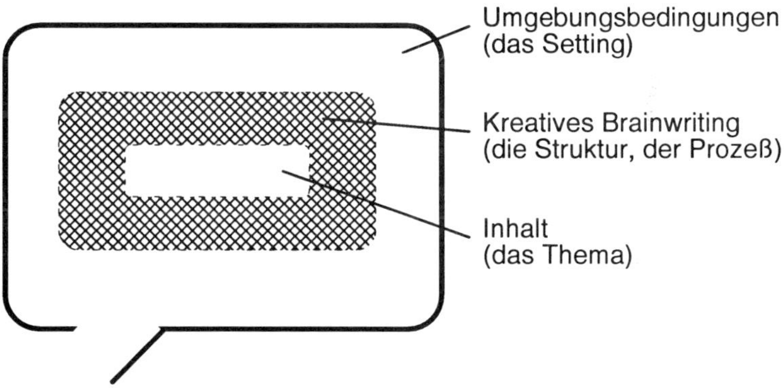

- Sie öffnen die Tür zu diesem Raum, betreten denselben, schauen sich um, richten sich so ein, wie es für Sie persönlich am angenehmsten und zweckmäßigsten ist (d.h. Sie entspannen sich),
- dann beginnen Sie den Lern- bzw. Arbeitsprozeß gemäß den Regeln des Kreativen Brainwriting;
- nachdem Sie sich Ihr Ergebnis noch ein letztes Mal vergegenwärtigt haben und das, was Sie konkret aus Ihrem Raum mitnehmen wollen, zusammengefaßt haben und die gerade gemachte Erfahrung (den Prozeß) gewürdigt haben,
- verlassen Sie wieder diesen Raum und tun den ersten Schritt zur Umsetzung Ihres Ergebnisses.

Möglicherweise stellt sich nun der eine oder andere Fragen wie: Was soll mit diesen Vorstellungen und dem Wortbild „Lernraum“ eigentlich erreicht werden? Weshalb so „umständlich“ mit sich umgehen? Wozu das Ganze überhaupt? – Diese und andere Fragen werden in unseren Seminaren regelmäßig an uns gestellt. Unsere Antwort darauf lautet:

Weil wir uns diesen Aufwand wert sind!!!

Die Erfahrung, welche die Autoren, vornehmlich im Managementbereich, aber auch in anderen Lebenszusammenhängen gemacht haben, ist eine *ungeheure Zersplitterung der gesamten Tätigkeiten.* In kürzester Abfolge werden wir den ganzen Tag lang mit Ideen, Anfragen, Signalen etc. von morgens bis abends „berieselt“ – oftmals in rücksichtslosester Weise wird uns ein „Kontakt“ aufgezwungen, gegen den wir uns gar nicht wehren (können). Man denke an die rigiden Werbe-Unterbrechungen von Filmen oder Musiktexten, die keine Rücksicht auf den Zusammenhang eines Musikstücks, die innere Dramaturgie eines Films oder gar auf die augenblickliche emotionale Betroffenheit eines Zuschauers bzw. Zuhörers nehmen: Wenn die Zeit gekommen ist, erfolgt die kalte Werbedusche. Man denke an die unzähligen Telefonate, die einen aus einer Tätigkeit, einem Gespräch herausreißen und mit oft „weither geholten“ Anliegen konfrontieren. Derlei Beispiele gibt es viele ...

Bildlich gesprochen, hasten wir von Raum zu Raum, reißen die Türen auf, stürzen in die Räume, packen, was gerade vor Augen liegt, und müssen doch schon wieder in einen anderen Raum, weil dort ja auch so viele wichtige Dinge auf uns warten.

Wußten Sie schon, daß ein Manager während eines „ganz normalen“ Arbeitstages im Durchschnitt mit etwa 150 verschiedenen Angelegenheiten konfrontiert wird?

Als Folge dieser notgedrungen eintretenden, permanenten Unterbrechungen und Störungen zerbricht häufig **„das Bild von den Aktivitäten eines Arbeitstages“**: Am Ende eines Tages haben wir dann das Gefühl, mit ungeheuer vielen Kleinigkeiten „jongliert“ oder gar „gekämpft“, aber letztlich nichts Entscheidendes bewegt zu haben. Wir nehmen die Splitter dieses Tages wie auch die Splitter der vorherigen Tage, Wochen und Monate wahr und es bildet sich als Folge davon in uns ein wahrhaft entmutigendes, deprimierendes Gefühl der Hilflosigkeit und des Ausgeliefertseins heraus.

Was ist da passiert? Nun, **das schwächste Glied** in der gesamten Struktur unserer Beziehungsgeflechte **sind wir selbst** ... und bei diesem Glied entscheidet sich deshalb die Qualität, die Reißfestigkeit des gesamten Geflechts. **Selbst-Management heißt, dieses entscheidende Glied zu stärken** ... und je selbst-bewußter wir uns dieses Gliedes werden, desto höher wird auch die Belastbarkeit des gesamten Geflechts. Wir lernen, wann es an der Zeit ist, Zeit für uns selbst zu reservieren (Stille Stunde), wann wir für uns selbst zunächst Klarheit und Entspannung benötigen, um uns dann wieder aktiv in den Strom der Ereignisse und Entscheidungen begeben zu können, wann wir es nötig haben, uns zu informieren, uns weiterzubilden oder was auch immer gerade „wichtig“ und „gut“ für uns sind.

Im Grunde genommen beschreiben wir mit diesem Wortbild „Lernraum“ für die Kommunikation mit uns selbst etwas, was in der Kommunikation mit anderen Menschen selbstverständlich ist: In Gesprächen mit anderen erleben wir immer wieder, wie überaus notwendig ein guter Kontakt ist, um überhaupt Mitteilungen, Anliegen, Informationen auszutauschen.

- Wenn ein solcher gute Draht nicht besteht, wenn kein Vertrauen herrscht, dann können wir uns jegliche (inhaltlichen) Anstrengungen schenken ... sie wären in den Wind gesprochen.
- Wenn jedoch eine gute Übereinstimmung vorhanden ist, dann können die Informationen „fließen", es erfolgt ein lebhafter Austausch, welcher beide (oder sämtliche beteiligten) Gesprächspartner bereichert.

Sollte dieses Naturgesetz der Kommunikation nicht auch für das Gespräch mit sich selbst gelten? – Ja, Ja und nochmals Ja!!!

Wir betrachten das Kreative Brainwriting als eine Lern- und Arbeitsmethode, welche uns hilft, unsere persönliche Einstellung zu unserem Tun zu hinterfragen. Deshalb ist uns dieser *vorbereitende Rahmen*, dieses „entspannte Eintreten in einen Prozeß", so außerordentlich wichtig.

Und genauso wichtig ist uns auch, daß Sie sich wieder gebührend aus Ihrem Lern-Raum **verabschieden**. In der Kommunikation mit anderen ist die Verabschiedung eine selbstverständliche Höflichkeit, die

- zum ersten den Zweck hat, daß jeder nun weiß, daß der Kontakt beendet ist,
- zum zweiten eine insgeheime Überprüfung darstellt, ob wirklich alles gesagt, gehört, gesehen, gezeigt, gefühlt ... worden ist, was miteinander ausgetauscht werden sollte,
- zum dritten, daß jeder nun genau Bescheid weiß, was als nächstes von ihm verlangt wird, und
- zum vierten wird mit jedem Abschied auch schon der nächste Kontakt vorbereitet. Der letzte Eindruck eines Gesprächs ist das

Anschlußstück, an welchem die nächste Begegnung anknüpft. Wenn Sie sich mit einem Lächeln verabschiedet haben, werden Sie beim nächsten Mal mit einem Lächeln empfangen werden ...

Sollte dieses Prinzip nicht auch für den Umgang mit sich selbst gelten? – Auf jeden Fall! Die Verabschiedung aus einem Prozeß hat ähnlich wichtige Funktionen:

- Ich sage mir selbst, daß dieser Prozeß nun beendet ist („Ich schließe die Gestalt, somit kann ich mich anderen Aufgaben zuwenden")
- und überprüfe, ob ich mit dem Ergebnis zufrieden bin oder ob noch bestimmte Teile („Instanzen in mir") zu diesem Thema unbedingt zu Wort kommen wollen („Es rumort in mir"),
- ich überprüfe mein Gefühl (Prinzip: „Wenn ich mich mit einem guten Gefühl von einem Thema verabschiede, so werde ich gerne daran zurückdenken und auch bei der nächsten Begegnung mit einem guten Gefühl empfangen werden")
- und kläre, was genau zu tun ist: Denn es kommt ja letztlich darauf an, auch die Konsequenzen aus meinen Überlegungen zu ziehen und das Geplante und Geklärte in die Tat umzusetzen.

Und bitte zögern Sie nicht! Sobald Sie Ihren „Raum" verlassen haben, tun Sie **einen ersten konkreten Schritt**! Weshalb? Nun, damit Sie wirklich tun, was Sie tun wollen. Denn Sie leisten damit eine Anzahlung – erst wenn Sie diese wirklich geleistet haben, werden Sie sich im Klaren darüber sein können, ob Sie wirklich wollen, was Sie vorgeben zu wollen.

Es ist genauso wie im Geschäftsleben: Mit der Unterschrift und einer Anzahlung ist ein Vertrag rechtskräftig geschlossen und von jedem der Vertragspartner einklagbar. Deshalb achten Sie darauf, rechtskräftige Verträge mit sich selbst zu schließen, indem Sie eine Anzahlung (einen ersten Schritt) tun.

Übung:

Greifen Sie das hier vorgestellte Wortbild „mein persönlicher Lernraum“ auf, und übertragen Sie die Grundidee auf mindestens fünf andere wichtige Tätigkeiten in Ihrem Leben. Dabei können Sie sowohl berufliche als auch private Tätigkeiten bearbeiten. Beschreiben Sie, wie Sie verschiedene Räume wie z.B.

- „meine Post erledigen“,
- „an einer Konferenz teilnehmen“,
- „ein Verkaufsgespräch führen“,
- „mein Hobby ausleben“,
- oder was auch immer sie betrachten wollen,

betreten, sich darin einrichten, dann tun, was Sie tun wollen, und diesen Raum dann wieder ehrfuchtsvoll verlassen.

Wir sind uns diesen Aufwand wirklich schuldig, denn wir sind ihn wert. Der Rahmen, den wir spannen, entscheidet darüber, wie effizient wir agieren können. Ist kein klarer Handlungsrahmen gespannt, dann werden wir aufgrund vieler Störungen und Ungereimtheiten auch nur bedingt effektiv handeln können, ist hingegen der Rahmen klar und gut durchdacht, so können wir innerhalb des Rahmens sehr effizient agieren.

Nun laden wir Sie ein, Ihren persönlichen Lern-Raum zu betreten. Wir möchten Ihnen im folgenden zeigen, wie das Kreative Brainwriting funktioniert, wie es Ihnen helfen kann, Ihre Fähigkeiten in anderen Handlungsfeldern weitaus effizienter, dynamischer, lebendiger, flexibler, spielerischer, ... einzusetzen.

Zunächst werden wir Ihnen die Struktur (das Denk-Prinzip und einige einfache Regeln) des Kreativen Brainwriting vermitteln, damit Sie selbst mit dieser Lernmethode Erfahrungen machen können.

3.2 Die Grundregeln des Kreativen Brainwriting

Die Struktur der Brain-Maps trägt der Tatsache Rechnung, daß unser Gehirn in seiner kreativen Phase so schnell denkt, daß wir zumeist nicht in der Lage sind, alles Gedankliche schriftlich zu Papier bringen zu können.

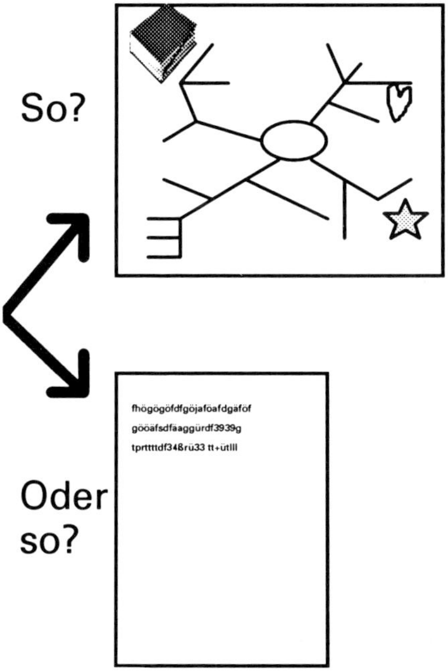

Ein Brain-Map entsteht – ganz im Gegensatz zum gewohnten Beschreiben eines Papierbogens (von links oben nach rechts unten) – **vom Mittelpunkt eines quergelegten Blattes.** Schon mit diesem einfachen Kunstgriff können wir uns aus der gewohnten Schreibperspektive lösen und in eine **Mal- oder Gestaltperspektive** überwechseln. Desweiteren ist nunmehr ein echter Blattmittelpunkt (ein Zentrum) vorhanden, in dem das Thema als echte Arbeitsgrundlage (und nicht als Über-Schrift) steht. Von dort aus kann es sich dann in alle Richtungen ausbreiten und entwickeln. Die nachfolgende Gegenüberstellung beschreibt die einzelnen **Entwicklungsschritte eines Brain-Maps:** Im Mittelpunkt eines Blattes steht immer das **Zentralthema**, welches von einem Kreis umschlossen wird. Von dort gehen **Verzweigungen** aus, die das Thema in seine einzelnen Teilbereiche untergliedert. Auf die Verzweigungen werden jedoch keine ausformulierten Gedanken geschrieben, sondern möglichst **Schlüsselbegriffe**, **-wörter** oder **-bilder**.

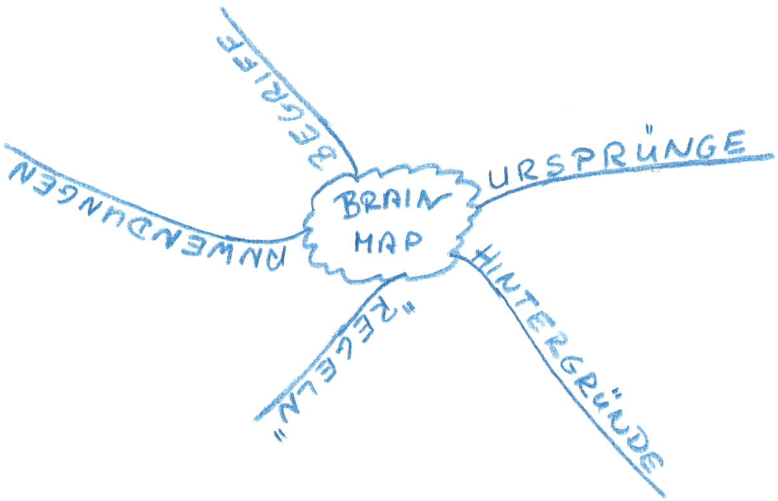

Da die Schlüsselbegriffe immer **vom Zentrum ausgehend** auf die Verzweigungen geschrieben werden, ergibt es sich schnell, daß das

Blatt **im Uhrzeigersinn** gedreht werden muß, um die Begriffe problemlos schreiben zu können. Dieser flexible Umgang mit dem Blatt macht es möglich, alle Blattareale **gleichmäßig auszuschöpfen**.

Die Verzweigungen selbst können durch weitere **Verästelungen** dann in alle Richtungen vorangetrieben werden. Die **Länge** der einzelnen Äste hängt dabei von der Länge des jeweiligen Schlüsselwortes bzw. -bildes ab. Damit möglichst die Schlüsselworte und nicht die Linien das Gesamtbild dominieren, sollte jede Linie nur die Länge des jeweiligen Wortes aufweisen. Auf diese Weise wird ein „dichtes“ Brain-Map erzeugt und der innere Zusammenhang der einzelnen Schlüsselworte auch optisch unterstützt.

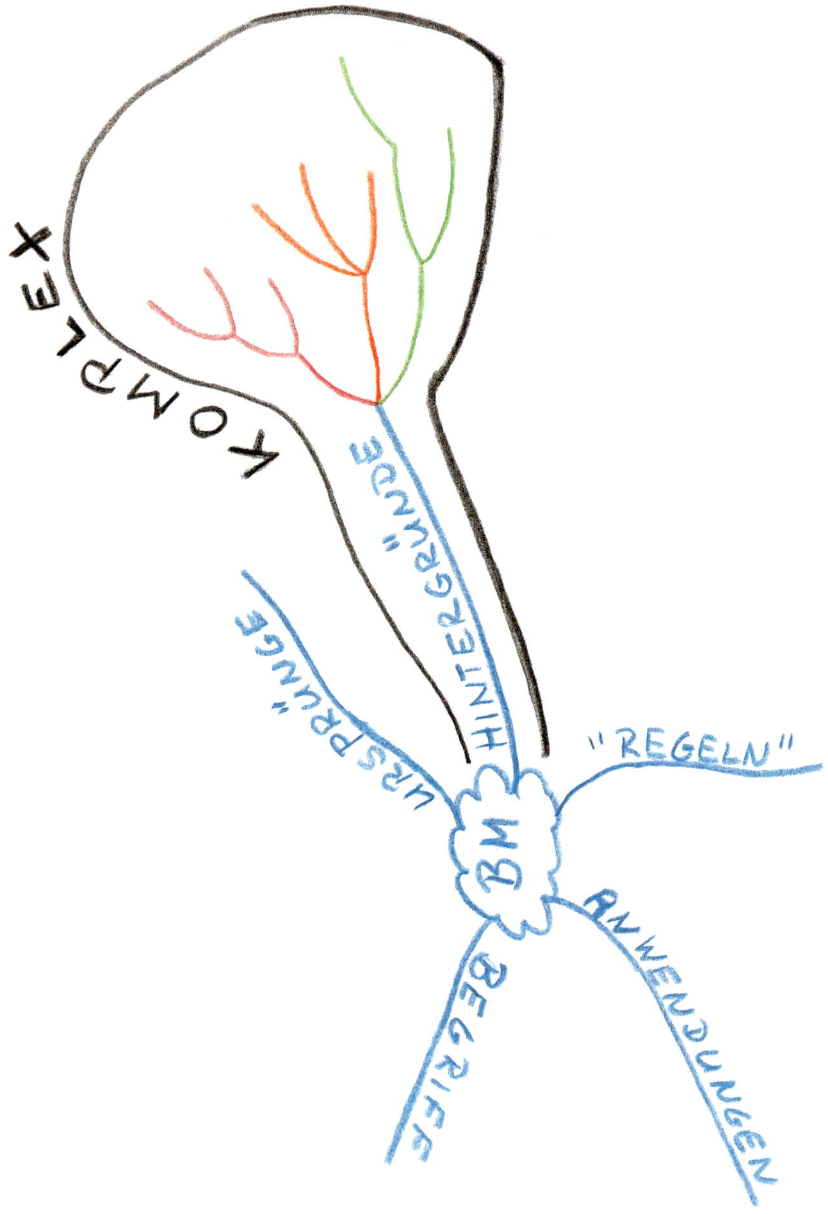
KOMPLEX
"HINTERGRÜNDE"
"URSPRÜNGE"
"REGELN"
BM
BEGRIFFE
ANWENDUNGEN

Ein Hauptast und die dazugehörenden Nebenäste werden in der Brain-Map-Technik als **Komplex** bezeichnet. Hierbei gilt als innere Ordnung eines Brain-Maps der Grundsatz vom Abstrakten zum Konkreten.

Ergänzend zu diesen grundlegenden Empfehlungen sollen folgende **Regeln** als Orientierungshilfe und Anregung zur Erstellung von eigenen Brain-Maps dienen:[35]

- ⇨ Verwenden Sie **möglichst Blockbuchstaben**[36], auf jeden Fall aber für die unmittelbar am Zentrum ansetzenden Wörter auf den Hauptzweigen. Denn diese haben für das Ganze den Rang von Überschriften. Hauptideen kann man dabei in größeren Blockbuchstaben schreiben als zweit- und nachgeordnete Ideen.
- ⇨ Das Schreiben von Blockbuchstaben soll das Lesen der **auf dem Kopf** stehenden Äste erleichtern, da durch das Rotieren des Blattes zwangsläufig einige Äste in diese Position gelangen. Die Erfahrung hat jedoch gezeigt, daß dies kein Nachteil ist, sondern vielmehr das ganzheitlich-bildhafte Erfassen des gesamten Brain-Maps fördert.
- ⇨ Achten Sie darauf, daß die einzelnen Äste stets **miteinander verbunden** bleiben; dies hat vor allem den Sinn, den inneren Zusammenhang der einzelnen Pfade optisch-visuell zu verdeutlichen.

35 vgl. Friedrich 1990, S. 9f.

36 Blockbuchstaben empfehlen sich z.B. bei der Erstellung von Gruppen-Brain-Maps, da dies allgemein als Aufforderung zum „Deutlichschreiben“ verstanden wird. Ansonsten wird man sich erfahrungsgemäß für seine eigenen Brain-Map-Kreationen einen eigenen Schreibstil aneignen, der etwa zwischen normaler Schreibschrift und reiner Blockschrift liegt. Das entscheidende Kriterium ist die Geschwindigkeit und die Forderung, bündelnde Schlüsselwörter an die Stelle von Gedankenwolken zu setzen – vgl. ähnlich Beyer 1993b, S. 35.

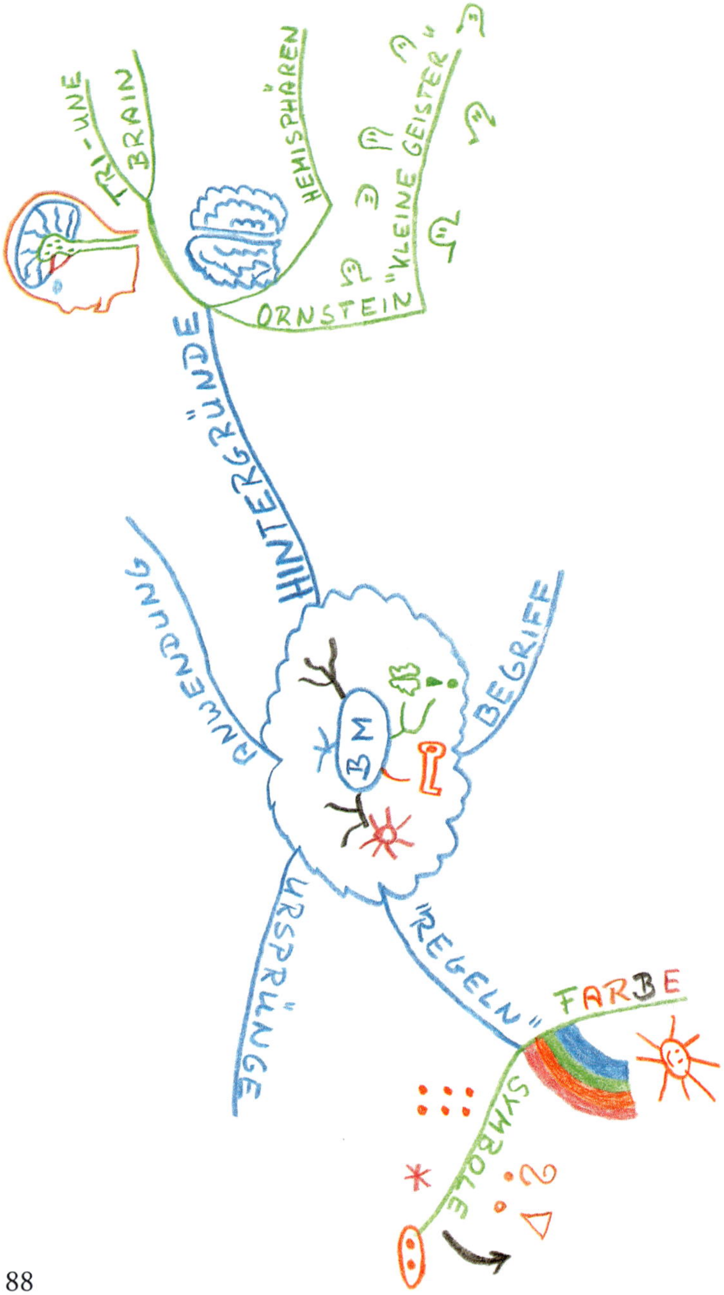
TRI-UNE BRAIN
HEMISPHÄREN
"KLEINE GEISTER"
ORNSTEIN
HINTERGRÜNDE
ANWENDUNG
BM
BEGRIFFE
URSPRÜNGE
"REGELN"
FARBE
SYMBOLE

⇨ Verwenden Sie – wenn immer möglich – **Bildelemente**; denn Sie wissen ja: „Ein Bild sagt mehr als tausend Worte!“[37]

Um seine Brain-Maps in ihrer **Anschaulichkeit** (und damit auch in ihrer Merkwürdig- und -fähigkeit) zu optimieren, können die nachfolgenden **Hilfsmittel** zur Unterstützung eingesetzt werden:

- **Symbole** wie Sternchen, Ausrufezeichen, Kreuze, Fragezeichen oder auch Zahlen etc., um Verbindungen und Hervorhebungen aufzuzeigen.

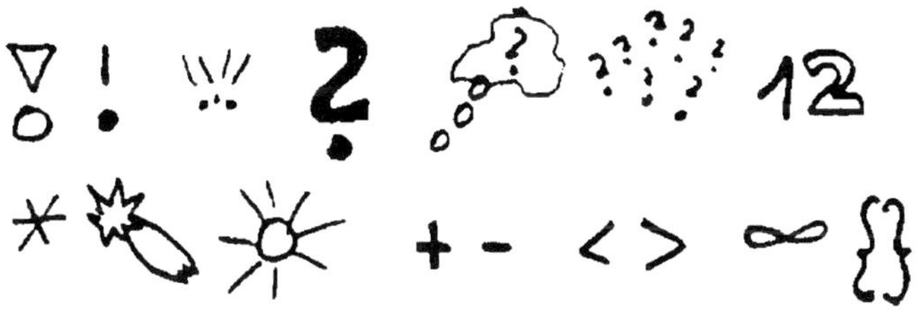

- **Pfeile**, um die inneren Zusammenhänge von verschiedenen Stellen Ihres Brain-Maps deutlich hervorzuheben.

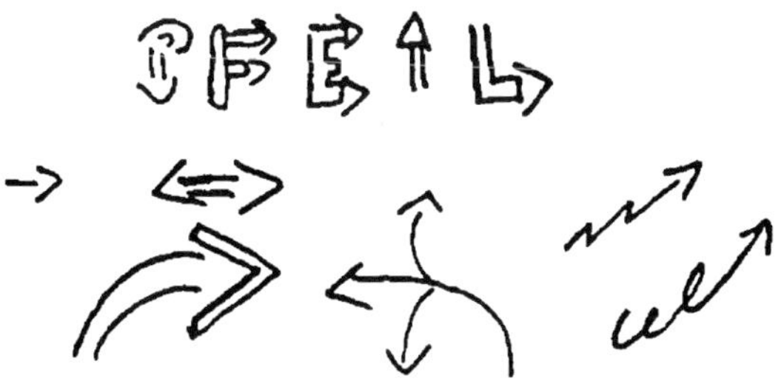

37 Dabei sind schon sprachliche Besonderheiten zu berücksichtigen: Im englischsprachigen Raum werden z.B. erheblich mehr Bildelemente eingesetzt, wohingegen die deutsche Sprache mehr zu ornamentalen Strukturen tendiert – vgl. Beyer 1993b, S. 34 f.

- **Geometrische Figuren** wie Quadrate, Rechtecke, Ellipsen, um auf diese Weise bestimmte Bereiche oder Wörter zu markieren, die zum Beispiel einander ähnlich sind oder sich auf einer logischen Ebene befinden.
- **Perspektivische Dimensionalität**, um noch einen weiteren Zugewinn an Anschaulichkeit zu erreichen.

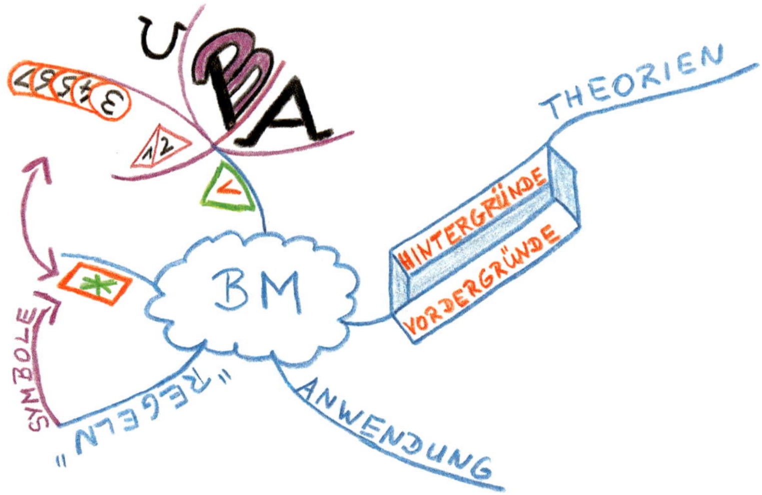

- **Kreative Bilder** und Zeichnungen kommen dem individuellen Gestaltungsbedürfnis entgegen, um über bildhaft-assoziative Handlungen einen anderen Zugang zum Thema zu erreichen[38].

38 Diese Figur findet sich auf dem Titelblatt der Zeitschriftenausgabe Manager Seminare, Heft 3/1991.

- **Farbe** eignet sich besonders gut, um Brain-Maps einzigartig und unverwechselbar zu gestalten. So könnte man z.B. Zentralidee, Haupt- und Nebenäste sowie ganze Komplexe farblich voneinander unterscheiden.

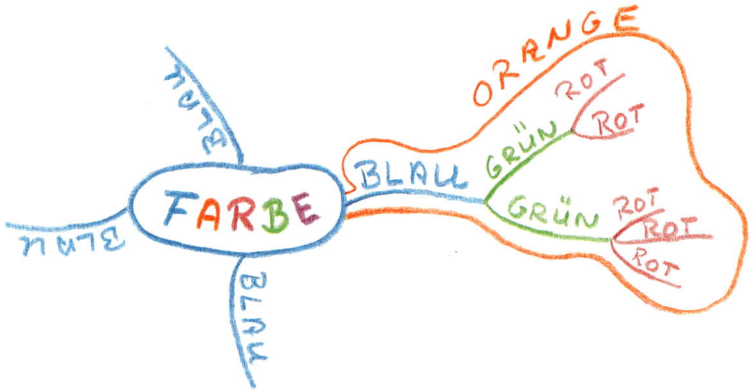

Doch welche **Vorgehensweise** beim Anfertigen von Brain-Maps besonders empfehlenswert ist, hängt letztlich entscheidend vom **Freiheitsgrad** der jeweiligen Aufgabe ab:

➲ Ist die Aufgabe weitgehend bekannt und vorstrukturiert (z.B. wenn es darum geht, einen Vortrag mitzumappen, eine Konferenzsitzung zu protokollieren oder einen Artikel bzw. ein Buch zusammenzufassen), dann empfehlen wir ein **gebundenes Assoziieren**, d.h. Sie orientieren sich weitgehend an den Vorlagen, indem Sie die Schlüsselwörter aus dem jeweils vorliegenden Text, Vortrag oder aus dem Sitzungsgeschehen entnehmen.

- Handelt es sich hingegen um eine offene Lern- oder Arbeitsaufgabe (z.B. bei Problemlösungen, Vortragsvorbereitungen, Kreativitätssitzungen, Projektaufgaben), dann ist ein zweistufiges Vorgehen besonders sinnvoll, nämlich **zunächst frei zu assoziieren und dann erst zu organisieren.**

Was bedeutet nun **freies Assoziieren** im Rahmen des Kreativen Brainwriting? Ihre Aufgabe in der ersten Arbeitsphase besteht darin, so viele Ideen wie nur möglich zu sammeln. Zu diesem Zweck lassen Sie Ihre Gedanken frei schweifen und schreiben möglichst zügig – und ohne darüber großartig nachzudenken – so viele Schlüsselwörter, Bilder und Symbole auf, wie Ihnen nur einfallen. Dabei ist es besonders wichtig, auch vermeintlich unwichtige oder abwegige Gedanken zu notieren. Denn nur auf diese Weise können Sie sich einen Zugang verschaffen zu dem kreativen Potential, welches in Ihnen verborgen schlummert.

In der zweiten Phase des **Organisierens**, Ordnens, Sichtens und Sortierens geht es darum, die vielfältigen Ideen und Gedanken in eine sinnvolle Struktur zu bringen. Erst in dieser Phase ist es erlaubt, alles Überflüssige und Nebensächliche zu streichen. Sie sollten sich aber zumindest vor jeder Streichung kurz überlegen, auf welchen „verborgenen Sinn" dieses Wort an gerade dieser Stelle wohl hinweisen wollte. Denn oftmals bedarf es mehrerer zarter Hinweise, bevor man die „Tiefe" seiner Einfälle richtig ausloten kann. Aus scheinbar Nebensächlichem oder gänzlich Sinnlosem sind schon häufiger innovative Ideen und kreative Perspektiven entstanden. Durch diese analytische Betrachtungsweise werden die von Ihnen ausgewählten Schlüsselbegriffe sukzessive gehärtet, vielleicht ist es

Ihnen jetzt auch möglich, schon eine Reihenfolge einzelner Gedanken festzulegen und das gesamte Material durch Zahlen, Pfeile, Symbole, Farben, Buchstaben und kreative Bilder mehrdimensional zu gestalten.

Noch ein Wort zu den **Schlüsselwörtern**: Wie können überhaupt Schlüsselwörter zu einem Thema gefunden werden? Grundsätzlich kann man sich daraus ein Problem machen (nämlich das Problem des Findens der „richtigen" Wörter), oder ganz pragmatisch so vorgehen, indem man die Wörter benutzt, die einem zum gegebenen Zeitpunkt zum jeweiligen Thema gerade in den Sinn kommen. Letztere Vorgehensweise ist insofern „**sinn-voll**", da diese Wörter genau diejenigen „Schlüssel" darstellen, die im Gehirn einen ganzen Komplex, ein komplettes Bild oder eine Situation „auf- und erschließen".

Denn das Gehirn arbeitet primär mit solchen Schlüsselwörtern in einer verknüpften Weise. Deshalb sollten die Worte auch so gewählt werden, daß sie – bildlich gesehen – viele Haken oder Anker (zum Anknüpfen bzw. Anhängen, d.h. zum Assoziieren) besitzen, so daß ein komplexes, erinnerungsfähiges Gedankengefüge, ein Assoziationsfeld[39], entsteht.

In der Regel benötigt das Gehirn den Reiz **eines** besonderen Schlüsselwortes (zumeist eines Substantives!), um bestimmte Gedankenbilder zu assoziieren. Hierbei hängt die **Genauigkeit der Erinnerung**, die durch ein Schlüsselwort hervorgerufen wird, von der **Qualität** und dem **Abstraktionsgrad** des jeweiligen Wortes ab. Schlüsselwörter müssen demnach „selbstredend" sein, um möglichst konkrete Assoziationen wachzurufen. Zu starke Verallgemeinerungen haben keinen sehr starken Erinnerungswert. Es ist ferner

39 vgl. Beyer 1993a, S. 4.

wichtig darauf zu achten, daß die gewählten Schlüsselwörter nicht zu „kreativ" sind, da sie sonst u.U. zu viele unterschiedliche Assoziationen hervorrufen.[40]

Das Gesagte sei an einem Beispiel kurz erläutert: Da die Autoren weite Teile dieses Buches im Rahmen einer Klausursitzung auf einem Bauernhof in Oberbayern geschrieben haben, könnten zur Erinnerung an diese Tage verschiedenste Schlüsselwörter für ein Brain-Map herhalten, wie zum Beispiel „Klausur", „Bauernhof", „Oberbayern" oder „Brainwriting". Bei einer späteren Betrachtung weist jedoch jeder dieser Begriffe mit großer Wahrscheinlichkeit keinen besonderen Erinnerungswert auf, da das Wort „Klausur" wie alle anderen Wörter auch in anderen Zusammenhängen und Situationen (z.B. Schule, Universität, Prüfungen) bekannt ist und deshalb leicht zu mißverständlichen Ergebnissen führt. Die **Suche nach einem geeigneten Begriff** für diese spezifische Situation und dieses besondere Ereignis ist also nicht auf die leichte Schulter zu nehmen, sondern hat einen starken erfolgswirksamen Effekt: Für die Autoren wären zum Beispiel als einzigartige Schlüsselwörter eher „Ludwig und Marianne" (die Namen der Gastgeber), „die Uhr in der Hütte" (weil sie gegen den Uhrzeigersinn läuft, in der Mitte das bayrische Wappen abgebildet ist und den Spruch, „In Bayern geh'n die Uhren anders" enthält) oder „Trixi und ihre Jungen" (weil der Hofhund gerade Junge bekommen hat und mit diesen ausgiebig gespielt wurde) geeignet.

Schlüsselwörter – so kann man dieses Beispiel zusammenfassen – sind demnach kein Allgemeingut, sondern für jeden Menschen einzigartig und nicht austauschbar. Dies kann nicht stark genug

40 vgl. Schuler 1992, S. 15.

betont werden, weil eben davon vielfach der Erfolg und die Behaltenswahrscheinlichkeit der einzelnen Brain-Maps abhängt.

Deshalb ist es auch oft nicht sinnvoll – anstatt sich auf die Suche nach eigenen Schlüsselwörtern zu begeben –, einfach die Zentralbegriffe aus Vorträgen oder Texten zu übernehmen. Diese sind noch nicht stark genug, um wirklich **von uns persönlich** als erinnerungswürdig erkannt und behalten zu werden. Denn ihnen fehlt vielfach die **emotionale Betroffenheit**, die besonders gute Schlüsselwörter auszeichnen: Ein Wort, welches mich nicht zum Lachen oder Weinen oder ... sonstwie emotional anregt, ist wenig geeignet.

Übung zu Schlüsselwörtern

Nachfolgend finden Sie eine Liste von Wörtern; „übersetzen" Sie diese Wörter so, daß diese *Ihnen persönlich* möglichst viel bedeuten, vielleicht so, daß Sie zu einem Wort ein typisches Bild malen oder ein neues Kunstwort kreieren oder ein „besonders starkes Wort", ein emotionsgeladenes Wort niederschreiben oder ... Fangen Sie an; hier ist die Liste:

Phantasie
Markt
Kreativität
Management
Persönlichkeitsentwicklung
Lernen
Werbung
Wirtschaft
Erkenntnis
Strategie

Diese Arbeit, die Suche nach guten Wörtern kann kein anderer für uns übernehmen. An dieser Stelle entscheidet sich vieles. Unsere eigenen Ideen und Gedanken sind gefragt. Denn in uns selbst steckt oft viel mehr, als wir uns zutrauen. Wir müssen unserer Kreativität und Intuition nur den Raum geben, damit sie sich entfalten kann. Das Kreative Brainwriting ist die Lernmethode, um den größtmöglichen Erfolg zu erzielen.

Diese Grundgedanken gelten im übertragenen Sinne auch, wenn an einem Brain-Map mehrere Personen beteiligt sind (Gruppen-Brain-Maps bzw. Konferenz-Maps): Die jeweiligen Schlüsselbegriffe sollen auch hier so gewählt werden, daß sie für die am Prozeß beteiligten Personen der Gruppe unmittelbar nachvollziehbar sind und somit erinnerungsfähig bleiben.

Übungsmöglichkeit

Sie haben in diesem Kapitel gelernt, wie Sie ein Brain-Map erstellen können. Nutzen Sie Ihre neugewonnenen Fähigkeiten und erstellen Sie ein Brain-Map zum Thema „Lernen" (Sie können sich natürlich auch ein eigenes Thema wählen!).

Begeben Sie sich bitte an einen Ort, wo Sie sich gut konzentrieren können. Setzen Sie sich so hin, daß Sie sich entspannen können. Blicken Sie sich noch einmal kurz um und überprüfen, daß alles für die nächste halbe Stunde so bleiben darf wie es gerade ist. Entscheiden Sie sich, daß Sie in Phase 1 zunächst assoziieren (etwa 5 Minuten lang) und erst in Phase 2 Ihr Brain-Map (in Ruhe) organisieren werden. Und dann legen Sie bitte los!

* * *

Erst wenn Sie mit dieser Aufgabe fertig sind, beantworten Sie sich bitte folgende Fragen:

- *Welche besonderen Erfahrungen habe ich mit dieser Lernmethode gemacht? Was hat mich beeindruckt? Was hat mich überrascht?*
- *Wo sind mir noch Dinge unklar? Wo sollte ich gezielt nachhaken?*
- *In welchen Bereichen möchte ich* ***jetzt schon*** *das Kreative Brain-writing spontan ausprobieren?*

4 Wo und wie kann man das Kreative Brainwriting anwenden? Beispiele für die Anwendung der Methode

4.1 Wie, wo und wozu kann man das Kreative Brainwriting einsetzen?

Beginnen wir doch einfach mit dem *„wie anwenden"*? Wir haben uns in Kapitel 3 bemüht, die Regeln und die Vorgehensweise so einfach und verständlich wie möglich darzustellen. Doch wir sind uns im Klaren, daß – im Gegensatz zu Seminaren, wo Ungereimtheiten und Mißverständnisse sogleich behoben werden können –, hier immer noch ein weiter Raum für Mißverständnisse etc. vorhanden ist.

Wenn Sie sich nicht sicher sind, ob Sie unsere Ausführungen wirklich „richtig" verstanden haben, dann können Sie auf zweierlei Weise vorgehen:

I. Sie können es sich schwer machen, indem Sie noch einmal nachlesen und wieder nachlesen und sich dann fragen, was wir uns wohl bei der einen oder anderen Formulierung gedacht haben und wie diese wohl wirklich zu interpretieren sei und dann einen kleinen Schritt nach vorne wagen ... und dann wieder nachlesen ... und noch einen Schritt tun ... und schließlich gar nichts mehr verstehen und verspüren, außer vielleicht einem wachsenden inneren Unbehagen ... und schließlich keine Lust mehr haben, das Buch in die Ecke pfeffern und ... das war's.

II. Sie können „so tun als ob" Sie es verstanden hätten und dies einfach mal ausprobieren, was Sie verstanden haben, und das Ergebnis prüfen und dann in sich hineinhorchen und sich fragen, wo und wie es wohl noch effizienter gehen könnte und sich weiterhin in einen entspannten und ressourcevollen Zustand versetzen und wieder so tun als ob Sie es schon könnten und ... das war's dann auch, aber ein riesiger Erfolg und ein großer Spaß für Sie!!!

Was wir durch diese zwei Wege deutlich machen wollen? Nun, Lernen hat sehr viel mit Sich-Etwas-Zutrauen und mit Ausprobieren zu tun. Probieren Sie es aus und lassen Sie sich überraschen. Tun Sie es ... jetzt!

Und ... Lernen hat auch viel mit Fähigkeiten zu tun: Mit den oben genannten Wegen haben wir Ihnen lediglich zwei Fähigkeiten vorgestellt, nämlich die „Fähigkeit, es sich schwer machen zu können" und die „Fähigkeit, so zu tun, als ob sie es verstanden hätten". Sie mögen selbst entscheiden, welche dieser (oder noch anderer) Fähigkeiten in Ihrer konkreten Situation für die Lösung Ihrer Aufgabenstellungen am meisten nützlich erscheint. Bitte entscheiden Sie sich ... jetzt!!!

Auch die Frage nach dem *„wo anwenden"*, d.h. bei welchen Tätigkeiten, in welchen Anwendungsfeldern das Kreative Brainwriting besonders empfehlenswert ist, können wir nur in unkonventioneller Weise beantworten: Wir sind davon überzeugt, daß das Kreative Brainwriting eine der innovativsten Methoden in der

Weiterbildungsszene darstellt und die Möglichkeiten dieser Lern- und Arbeitsmethode zur Zeit noch kaum ausgelotet werden konnten.

Wir schreiben hier absichtlich von ***Möglichkeiten*** und nicht von **Grenzen dieser Methode**, weil wir als hilfreiches Lernparadigma nicht das „Abgrenzen", sondern das „Ausprobieren" vertreten.

Viele Menschen möchten zunächst Klarheit darüber haben, was sie alles mit einer Sache, einer Methode anfangen können, bevor sie den ersten eigenen Schritt tun ... und stehen sich mit diesem Vorgehen oft selbst im Wege. Sie denken so intensiv darüber nach, wo und wann eine Methode **nicht funktionieren** könnte, daß sie schließlich **keine Zeit** mehr haben, **um auszuprobieren, wo diese Methode überhaupt funktioniert**.

Das zentrale Thema dieses Buches lautet ***Selbstmanagement***: Selbstmanagement heißt, sich seinen gegenwärtigen Grenzen zu nähern, diese zu überschreiten, um sich selbst in Richtung auf ein vorgewähltes Ziel hin zu entwickeln. Vielleicht gibt es wirklich auch Grenzen für jede Methode; darüber kann man redlich spekulieren und diskutieren. Viel häufiger begegnen wir aber Grenzen, die weniger in Methoden, Kontexten und Situationen ihren Ursprung haben, als in der betreffenden Person selbst. Selbstmanagement heißt demnach, sich einzulassen und sich zu trauen, etwas zu tun, etwas anzufangen und durchzuziehen. Die zentralen Fragen lauten demnach:

Was genau traue ich mir selbst zu?
In welchen Anwendungsfeldern?
Mit welcher Methode oder Strategie?

Die Autoren sind in ihren eigenen Arbeitsfeldern nach wie vor bestrebt, weitere Anwendungsmöglichkeiten für das Kreative Brainwriting auszuloten und konzeptionell aufzubereiten; die gleiche

Aufgabe möchten sie aber auch den Lesern übertragen, nämlich in ihren persönlichen Lern- und Arbeitsfeldern nach neuen Einsatzmöglichkeiten zu fahnden. Und dieser Einsatz dürfte sich auf jeden Fall auszahlen.

Doch nun zu der letzten Frage: *Wozu nutzt mir denn das Kreative Brainwriting?* Oder anders ausgedrückt: Welche Ziele kann ich mit Hilfe dieser Lernmethode erreichen?

Wir haben bei unseren Recherchen **mindestens fünf Ziele**[41] herausgefunden, die in besonders wirkungsvoller Weise durch ein regelmäßiges Brain-Mapping gefördert werden. Im einzelnen geht es darum,

1. Zusammenhänge, Verknüpfungen, Analogien, Hierarchien etc. **auf einen Blick erkennbar** zu machen,
2. durch diese einzigartige Zusammenstellung eine **Übersetzung und Umwandlung fremden Gedankenguts in das eigene Denksystem** vorzunehmen bzw.
3. eine **Umwandlung eigenen Kreativguts** (flüchtige Gedanken, Ideen) **in stoffliche Qualitäten (das Brain-Map)** zu ermöglichen und
4. durch das Knüpfen von sinn-vollen Assoziationsfeldern **das Erinnern der verarbeiteten Inhalte** so nachhaltig zu fördern, daß sogar
5. **das Ent-Lernen,**[42] gefördert wird, d.h. das fließende Weiterentwickeln von Kenntnissen und Fertigkeiten einschließlich des Kommunizierens und Weitervermittelns der Brain-Map-Inhalte

41 vgl. auch Beyer 1993a, S. 133f.

42 vgl. Gerken 1991, S. 226ff.; Berger 1993, S. 6: „Ent-Lernen bedeutet, mittels Mentaltechniken ausgetretene Denk-Pfade zu verlassen, um gewohnte (durchaus auch erfolgreiche) Muster gezielt zu durchbrechen."

ist wesentlich eleganter, kreativer und persönlich eindrucksvoller möglich.

In jüngster Zeit wird gerade unter dem Schlagwort „das Entlernen lernen" eine wichtige Korrektur gängiger Lern- und Bildungsvorstellungen vorgenommen. Mit diesem Stichwort werden der üblichen Weiterbildungspraxis, in welcher **Wissens-Pakete** vermittelt werden, sog. „**Über-Bord-Werfprogramme**" gegenübergestellt, deren Zweck darin besteht, das nicht mehr zeit- und kontextgemäße Potential (Wissen, Kenntnisse und Fertigkeiten) systematisch zu deprogrammieren und neu zu programmieren.

Das macht Sinn und entspricht sicherlich einer der wichtigsten Anforderungen unserer Kultur, nämlich zu erkennen, wann ein Lerninhalt „nicht mehr zeitgemäß" ist, ja, wann es sogar „kontraproduktiv" ist, in gelernter Art und Weise vorzugehen: Die „toten Realitäten von gestern"[43] – wie es Gerd Gerken einmal formulierte – können die Gegenwart derart „ersticken", daß keine Zukunftsvisionen, keine neuen Realitäten entstehen können.

Aufgrund seiner offenen Struktur und fließenden Veränderbarkeit kann das Kreative Brainwriting sowohl dem Organisations- und Ordnungsbedürfnis als auch dem Bedürfnis nach offenen Zukunftsgestalten entsprechen und bildet damit das ideale Lern- und Arbeitsinstrument, um Lern- und Entlernprozesse zu initiieren und zu steuern.

43 vgl. Gerken 1991, S. 228.

4.2 Anwendungsformen des Kreativen Brainwriting: Bestimmen Sie, was genau Sie benötigen!

Das gesamte Spektrum der Tätigkeiten, die mit dem Kreativen Brainwriting ausgeübt werden können, sind in Abbildung 3 im Überblick dargestellt:

		methodische Grundstruktur	
		Assoziieren	Organisieren
Anzahl der am Prozeß beteiligten Personen	ich allein		
	ich und ...		
	ich im Team		

Abb. 3: Das Kreative Brainwriting – in vielen Tätigkeitsbereichen zu Hause

In obiger Abbildung sind die methodische Grundstruktur[44] (Assoziieren und Organisieren) und die Anzahl der beteiligten Personen (ich allein, ich und ..., ich im Team) miteinander kombiniert worden. Je nach Art der vorliegenden Aufgabenstellung („Welche Anforderungen stellt die jeweilige Aufgabe an mich [uns]?" –

44 Ein gutes Setting (Grounding) ist ebenfalls ein fester methodischer Bestandteil des Kreativen Brainwriting. Seine Hauptaufgabe ist jedoch, den notwendigen Rahmen für den Prozeßverlauf abzustecken; in der hier vorzunehmenden Analyse, welche die Akzente für den jeweiligen Lösungsprozeß festlegen möchte, kann auf diesen Bestandteil verzichtet werden.

„Welche Talente benötige[n] ich [wir]?") und Zielvorstellungen („Was genau ist mein [unser] Ziel?") sind ganz unterschiedliche Gewichtungen der Methode vorzunehmen und damit der jeweilige Akzent des Kreativen Brainwriting zu bestimmen.

Die **methodische Grundstruktur** möchte dabei folgenden Gesichtspunkt besonders hervorheben: Das Assoziieren und Organisieren gehören untrennbar zusammen und sollten demzufolge auch einander ergänzen.

Viele Unternehmen und Menschen betrachten jedoch kreative Tätigkeiten und planerische Tätigkeiten immer noch als zwei verschiedene Paar Schuhe, die fein säuberlich voneinander getrennt werden müssen. Sie merken gar nicht, daß Sie sich mit dieser Sichtweise ungeheuer begrenzen und blockieren. Denn jede Tätigkeit besitzt sowohl kreative als auch planerische Elemente. Ein lebendiges Umgehen mit den uns zur Verfügung stehenden Talenten ist dann gegeben, wenn Menschen in jeder tausendmal ausgeübten Tätigkeit „Neues" entdecken können, um der Erstarrung in Routine vorzubeugen, und auch in jeder neuen Tätigkeit wieder die vertrauten und schon beherrschten Schemata zu erkennen.

Wir sind deshalb der Ansicht, daß Sie auf jeden Fall das, was wir zum Planen und Organisieren geschrieben haben, auch als kreative Tätigkeit, und das, was als freies Assoziieren gilt, als tagtäglich geübte Routine betrachten sollten.

Übung:

Versuchen Sie diese Anregung in Ihrem Arbeitsalltag umzusetzen und Sie werden auf sehr viele Hindernisse stoßen, an die Sie sich schon allzu lange gewöhnt haben, und umgekehrt auch innovative Anwendungsmöglichkeiten für viele Ihrer Routinetätigkeiten in anderen Handlungsfeldern entdecken!

Die Anzahl der beteiligten Personen ist gleichfalls als fließender Übergang zu sehen: Es gibt Brain-Maps, die ausschließlich von mir für mich allein entwickelt wurden und die ich niemals einem anderen zeigen würde (etwa wenn es sich um einen ganz persönlichen Klärungsprozeß handelt), dann gibt es Brain-Maps, die ich ursprünglich für mich entworfen habe, die jedoch anderen von mir zugänglich gemacht worden sind, ferner Brain-Maps, die ich von vornherein als Aufzeichnungen auch für andere entworfen habe, und schließlich Brain-Maps, die ich im Team mit anderen gemeinsam entwickelt habe.

Mein subjektiver Anteil ist immer dabei, was sich aber im fließenden Übergang vom „ich allein" zum „ich im Team" ändern muß, das ist die Art der Schlüsselwörter – im Team müssen diese z.B. von allen Beteiligten in ihrer Bedeutung verstanden werden können –, das Ausmaß der Kommunikation über die Brain-Maps und die notwendige Berücksichtigung von fremden Assoziationen und Ordnungskriterien.

Wenn man aber die in heutiger Zeit populäre Vorstellung eines „Multimind" in diesen kreativen Prozeß einbezieht, dann ist die Grundstruktur der Methode von der Anzahl der beteiligten Personen völlig unabhängig. Denn es macht letztlich keinen Unterschied, ob „ich in Konferenz mit meinen verschiedenen Talenten" oder ob „ich als Teil einer Konferenz" am Gesamtprozeß beteiligt bin.

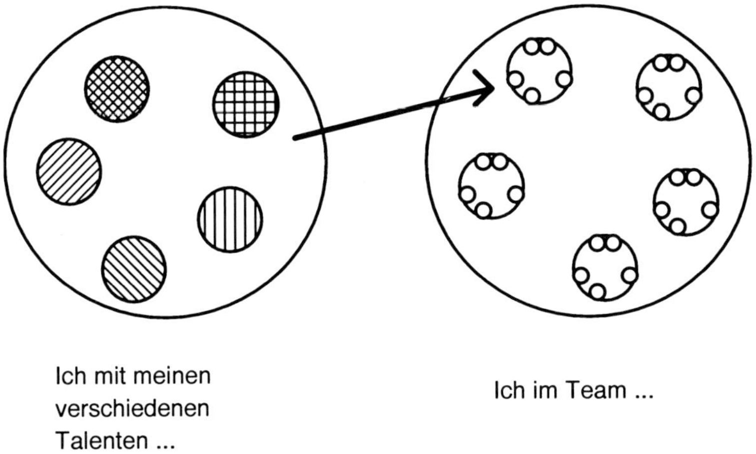

Doch nun zu den ausgewählten Anwendungsbeispielen. Die von uns zusammengetragenen Beispiele sind in diesem Sinne nur als Orientierungshilfen und als Anregungen zu verstehen. Unsere Empfehlung lautet jedoch immer:

Probieren Sie es aus ... in den Gebieten, wo Sie es einsetzen möchten ..., und Sie werden (positive) Überraschungen erleben!

4.3 Anwendungsbeispiele für das Kreative Brainwriting

4.3.1 Wir schreiben „über" das Kreative Brainwriting, „ausprobieren" müssen Sie es selbst!

Wenn Sie das Kreative Brainwriting üben, werden Sie erfahren, daß es funktioniert. Die nachfolgenden Beispiele können Ihnen lediglich helfen, etwas über die einzelnen Tätigkeiten zu erfahren, um diese besser zu verstehen. Doch erst im Tun, im Ausprobieren werden Sie erfahren, daß und wie Sie das Kreative Brainwriting beherrschen.

Wir sind übrigens nicht der Ansicht, daß das Kreative Brainwriting zunächst geübt werden sollte, bevor Sie es in Ernstsituationen anwenden können. Üben heißt, daß Sie sich freiwillig in eine Lernsituation begeben, die aber bei dieser Methode gar nicht notwendig ist. Wir empfehlen Ihnen vielmehr, das was Sie verstanden haben, so schnell wie möglich umzusetzen und anzuwenden.

Wenn Sie diesem Rat folgen möchten, dann lesen Sie jetzt zunächst nicht weiter; legen Sie statt dessen das Buch zur Seite und probieren Sie das Kreative Brainwriting eine Zeitlang aus (etwa 2 bis 3 Wochen), und machen Sie Ihre eigenen Erfahrungen. Wenn Sie Rat und Hilfe brauchen und dann immer noch interessiert sind, dann können Sie ja zu diesem späteren Zeitpunkt weiterlesen und Ihre und unsere Erfahrungen miteinander vergleichen. Dann werden Sie unsere „theoretischen" Überlegungen wesentlich kritischer (wir meinen dies im Sinne von „konstruktiver") verfolgen können; dann können unsere Beispiele Ihnen helfen, Ihre Anwendungen noch akzentuierter und feiner Ihren Bedürfnissen anzupassen. Denn das ist unser eigentliches Ziel mit diesem Kapitel: Nach der Darstellung der „Autobahn des Kreativen Brainwriting" in

Kapitel 3, möchten wir Ihnen in diesem Kapitel helfen, sich in ganz unterschiedlichem Gelände mit dieser Lernmethode zurechtzufinden.

4.3.2 Das Kreative Brainwriting als Kreativitätsmethode und zur persönlichen Entspannung

Die besondere Eignung des Kreativen Brainwriting als Kreativitätsmethode wurde schon bei deren Vorläuferin, dem Mind Mapping, erkannt. Ein hohes Maß an ***individueller Kreativität*** ist besonders bei Tätigkeiten notwendig, die mit Problemlösungen, Ideenfindungen oder Zielklärungen verbunden sind. Bei diesen Tätigkeiten ist es erforderlich, zumindest in den Einstiegsphasen eines Prozesses möglichst frei und ungebunden die eigenen Gedanken entwickeln zu lassen, bevor man in späteren Phasen eine Sichtung und Ordnung derselben vornimmt.

Legt man die Struktur von Abbildung 3, S. 106 zugrunde, so befindet sich der Schwerpunkt des Kreativen Brainwriting hier eindeutig im „offenen" (assoziativen, kreativen) Bereich der Methode:

		methodische Grundstruktur	
		Assoziieren	Organisieren
Anzahl der am Prozeß beteiligten Personen	ich allein ich und ...	X	
	ich im Team		

Das Kreative Brainwriting als Kreativitätsmethode oder zur Entspannung

Die Tätigkeit des **Assoziierens** bezieht sich dabei auf alle diejenigen Tätigkeiten, bei denen ich auf der Suche nach irgendetwas bzw. etwas Bestimmtem bin, wo etwas noch nicht völlig geklärt ist. Die Unterscheidung zwischen freiem und gebundenem Assoziieren ist dabei durch das Ausmaß der individuell und durch die Sachaufgabe vorgegebenen Freiheitsgrade bestimmt. Oder mit anderen Worten: Während das freie Assoziieren mehr den Charakter einer Kreativitätsmethode besitzt, hat das gebundene Assoziieren mehr den einer Arbeitstechnik.

Das sog. „**freie Assoziieren**" läßt mir die größten Freiheitsgrade, indem ich zum einen Schlüsselbegriffe frei wählen, zum anderen den eigenen Gedanken in alle Richtungen hin freien Lauf lassen kann: Bekannt ist oftmals nur die Ist-Situation und das Bedürfnis nach Veränderung, das konkrete Ziel und der Weg dorthin sind aber zu Beginn des Prozesses weitgehend unbekannt. Demgegenüber steht das „**gebundene Assoziieren**", bei welchem der Handlungsrahmen durch die konkrete Aufgabenstellung schon so weit eingeschränkt ist, daß die individuelle Kreativität sich lediglich auf bestimmte Handlungen innerhalb des Rahmens (Texte bearbeiten, Vorträge mitmappen und zusammenfassen) konzentrieren muß.

Doch wie funktioniert nun das Kreative Brainwriting im Rahmen des freien Assoziierens?

Betrachten wir zunächst im ersten Schritt einige kreative Alltagstätigkeiten (das Problemlösen und das Ideenfinden) und fragen uns nach den besonderen Anforderungen, die diese beinhalten, und dann im zweiten Schritt danach, weshalb das Kreative Brainwriting besonders geeignet ist, die Qualität dieser Tätigkeiten entscheidend zu verbessern.

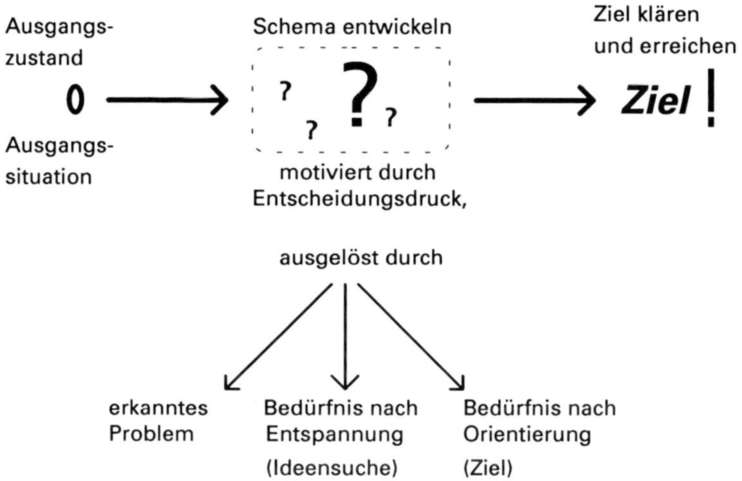

Abb. 4: Grundstruktur des freien Assozierens

Bei der Tätigkeit des **Problemlösens** handelt es sich zumeist um die Bewältigung von Anforderungen oder Aufgaben, für die *vorab* kein Lösungsschema vorhanden ist. Vorrangiges Ziel eines Problemlösungsprozesses muß es demnach sein, ein derartiges Schema zu entwickeln, um zum eigentlichen Ziel gelangen zu können. Während des Problemlösungsprozesses treten dann zwangsläufig neue Einsichten und Perspektiven auf, die jeweils auf ihre Eignung zur Zielerreichung hin geprüft werden müssen.

Die **Ideenfindung** macht auf einen anderen Akzent aufmerksam: Im Gegensatz zum Problemlösen, wo durch den Ausdruck „Problem" die unmittelbare Notwendigkeit ausgedrückt wird, unbedingt eine Lösung für die gegenwärtig unbefriedigende Situation zu erarbeiten, handelt es sich bei der Ideenfindung meist um eher neutrale Situationen, deren Veränderungspotential aber im Blick auf zukünftige Maßnahmen und Möglichkeiten hin durchdacht werden sollen. Als weiterer Unterschied dürfte die Notwendigkeit zur sofortigen Entscheidung beim Problemlösen stärker ausgeprägt sein als bei der Ideenfindung.

Sehr eng verwandt mit der Entwicklung neuer Ideen ist die **mentale Entspannung** durch das Malen von Brain-Maps. Oft sind es ja gerade Gedankenblockaden, streßbeladene Situationen, die den direkten Zugang zu unserem gewaltigen Gehirnpotential versperren.

Maria Beyer hat in Ihrem Buch *BrainLand* die mentalen, emotionalen und körperlichen Folgen von Gedankenblockaden eindrucksvoll beschrieben: „Gedankenblockaden sind ein Signal der Brainländer für dich, daß du zeitweise ungünstig arbeitest. Entweder zu dauerhaft oder du forderst nur ‚monokulturelle' Informationen ab. ... Blockaden ihrerseits lösen Panikstimmung in BrainLand aus, was du natürlich direkt zu spüren bekommst. Panik verkrampft, spannt an und voilà ist ein Mini-Zusammenbruch der Infrastruktur von BrainLand und dir da. Wenn nicht nur geistig, so ist manchmal auch körperlich eine Spannung zu erleben. Schweißausbruch, Kopfschmerzen oder eine miese Stimmung sind mögliche Ausdrucksformen. Dabei solltest du diese ‚Zeichen' als Hinweise nutzen, dein Denk- und Arbeitsverhalten sofort zu ändern und zu erweitern!"[45]

Wenn man nicht mehr weiter weiß, wenn kein Weg mehr erkennbar ist, dann sind „nichts tun" bzw. „etwas anderes tun" die sinnvollsten Strategien, die uns noch zur Verfügung stehen. Einfach mal durchatmen, das Thema (das, was gerade in mir am Gären ist) in die Mitte schreiben und über dieses Thema wieder den verschütteten Weg zurückfinden ... nicht „kämpferisch", sondern „einfach so", einfach durch „Entspannen", „seinen eigenen Brain-Zustand" mappen und ... plötzlich wieder den verlorengeglaubten „roten Faden" entdecken.

45 Beyer 1993a, S. 33f.; der Ausdruck „BrainLand" steht hier für Gehirn, „Brainländer" für Gedanken.

Der tiefere „Sinn“ des Problemlösens, der Ideensuche wie auch der mentalen Entspannung liegt darin, irgendwie Klarheit über eine Situation, eine Aufgabe etc. zu gewinnen; demzufolge münden diese kreativen Brain-Maps zwanglos in den Prozeß der Zielklärung (vgl. Kapitel 4.3.3) und damit auch wieder in den strukturellen Ast der Methode.

Welchen Beitrag vermag nun das Kreative Brainwriting zu leisten, um das individuelle Kreativitätspotential und damit die Fähigkeit und Bereitschaft von Menschen zu steigern, sich in „offenen Handlungssituationen“ eleganter bewegen zu können?

Nun, Kreativität ist keine angeborene Fähigkeit, sondern erlernbar: Sie hat etwas damit zu tun, **andere Rahmen als die üblichen** zu akzeptieren und diese zur Lösung hinzuzuziehen. Das Umformen von Gedankengängen in ein „anderes“ Schema, in ein Brain-Map anstelle sonstiger (mehr oder weniger kreativitätsförderlicher) Schemata bietet einen ersten Zugang zur Lösung: Denn jede Situation hat nicht nur einen Blickwinkel, sondern unzählige – und indem ich den Rahmen einer Situation ändere, ändere ich zugleich auch schon meinen Blickwinkel und damit die Situation selbst. Das ist praktisch umgesetztes kreatives Handeln!

Zum zweiten wird die Arbeit mit den Brain-Maps verschüttetes Kreativitätspotential (etwa so wie ein Schneeball eine Lawine auslösen kann) freilegen. Der Prozeß des Erstellens von Brain-Maps (Freies Assoziieren und anschließendes Organisieren) ist dabei **die Eintrittskarte in ein Land der unbegrenzten Möglichkeiten**: Wir meinen hier die Gedanken, die Sie sich schon im Laufe Ihres Lebens gemacht haben, die möglichen Verknüpfungen zwischen diesen Gedanken und Ihren Erfahrungen und damit die Bildung neuer Gedanken bis hin zu völlig paradoxen Gedanken (z.B. hat Richard Bandler einmal in einem Seminar die Frage gestellt: „Haben Sie jemals über all die Gedanken nachgedacht, die Sie nie gehabt haben?"[46]). Die Prozeßstruktur des Kreativen Brainwriting – so einfach sie auch sein mag – ist in jeder nur denkbaren Situation anwendbar und verhilft selbst da zu Ideen, Gedankensprüngen und wertvollen Anregungen, wo andere Methoden versagen.

Zum dritten wird jeder, der sich mit dem Kreativen Brainwriting beschäftigt, feststellen, daß sich sog. „Geistesblitze" erheblich leichter einfangen lassen und daß als Nebeneffekt des stetig wachsenden Kreativitätspotentials das anerkennende Erstaunen über die Quantität und Qualität der eigenen kreativen Leistungen quasi zum Normalfall wird. Sie werden sich über kurz oder lang nicht mehr mit dem „Durchschnitt" zufriedengeben, sondern einen großen Hunger nach außerordentlichen Ergebnissen entwickeln. Situationen, die Sie vorher nur mit Schweißausbrüchen, zitternden Knien und roten Flecken im Gesicht bewältigen konnten, werden nunmehr für Sie zu Herausforderungen an Ihre Kreativität und Spontaneität.

Sind Sie zu einem Versuch bereit?

4.3.3 Das Kreative Brainwriting zur Zielklärung und als Planungsinstrument

Seine Ziele klären und Planen gehören untrennbar zusammen. Während die Zielklärung sich mit der Frage, „Was möchte ich tun: X, Y oder Z?", beschäftigt, konzentriert sich das Planen auf die Frage, „Wie möchte ich das ausgewählte X tun?".

Man könnte auch sagen, daß bei der Zielklärung anfangs noch die kreativen Anteile überwiegen und im Laufe des Klärungs-

46 zitiert in: Laborde 1991, S. 138.

prozesses dann die konstruktiven Anteile langsam in den Vordergrund treten.

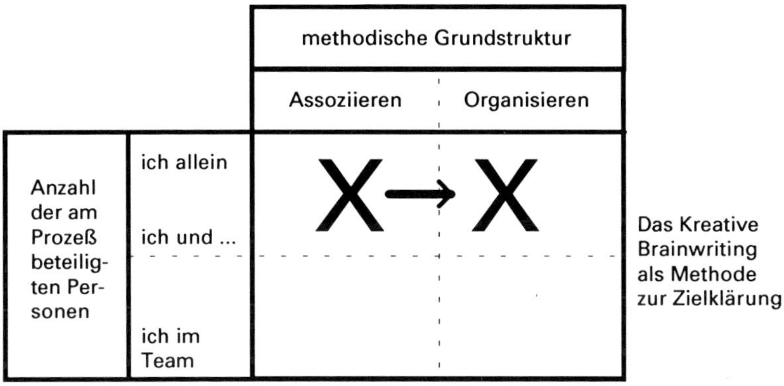

Merkwürdigerweise wird dieser enge Zusammenhang von vielen Menschen gar nicht berücksichtigt. Viele sind so damit beschäftigt, etwas zu tun, daß sie keine Zeit für die Prüfung erübrigen, ob dieses Etwas wirklich auch die Anstrengungen wert ist und das zur Zeit Gebotene darstellt.

Viele Untersuchungen haben bestätigt, daß im Arbeitsalltag eine starke Tendenz besteht, allzu oft das Naheliegende vorschnell als Ziel zu akzeptieren und durch diese halbherzige Zielklärung unnötige Turbulenzen und überflüssige Anstrengungen „vorzuprogrammieren“. Die Suche nach geeigneten, schnell einsetzbaren Lösungsschemata, die davor bewahren, sich allzu leicht auf „das falsche Pferd“ zu setzen, ist eine der wichtigsten Aufgaben der systemtheoretischen Forschung; denn das ist eine zentrale Erkenntnis dieser Forschungsrichtung, daß nur wenige Menschen – ungeachtet ihres Bildungsniveaus oder anderer Merkmale – wirklich in der Lage sind, in komplexen Handlungssituationen kompetent, d.h. situations- und kontextangemessen, zu handeln.

Dietrich Dörner hat in verschiedenen Untersuchungen herausgefunden, daß vielen Menschen schlicht und einfach das notwendige Know-How (insbesondere Kenntnisse der Struktur, des Zeit-Verhaltens und des methodischen Instrumentariums komplexer Systeme) fehlt, um angemessen handeln zu können.

Ziele können dabei folgende Eigenschaften besitzen. Sie können sein:

- Anstrebens- oder Vermeidungsziele,
- allgemein oder spezifisch,
- klar oder unklar,
- einfach oder mehrfach,
- implizit oder explizit.[47]

Mit diesen Eigenschaften gilt es konstruktiv umzugehen. Man muß wissen, wie man mit einem unklaren Ziel verfährt, welche impliziten Ziele man mit sich herumträgt, welche Abhängigkeiten ein Mehrfachziel besitzt oder welches Ziel wirklich Gewicht hat und welches Ziel nur einen aktuellen Mißstand beschreibt, dessen Beseitigung aber keine wirkliche Gesamtproblemlösung mit sich bringt (Reparaturdienstverhalten).

„Das klingt vielleicht alles sehr trivial. Die Tatsache aber, daß die meisten Menschen nach einem Prinzip der Überwertigkeit (oder Alleinwertigkeit) des aktuellen Motivs handeln, ist für viele Fehlplanungen und Fehlverhaltensweisen verantwortlich, ... Menschen kümmern sich um die Probleme, die sie haben, nicht um die, die sie (noch) nicht haben. Folglich neigen sie dazu, nicht zu bedenken,

47 vgl. Dörner 1989, S. 79.

daß eine Problemlösung im Bereich A eine Problemerzeugung im Bereich B darstellen kann.“[48]

Wie kann man nun das Kreative Brainwriting einsetzen, um die notwendigen Denkprozesse zu einer Zielklärung anzuregen und zu lenken?

> Beginnen Sie zunächst damit, sich **Ihren persönlichen Zielklärungsraum zu schaffen**, ein ruhiges Zimmer, gegebenenfalls mit einer schönen, anregenden Aussicht, die Vereinbarung mit sich selbst, sich eine bestimmte Zeit ausschließlich mit der Frage der Zielklärung zu beschäftigen. Sorgen Sie dafür, daß Sie in dieser Zeit von außen nicht gestört werden können ... und dann beginnen Sie mit einer kurzen einleitenden Entspannung ...

Ein **Zielklärungs-Map** kann in mehreren Stufen entwickelt werden. Im Rahmen des Neurolinguistischen Programmierens gibt es mittlerweile viele Analyseschemata (Fragenkataloge), die bei der Zielklärung helfen können. Aus der Fülle der Beispiele sei ein Ansatz herausgegriffen, der vor allem auch die Nebeneffekte und unerwünschten Begleitumstände von Zielen berücksichtigt. Es handelt sich um vier Fragen, welche Sollzustand (Wollen und Nicht-Wollen) und Istzustand (Haben und Nicht-Haben) miteinander kombinieren. Die Fragen lauten:[49]

1. Was will ich und habe ich zur Zeit noch nicht?
2. Was will ich nicht und habe ich?
3. Was will ich und habe ich?
4. Was will ich nicht und habe ich auch nicht?

48 Dörner 1989, S. 78f.

49 In Anlehnung an S. Andreas – vgl. Multimind – NLP aktuell, Heft 6 / 1992, S. 3.

Diese vier Fragen können in einem ersten Brain-Map geklärt werden. Dabei werden nahezu zwangsläufig Überschneidungen, Ergänzungen und auch einander widersprechende Aspekte auftreten, die nunmehr übersichtlich in einem Brain-Map erfaßt sind.

Ziele müssen und können „sichtbar“ gemacht werden, indem Sie sich zunächst mit sich (in einem inneren Dialog) beraten. In einem zweiten Schritt (einem zweiten Brain-Map, wenn Sie wollen) präzisieren Sie danach Ihr(e) Ziel(e) mit Hilfe folgender Anweisungen:

❶ Formulieren Sie Ihr Ziel **positiv und eindeutig**: Was genau will ich?

❷ Drücken Sie sich so **präzise (sinnesspezifisch)** wie möglich aus: Was genau werde ich sehen, hören, fühlen, schmecken und riechen ..., wenn ich mein Ziel erreicht habe?

❸ Bestimmen Sie Ihre **Zielerkennungskriterien**: Wo und wann, in welcher Situation werde ich mich wem gegenüber wie verhalten, wenn ich mein Ziel erreicht habe?

❹ Übernehmen Sie **Verantwortung und Kontrolle**: Was kann ich als ersten Schritt hier und heute schon tun? Womit kann ich jetzt schon beginnen? Habe ich die volle Kontrolle oder bin ich bei diesem Ziel vom Wohlwollen anderer abhängig? Welche

Personen muß ich wie beeinflussen, damit sie mir bei meinem Ziel helfen?

❺ Überprüfen Sie die **Verträglichkeit (Ökologie)** dieses Zieles in Ihrem Lebenszusammenhang: Wie harmoniert mein Ziel mit anderen Zielen? Welche anderen Ziele unterstützen dieses Ziel? Welche anderen Ziele könnten dieses Ziel behindern?

❻ Kann ich mein Ziel(-verhalten) schon **hier und jetzt** demonstrieren?

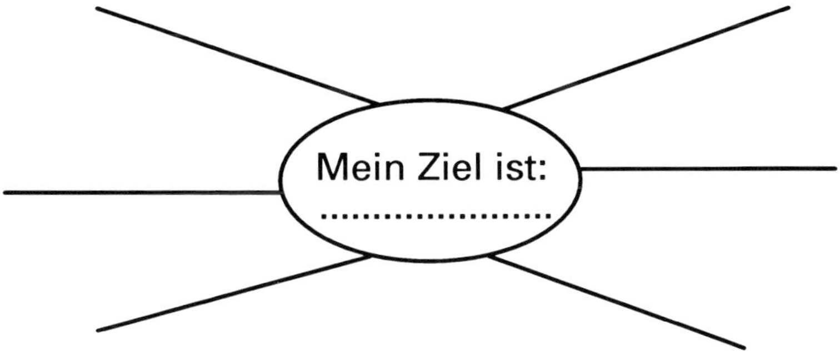

Für jedes dieser Kriterien können Sie sich dabei einen Ast Ihres Brain-Maps reservieren, um zunächst wieder alles, was Ihnen dazu einfällt, „ungefiltert" niederzuschreiben. Durch diese Zielarbeit werden Sie allmählich ein „Gefühl" für Ihr Ziel bekommen, Sie werden spüren, wie jeder einzelne Ast einen kleinen Baustein zur Erreichung Ihres Zieles beisteuert.

Bitte unterschätzen Sie nicht die Bedeutung jedes einzelnen Astes. Es mag sein, daß der eine oder andere Ast Ihnen banal und vernachlässigbar vorkommt. Vielleicht ist dies auch bei Ihrem konkreten Ziel der Fall. Aber können Sie hunderprozentig sicher sein, daß dies bei jedem nur denkbaren Ziel der Fall sein wird? Sicher nicht!

Weiterhin verbergen sich oftmals gerade hinter den scheinbar klaren Aspekten die eigentlichen „Störquellen“, die uns in der Vergangenheit und beim gegenwärtigen Ziel schwer zu schaffen gemacht haben und machen. Durch diese Formulierungsarbeit erreichen Sie demnach zweierlei: Zum einen entdecken Sie die „kritischen Punkte“ und / oder „blinden Flecke“ Ihres anvisierten Zieles, zum anderen werden Sie dabei schon auf wichtige Planungsgesichtspunkte aufmerksam gemacht, die Sie bei Ihrem nächsten Brain-Map (z.B. einem „What-to-do-Map“) berücksichtigen können.

Ziele haben anfangs eine sehr flüchtige Gestalt;
sie tauchen erst nach und nach
aus dem „Nebel“ unserer Vorstellungen auf.

Unser Beispiel bezog sich auf ein komplexes Ziel, welches nach und nach geklärt werden konnte. Selbstverständlich können Sie aber mit dem Kreativen Brainwriting auch ganz alltägliche Fälle behandeln und auch bei diesen eine nachweisbare Effizienzsteigerung verbuchen.

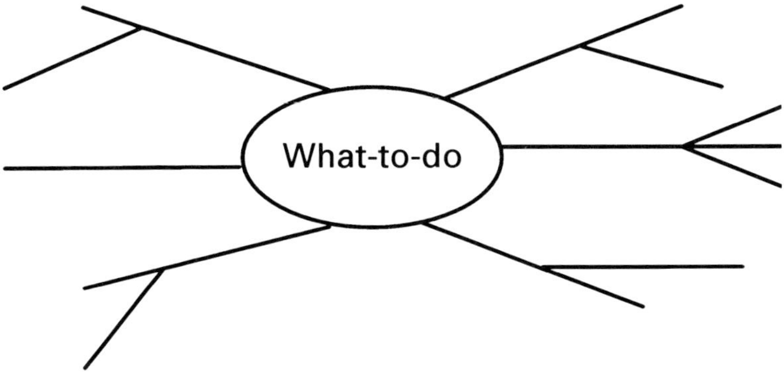

In derartigen Fällen dürfte dann die Organisation der täglichen Arbeit im Vordergrund stehen und gegebenenfalls auch das Kommunizieren über Brain-Maps mit Dritten hinzukommen. Diese Modifikation bedeutet, daß Schlüsselwörter verwendet werden müssen, die für sämtliche Beteiligten Sinn machen. Ferner sollten wichtige Informationen so „auf den Punkt" gebracht werden, daß der Interpretationsspielraum einzelner Aussagen möglichst gering ist. Wir sind davon überzeugt, daß diese Methode auch diesen Anforderungen gerecht wird. In der schon bekannten Abbildung 3 dürfte der Schwerpunkt folgendermaßen abgebildet werden:

		methodische Grundstruktur		
		Assoziieren	Organisieren	
Anzahl der am Prozeß beteiligten Personen	ich allein ich und ...		X	Das Kreative Brainwriting als effizientes Planungsinstrument
	ich im Team			

4.3.4 Das Kreative Brainwriting als Arbeitsmethode (das Brain-Mappen von Texten und Vorträgen)

Das gebundene Assoziieren eignet sich für die Bereiche, wo ich vorgegebene Aufgaben habe, wie z.B. Texte oder Vorträge zu bearbeiten. Je nach der eigenen Zielstellung kann das Bearbeiten recht unterschiedlich ausfallen: So können **Texte**

entweder stark inhaltsbezogen **mitgeschrieben** werden (dem Sinn nach 1:1, d.h. ich möchte die vollständige Struktur eines Textes erfassen)

oder **verändert** werden (ich möchte Texte kürzen, Extrakte herausarbeiten – für mich selbst, für andere)

oder **unter einem bestimmten Aspekt** analysiert werden (fokusorientiert, d.h. mich interessiert nur eine bestimmte Perspektive).

Ferner kann – je nach Aufgabenstellung – zwischen zwei verschiedenen Formen des gebundenen Assoziierens unterschieden werden, nämlich

- ☛ zum einen das **inhaltsorientierte Lesen und Mappen**, wo mein Interesse primär darin liegt, die wesentlichen Text- oder Vortragsinhalte möglichst präzise mitzubekommen, und
- ☛ zum anderen das **assoziative Lesen und Mappen**, wo mir Vortrag und Artikel oder Buch mehr als Anregungsmedium für meinen eigenen Gedanken- und Ideenreichtum dienen.

Sinngemäß gelten die zu Lesetexten gemachten Ausführungen ebenfalls für **Vorträge**. Auch hier kann ich mich als Brain-Mapper bemühen, möglichst alles mitzumappen oder den Sinn der Ausführungen zu erfassen oder nur eine bestimmte Fragestellung zu berücksichtigen.

		methodische Grundstruktur	
		Assoziieren	Organisieren
Anzahl der am Prozeß beteiligten Personen	ich allein ich und ...	(X)	X
	ich im Team		

Das Kreative Brainwriting als Arbeitsmethode

Doch es gibt auch Unterschiede zwischen dem Brain-Mapping von Texten und Vorträgen. Neben den vorrangig aktivierten Aufnahmekanälen (bei Texten der visuelle, bei Vorträgen der auditive oder in Kombination der audivisuelle Sinneskanal) fällt vor allem das Ausmaß der selbstbestimmten Bearbeitung ins Gewicht. Bei Texten kann ich mein eigenes Arbeitstempo bestimmen und gegebenenfalls vor- bzw. zurückblättern, demgegenüber bin ich bei Vorträgen darauf angewiesen, mich dem Vortragsstil und -tempo des Vortragenden anzupassen.

In beiden Fällen dürfte sich aber der **Vorteil der erheblich größeren Schnelligkeit** beim Erstellen von Brain-Maps positiv auswirken und dafür sorgen, daß insgesamt gesehen gehaltvollere Brain-Maps entstehen als dies mit traditionellen Aufzeichnungstechniken möglich wäre.[50]

50 Untersuchungen haben bestätigt, daß in durchschnittlichen Zeilentexten nur etwa 9% der Wörter wirklichen Informationsgehalt besitzen. Der überwiegende Anteil der Wörter ist demnach nur „Verpackung". Lineare

Doch es gibt noch weitere Besonderheiten, die insbesondere das Brain-Mapping von Vorträgen betreffen: Haben Sie sich schon einmal selbst dabei beobachtet, während Sie einen Vortrag mitgeschrieben haben? Wenn Sie dies einmal bewußt tun, dann werden Sie bemerken, daß Sie während eines Vortrags **nicht gleichzeitig zuhören und aufschreiben** können, sondern diese beiden Tätigkeiten jeweils nacheinander erfolgen. D.h. während Sie zuhören, können Sie nicht schreiben und wenn Sie schreiben, können Sie nicht zuhören. Dies liegt daran, daß während des Schreibens die Ohren kurzzeitig „abgeschaltet" werden und während des Zuhörens das bewußte Schreiben unmöglich ist. Es sind nur winzigste Zeiteinheiten, die dieses beständige Wechseln erfordern, aber es ist dennoch von jedermann im Selbstversuch nachvollziehbar.

Nun, welche Konsequenzen können daraus gezogen werden? Eine Schlußfolgerung lautet: Je länger meine Aufzeichnungen Zeit benötigen, d.h. je mehr ganze Sätze oder Satzfragmente ich mitschreibe, umso größere „Zuhör-Lücken" werden zwangsläufig im Laufe des Vortrags entstehen und umso schwieriger dürfte es werden, dem Vortrag inhaltlich genau zu folgen.

Haben Sie derartige Schwierigkeiten? Dann dürfte Ihnen eine Methode sehr gelegen kommen, die Sie dazu erzieht, möglichst nur Stichworte mitzuschreiben und den ganzen Ballast an Füllwörtern wegzulassen.

Desweiteren passiert es allzu häufig, daß in Vorträgen der **„rote Faden"** für die Zuhörer oft nicht so deutlich erkennbar ist und die Qualität linearer Aufzeichnungen darunter leidet, daß unübersichtliche Präsentationen in den Aufzeichnungen sich nicht nur fort-

---

Aufzeichnungsverfahren verleiten jedoch dazu, auf Kosten der relevanten Informationen allzu viel Verpackung zu erzeugen – vgl. auch Beyer 1993a, S. 28.

setzen, sondern in der Regel „potenzieren". Denn bis ich mich auf den Vortragenden und seinen Stil eingestellt habe, habe ich oftmals den Einstieg verpaßt und kann dann nur noch punktuelle Häppchen mitschreiben. Die Brain-Maps bieten in dieser Hinsicht einen entscheidenden Vorteil: Ich kann jederzeit Ergänzungen an früheren Stellen einfügen oder Querverweise zu anderen Bereichen ziehen ohne damit das Gesamtbild des Textes zu zerstören. Ja, diese „Freiheiten" fordern den Brain-Mapper sogar schon während des Hörens zu einer nach eigenen Gesichtspunkten gestalteten Strukturierung auf.

Derartige offene Situationen werden nicht mehr als „verwirrend" und aufgrund der unzusammenhängenden Notizfetzen als „entmutigend" empfunden, sondern als „Herausforderungen" an meine beständig wachsenden Fähigkeiten, das aus dem Gebotenen herauszuziehen, was mir nützlich erscheint.

Diesen Gesichtspunkt möchten wir noch weiter vertiefen: Die Struktur eines Textes muß zunächst **ich als Hörer oder Leser allein** erkennen und durchschauen können, und zwar in der Weise, wie sich mir Vortrag oder Lesetext gerade präsentiert. Diese selbstverständliche Einsicht beherzigen viele Menschen aber bei ihren Aufzeichnungen nicht. Denn vielfach versuchen sie statt dessen schon beim Lesen von Texten die Gedankengänge des jeweiligen Verfassers nachzuspüren, sich auf „fremdes Terrain" zu begeben ohne jedoch das eigene Terrain zu kennen. Dieses Unterfangen ist von Anfang an zum Scheitern verurteilt, weil sie ja erstens einem anderen Menschen kaum ins Gehirn schauen können, um dessen Gedanken wirklich zu erraten, möglicherweise diese Person auch schon lange tot ist und daher etwaige Rückfragen ausgeschlossen sind, zweitens die Situation, in welcher ein Text geschrieben wurde, kaum nachgestellt werden kann, und drittens auch ihre eigene Situation mit

Sicherheit – das behaupten wir einfach einmal – von der Situation abweicht, in welcher der Text geschrieben wurde. Es gibt sicherlich noch weitere Hindernisse, die ein derart spekulatives Vorgehen („Was hat dieser wohl mit ... gemeint?") sehr erschweren.

Aus diesen Gründen macht es wesentlich mehr Sinn, Texte zunächst so zu lesen, wie ich sie selbst verstanden habe, d.h. sich mit Fragen zu beschäftigen wie: In welcher Situation befinde ich mich gerade? Welche Struktur habe ich in diesem Text entdeckt? Was ist mir besonders wichtig? Wo sehe ich Lücken? Was habe ich mir fest vorgenommen, in meinem Leben zu ändern?

Und das von mir im Prozeß entwickelte Textblatt, mein Brain-Map, sollte dann auch entsprechend die Struktur enthalten, die ich in dem Text gesehen habe ... . Diese **Betonung der eigenen Perspektive** wird dazu führen, daß ich morgen wieder etwas anderes in dem gleichen Text entdecken würde wie heute. Und übermorgen wieder etwas anderes. Und das macht Sinn, denn jeder Tag hat seine eigenen „Gesetze" ..., denn so wie ich mich verändere, wie die Situation sich beständig verändert, so wandelt sich auch das, was ich in Texten entdecke.

Es geht demnach nicht mehr um Wissensprodukte, die ähnlich wie die Präsidentenköpfe des Mount Rushmore die Jahrhunderte überdauern sollen, sondern es geht um ein lebendiges Mitfließen im Leben, um ein Begegnen, Abschiednehmen und Wiedersehen von Informationen wie von Menschen.

Warum ist uns diese Betonung der Selbstsicht so außerordentlich wichtig? Die Antwort führt in das Herz dessen, was das Kreative Brainwriting zu leisten vermag. Denn diese Lernmethode fördert wie kaum eine andere, daß Texte durch ihre Umwandlung in Brain-Maps in ihrer Struktur grundsätzlich verändert werden – vorher linear, nunmehr vernetzt – und dadurch **die Eigenleistung,**

der Eigenbeitrag des jeweiligen „Mappers" wesentlich größer ist als bei vergleichbaren Aufzeichnungsmethoden.

Und dieser zu erbringende Eigenbeitrag schafft eine elementare Veränderung: Hier ist nicht so sehr die andere Sicht des Brain-Maps auf dem Papier gemeint, sondern hier soll in erster Linie das angesprochen werden, **was in uns selbst als Veränderung geschehen ist.** Denn Lernen, echtes Lernen ist immer dadurch charakterisiert, daß Veränderungen in unserer Persönlichkeitsdisposition geschehen sind, d.h. in der Fähigkeit und Bereitschaft, mir Alternativen zu den bisherigen Vorgehensweisen geschaffen zu haben. Und das ist das Entscheidende!

Das ist in etwa der Unterschied zwischen einem Haus und meinem Haus, zwischen einem Füller und meinem Füller, zwischen einem Hund und meinem Hund. Auf der einen Seite steht ein Objekt oder ein Geschöpf wie es Tausende auf der Welt gibt, auf der anderen Seite steht ein Objekt wie ein Haus, welches ich nach meinen Vorstellungen eingerichtet habe, in welchem ich mich auskenne, oder ein Füller, mit dem ich schon viele Seiten geschrieben habe und wo sich auch meine Art des Füllerhaltens und Schreibens schon in der Feder bemerkbar macht, oder ein Hund, den ich mit Namen rufen kann und der mir – nicht immer, aber immer öfter – gehorcht und folgt.

Oder wie es Saint-Exupery im Blick auf seine Rose ausgedrückt hat: Die Zeit, die der kleine Prinz sich mit der einen Rose beschäftigt hat, diese Zeit verändert die Beziehung zu dieser Rose elementar, so daß die Qualität der Beziehung eine andere ist als zu anderen Rosen.

Im gewissen Sinne ist ähnliches mit dem Kreativen Brainwriting möglich: Ich entwickle und gestalte Brain-Maps zu einem Thema so, wie ich es gerade sehe und so, wie möglicherweise kein anderer Mensch auf der Welt es sieht. Lernen ist so individuell, so einzigartig

– und die Freiheitsgrade in meinen persönlichen Lernfortschritten werden mich stärker und nachhaltiger prägen als ich ahne!

Es geht uns – zusammengefaßt – nicht darum, daß Papierbögen in dieser „chaotischen" Art beschriftet werden, sondern es geht uns darum, herauszuarbeiten, daß das Medium „Papier und Brain-Map" in hervorragender Weise geeignet ist, **um uns selbst zu verändern.**

Und die Bereitschaft, sich zu verändern, führt zu einer weiteren Auswirkung des Kreativen Brainwriting, die sich aus dem Entdecken seiner eigenen Sichtweise, seines eigenen Zustands und seines eigenen Standpunkts ergibt: Die subjektive Sicht (Selbstsicht) führt unweigerlich zu **Selbstsicherheit** und **Selbstbewußtsein**: Die bei dieser Lernmethode zu tätigende Umwandlung von Texten und Aussagen (vorher linear, nun vernetzt) macht es erforderlich, daß die Eigenleistung grundsätzlich größer ist als bei vergleichbaren Aufzeichnungsmethoden – und dieser erfolgreich gebrachte Eigenbeitrag wird das Selbst-Vertrauen in die eigene Leistung und die Identifikation mit seiner Leistung fördern.

Sie glauben, dieser Aspekt wäre nicht so wichtig? Nun, die Autoren haben während ihrer Tätigkeiten an Hochschulen häufig Studenten beobachtet, die ihr Lernen einzig darauf ausgerichtet haben, „die Gedankengänge ihrer Professoren" nachzudenken, was die wohl mit dieser oder jener Bemerkung gemeint haben – und sich selbst dadurch völlig aufgegeben haben: Die eigene Meinung zählte nichts, es zählte allein die Definition, die möglichst auswendig gelernt werden mußte. Angesichts der Fülle der im Laufe eines Studiums zu lernenden Definitionen in den einzelnen Fächern ist leicht nachvollziehbar, daß Studieren bei dieser Vorgehensweise offensichtlich eine gewaltige Mühsal und äußerst schwierige Tätigkeit ist.

Doch auch in Unternehmen haben die Autoren Mitarbeiter entdeckt, welche bei übertragenen Aufgaben die Gedanken ihrer Vorgesetzten reflektiert haben und es sich damit äußerst schwer gemacht haben ... anstatt eine Aufgabe – als Ziel – nach bestem Wissen und Gewissen so gut zu lösen, daß sie selbst erst einmal damit zufrieden waren und sich dann selbstbewußt dem Urteil ihrer Vorgesetzten (Auftraggeber) gestellt hatten: Sie ahnen, liebe Leserin und lieber Leser, wie weitreichend und tiefgreifend die – quasi als Nebenprodukt – anfallenden Auswirkungen sind?

Die Forderung nach selbstbewußten und eigenverantwortlichen Mitarbeitern ist eine Leerformel, wenn diesen nicht die Gelegenheit gegeben wird, ihre subjektive Sicht kennenzulernen, Selbstvertrauen aufzubauen und die Eigenverantwortung für die jeweils gestellten Aufgaben zu stärken.[51]

51 Um einem Mißverständnis vorzubeugen: Mit der Betonung der Selbstsicht ist keineswegs gemeint, daß die eigene Sicht die einzig „Richtige" und somit das Maß aller Dinge sei. Dennoch ist die Selbstbewußtheit für eine erfolgreiche Kommunikation unverzichtbar. Denn erst wenn ich selbst-bewußt bin, kann ich auch andere Menschen bewußt als eigene Persönlichkeiten annehmen, anerkennen und würdigen.

4.3.5 Das Kreative Brainwriting als Präsentations- und Visualisierungsmethode

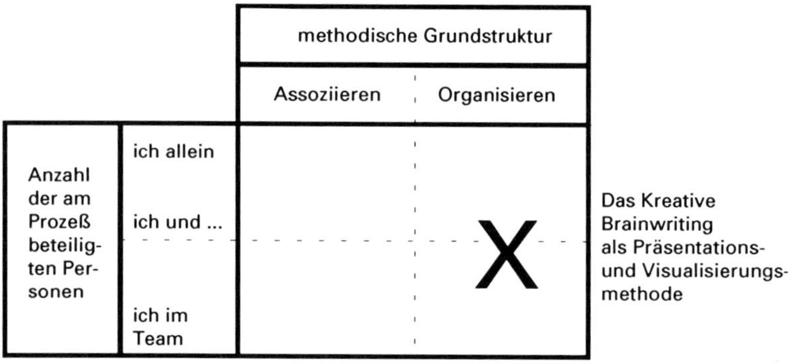

In den bisher erörterten Beispielen haben wir das Kreative Brainwriting im wesentlichen als Methode für uns selbst eingesetzt. Mit dem Ziel des Präsentierens und Visualisierens nutzen wir zusätzlich auch die kommunikativen Fähigkeiten dieses Lernsystems.

Was ist bei dieser Anwendungsform zu beachten? – Nun, grundsätzlich kann man Brain-Maps in Präsentationen in dreierlei Weise einsetzen, nämlich

1. als **Gliederungshilfe für sich selbst**: Das Publikum wird dabei von Ihnen nicht über Ihre fortschrittliche Vortragsskizze informiert, Sie haben Ihre gesamte Präsentation übersichtlich auf einem Blatt vor Augen, Sie können sich jederzeit über den Stand und weiteren Verlauf Ihrer Präsentation informieren, eventuelle Zwischenfragen können Sie – andersfarbig markiert – an den entsprechenden Stellen als Notizen in Ihren Vortrag integrieren und somit sowohl Ihren „roten Faden“ als auch das besondere Interesse Ihrer Zuhörer flexibel aufeinander abstimmen.

2. als **Gliederung** dem Auditorium vorstellen und die Präsentation daran ausrichten: Hierbei können Sie Ihre Zuhörer Schritt für Schritt durch Ihre Präsentation leiten, zudem erleichtert diese Orientierungshilfe interessierten Zuhörern, ihre Zwischenfragen gezielt an den „richtigen" Stellen zu äußern, und Sie leiten durch die Schlüsselworte Ihre Zuhörerschaft dazu an, sich auch sparsamer als sonst üblich Notizen zu machen.

3. als **Moderationsmethode**, indem Sie gemeinsam mit dem Auditorium ein Brain-Map entwickeln: In diesem Fall treten Sie sogleich in eine lebendige Interaktion ein und fordern Ihre Zuhörer auf, sich aktiv an der Gestaltung zu beteiligen. Diese Variante ist sicherlich die anspruchsvollste von allen, denn sie setzt ein sehr fundiertes Grundwissen Ihrerseits voraus, um flexibel die einzelnen Zwischenrufe ins Brain-Map integrieren zu können, bietet aber auch die besten Möglichkeiten, um sich persönlich als Experte zu empfehlen.

Denken Sie immer daran: Präsentationen haben die Funktion, daß Ihre Zuhörer lernen, Sie selbst und Ihr Produkt in einem Atemzug zu nennen.[52] Wenn einem Zuhörer bei späterer Gelegenheit das Produkt begegnet, so sollte sein nächster Gedanke Ihre Person sein und umgekehrt. Dieses hohe Maß an Identifikation von Produkt und präsentierender Person erreichen Sie aber nur dann, wenn die jeweiligen „Eigenarten" beider Spezies eindeutig und unverwechselbar hervortreten.

52 Dieser Zusammenhang liegt bei Verkaufspräsentationen offen auf der Hand; wenn man als „Produkt" aber jegliche Art von Idee, über die Sie sprechen, versteht, dann gilt diese Verbindung für jegliche Art von Präsentationen. Denn letztlich ist es doch völlig nebensächlich, ob Sie eine Idee oder ein reales Produkt oder eine Dienstleistung oder was auch immer „verkaufen".

Beim Produkt können Sie diese Eigenarten zuhörerbezogen, z.B. mit dem sogenannten FAB-Konzept (oder anderen Konzepten) erarbeiten. Das FAB-Konzept geht der Frage nach, was Zuhörer eigentlich bei einer Präsentation wirklich interessiert:

- F steht dabei für **Features** (das sind die Produktmerkmale): Eine Aufzählung von Features beschreibt ein Produkt in seinen Einzelheiten. Sollten Sie den Schwerpunkt Ihrer Präsentation auf die Features legen, so begeben Sie sich auf die Detailebene. Ihre Zuhörer benötigen dementsprechend genügend Zeit zur Verarbeitung vieler Informationen, die Gefahr einer Verzettelung infolge vieler gestellter Detailfragen ist entsprechend hoch.

- A steht für **Advantages** (im Sinne einer Vorteilsbeschreibung): Durch die Nennung von Vorteilen vergleichen Sie Ihr Produkt unwillkürlich auch mit anderen Produkten. Ihre Zuhörer werden automatisch dazu angeregt, sich auch über die Nachteile Ihres Produktes Gedanken zu machen und dementsprechend kritische Fragen stellen. Nennen Sie deshalb Vorteile nur dann, wenn diese wahrhaft einzigartig sind.

- B für **Benefits** (damit ist der auf die Zuhörer bezogene Nutzen gemeint): Durch Ihre während der Präsentationsvorbereitung gemachten Überlegungen, weshalb Ihre Zuhörer Ihrer Präsentation unbedingt beiwohnen sollten, haben Sie sich schon so weit mit Ihrer Zielgruppe beschäftigt, daß Sie nunmehr jedem Zuhörer „aus dem Herzen" sprechen können. Mit Hilfe von Wortbildern und eingepackt in kleine Geschichten werden Ihre Zuhörer diese Präsentation lange und positiv in Erinnerung behalten.

Doch wie gelingt es Ihnen, während einer Präsentation „Kontur" und „Format" zu zeigen?

Unser Vorschlag: „Überraschen“ Sie Ihr Auditorium. Wenn Ihnen dieses gelingt, dann haben Sie schon halb gewonnen. Das Kreative Brainwriting als Präsentationsmethode ist zur Zeit noch nicht so weit verbreitet, so daß Sie mit diesem etwas anderen Präsentationskonzept auf Neugierde und erhöhte Aufmerksamkeit stoßen können. Gleichzeitig ist das Konzept aber so einfach und einleuchtend, daß Sie mit wenigen Worten Ihren Zuhörern die wichtigsten Hintergrundinformationen geben können.

Fazit: Ihre Zuhörer bekommen nicht nur inhaltlich etwas geboten, sondern Sie werden beiläufig noch mit einer interessanten Lernmethode vertraut gemacht.

Achtung: Da es ziemlich wahrscheinlich ist, daß manche Ihrer Zuhörer nicht mit dieser Methode vertraut sind, müssen Sie zunächst eine kurze Erläuterung geben. Mit dieser Einleitung werden Sie aber auf jeden Fall nach einer kurzen Zeit des Orientierens einen „guten Kontakt“ aufgebaut haben und können dann unbefangen zum Thema sprechen.

Mit dieser Einleitung haben Sie aber „beiläufig“ schon mehr erreicht als Sie ahnen: Sie haben deutlich gezeigt, daß Sie ein kreativer Mensch sind, der offen ist für neue Ideen und Ansätze und dem es auch nicht schwer fällt, Dinge auszuprobieren und sie anderen Menschen zu vermitteln.

Wir fragen Sie: Wie anders hätten Sie diese positiven „Eigenschaften“ vermitteln können? Sie hätten sie 1.000 mal sagen können und keiner hätte Ihnen geglaubt. Nun aber haben Sie Ihre besonderen Fähigkeiten demonstriert!

4.3.6 Das Kreative Brainwriting als Methode zum Selbst-Coaching

Das *Coaching* hat sich als Konzept im Management mittlerweile durchgesetzt. Der aus dem Angelsächsischen stammende Begriff bezieht sich inhaltlich auf „einen denkbar einfachen wie althergebrachten Vorgang: Der eine braucht Hilfe, und ein anderer gibt sie ihm.“[53]

In analoger Weise kann das *Selbst-Coaching* als Konzept verstanden werden, in welchem ich mich auf mich selbst besinne und durch Aktivieren meiner Fähigkeiten und Talente die notwendige Hilfe erhalte.

Wir sind der Ansicht, daß Coaching und Selbst-Coaching einander nicht ersetzen können, sondern sich vielmehr in einer fruchtbaren Symbiose ergänzen.

Es gibt verschiedene Möglichkeiten, wie wir in Kontakt zu uns selbst treten können. Einen sehr effektiven Weg beschreibt Josef Weiß in seinem Buch „Selbst-Coaching“. Dort erläutert er, wie man **das Unbewußte als Coach** für sich gewinnen kann.

Das Unbewußte stellt dabei keineswegs eine metaphysische Größe dar, sondern ist in jedem Menschen sowieso schon am Werk; viele haben nur ihre Sensibilität im Blick auf das Unbewußte verloren, so daß sie gar nicht wahrnehmen, wenn ihnen ihr Unbewußtes geholfen hat. Schaut man aber einmal hinter die Facetten unseres Lebens, so entdeckt man viele Gelegenheiten, wo unser Unbewußtes uns mit Rat und Tat zur Seite stand und unser Bewußtsein nachhaltig unterstützt hat.

53 Priester 1992, S. 4.

Das ist z.B. der Fall, wenn uns ein Begriff in einer Situation nicht einfallen möchte und später – quasi wie aus heiterem Himmel – unversehens wieder präsent ist oder wenn wir unsere Wohnung verlassen und wie beiläufig noch einmal die elektrischen Geräte kontrollieren, das Licht ausschalten und die Wohnungstür zusperren. Wenn man uns fünf Minuten später fragt, ob wir wirklich das Licht ausgeschaltet haben, dann können wir uns vielfach gar nicht bewußt an diese Handlung erinnern.

Ja, es gibt sogar viele Berichte, daß große Erfindungen gar nicht am jeweiligen Arbeitsplatz des Erfinders gemacht wurden, sondern die entscheidenden Eingebungen oft in ganz anderen Situationen und Kontexten, etwa im Bett, im Bad oder an der Bushaltestelle, einfielen. Wie sind diese Phänomene zu erklären?

Offenbar – so folgert Josef Weiß daraus –, gibt es eine Instanz in uns, die uns mithilft, „Schwierigkeiten zu meistern, Probleme zu lösen und alltägliche Dinge quasi nebenbei zu erledigen, ohne daß wir uns immer bewußt auf die Situation konzentrieren müßten. ... Eine Instanz, die dafür sorgt, daß wir gut durchs Leben kommen und Informationen immer dann zur Verfügung haben, wenn wir sie brauchen. Eine Instanz, die uns davor bewahrt, von zu vielen Eindrücken überschwemmt zu werden. Eine Instanz, die es uns abnimmt, alles in uns und um uns herum bewußt regeln zu müssen."[54]

Diese unbewußte (intuitive, kreative) Kraft in uns – so könnte man sie auch benennen – kann durch folgende Eigenschaften näher charakterisiert werden. Das Unbewußte ...

- ist ständig „wach" und aufmerksam und registriert viel mehr als unser Bewußtsein;

54 Weiß 1990, S. 100.

- ist aufgrund seines wesentlich größeren Reservoirs an Informationen auch „klüger“ als unser Bewußtsein;
- nimmt dem Bewußtsein manche Arbeit ab (z.B. die Regelung unserer körperlichen Funktionen wie Verdauung, Herzschlag) und unterstützt uns im positiven Sinne;
- denkt positiv und versteht keine Negation;
- denkt vor allem in Bildern (bildhaftes Träumen, Tagträume) und nimmt alles wortwörtlich;
- vergleicht ständig unsere gegenwärtige äußere Realität mit früher schon einmal gemachten Erfahrungen;
- ergänzt unvollständige äußere Informationen mit inneren Bildern, Tönen und Geräuschen;
- ist in verschiedenen Teilen organisiert, die systemisch zusammenarbeiten[55];
- stellt uns immer wieder vor Lernchancen (Prinzip: Alles ist Absicht. Nichts ist Zufall!), die uns weiterbringen.[56]

Wenn man sich diese Eigenschaften des Unbewußten anschaut, dann entdeckt man verschiedene Affinitäten zum Kreativen Brainwriting. Mehr noch, die Erfahrungen in unseren Seminaren haben uns zu der Überzeugung gebracht, daß das Kreative Brainwriting

55 Walt Disney hat z.B. zur Lösung komplexer Fragen eine Strategie entwickelt, drei Teilpersönlichkeiten in sich (einen Träumer, einen Realisten und einen Kritiker) nacheinander so lange zu befragen, bis die Lösung zur Zufriedenheit aller beteiligten Teile führt (bekannt als Walt-Disney-Strategie oder als Kreatives Haus).
Genie Laborde hat das von Virginia Satir stammende Konzept der Parts Party (Teile-Party) auf einen eigenen Behaglichkeits-/Herausforderungs-Konflikt angewendet und berichtet über die Konferenz der verschiedenen Persönlichkeitsteile, als da wären Dr. Sicherheit, Frau Sparsamkeit, Frau Neue Erfahrungen, Frau Risiko, Fräulein Geld Unwichtig, Frau Ziellose Kreativität und Frau Überfluß/Zeitverschwendung – vgl. Laborde 1991, S. 249ff.

56 vgl. Weiß 1990, S. 101ff.

das ideale Kommunikationsmedium darstellt, um quasi in den inneren Dialog mit seinem Unbewußten einzutreten und so die Sensibilität für die in der eigenen Person ablaufenden Prozesse zu fördern.

Selbst-Coaching bedeutet dabei vor allem, wach und aufmerksam zu registrieren, wie man mit sich selbst umspringt, wie man innerlichen Druck aufbaut, wie man diesen verarbeitet, wie man seine Zeit und Arbeit organisiert, wie man auf gute bzw. schlechte Nachrichten reagiert, wie nah man andere Menschen und die Natur an sich heranläßt und viele andere Aspekte. Selbst-Coaching ist eine Möglichkeit der Regeneration und Selbst-Heilung, indem man sich wieder „Selbst-Achtung" schenkt, um im alltäglichen Trott und Trubel als Gestalter aufzutreten und nicht als Reagierender oder gar als Erleider auftreten zu müssen. Selbst-Coaching mit Hilfe des Kreativen Brainwriting ist „ein persönliches Kurprogramm für Geist und Körper"[57], es aktiviert ein mentales Relax-Programm.

Wir leben in einer Zeit, wo viele Menschen diese natürlichen Notprogramme durch Filterprogramme („Was könnten die anderen wohl denken, wenn ich ...") und Glaubenssätze („Man muß doch ...") außer Kraft gesetzt haben. Doch unser Organismus setzt sich immer gegen uns durch: Wenn wir diese anfangs noch zarten Zeichen nach Entspannung ignorieren und beiseite schieben, dann wird er auf kräftigere Maßnahmen zurückgreifen.

Maria Beyer schreibt: „Dein Körper übersetzt diese (Zeichen, d. V.) in die Körper- und Organsprache und will dir dann auf diese Weise davon Mitteilung geben, daß dringend ein Neuverhalten von dir erfolgen muß. Du kannst dir vorstellen, welchen Verlauf dieser Machtkampf oder vielmehr das Wettrennen um eine Zurkenntnis-

57 Beyer 1993a, S. 109.

nahme nehmen wird. Gewiß ist, daß du ... sehr wohl ausreichend häufige Botschaften erhältst. Es liegt an deiner Feinwahrnehmung, ob du sie empfängst und richtig deutest."[58]

Es gibt verschiedene Möglichkeiten, diesen lebensnotwendigen Dialog mit sich selbst – je nach Zielsetzung – zu fördern und auszubauen. In Abbildung 5 sind auf der Nord-Süd-Achse mehr inhaltsbezogene und auf der West-Ost-Achse mehr seinsbezogene Zugangswege aufgeführt.

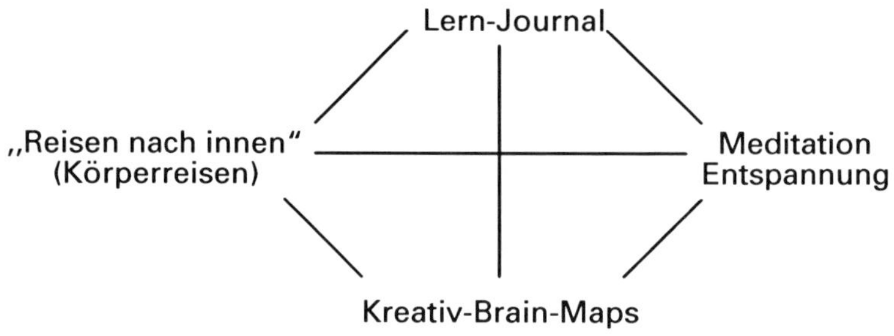

Abb. 5: Wege zum Dialog mit sich selbst

Das ***Lern-Journal*** als Selbst-Coaching-Ansatz bietet eine wichtige Ergänzung zum traditionellen Zeitplanbuch: Gewöhnlich schreiben wir uns auf, was wir an einzelnen Tagen geplant (unsere Termine) und was wir an Tagen erledigt haben (unsere Aufgaben). Das ist schon eine große Hilfe, um das tägliche Geschehen erfassen zu können und auf diese Weise einen Überblick über das zu erhalten, was wir im Laufe der Tage, Wochen und Monate geleistet und erfolgreich abgeschlossen haben. Dies ist jedoch noch kein „echtes" Lern-Journal.

58 Beyer 1993a, S. 109.

In einem Lern-Journal stehen nicht Aufgaben und Termine, sondern konkret die Dinge, die wir im Laufe eines Tages, einer Woche gelernt haben. Es ist unser persönliches Erfolgskontrollinstrument.

Denn ein Tag, an dem wir nichts Neues gelernt haben bzw. wo wir gar nicht benennen können, was „neu" gewesen ist, ist ein verlorener Tag. Deshalb ist es notwendig, sich konkret vor Augen zu halten, was wir heute – hier und jetzt – gelernt haben ... und dies aufzuschreiben. Tag für Tag!

Als Orientierungshilfe für das Lern-Journal eignen sich Fragen, die das Besondere und Außergewöhnliche jeden Tages hervorheben. Stellen Sie sich Fragen wie z.B.[59]:

- „Was hat mich heute eigentlich begeistert?"
- „Worauf bin ich heute besonders stolz?"
- „Welches Ereignis hat mich heute glücklich gemacht?"
- „Wen oder was sehe ich seit heute mit anderen Augen?"
- „Was ist das Schönste, was ich heute erlebt habe?"

Sogenannte ***Kreativ-Brain-Maps*** verhelfen dazu, eigene Grenzen zu erkennen und zu überspringen. Auf diese Weise stellen sie eine weitere Möglichkeit dar, das eigene Leben qualitativ zu bereichern. Kreativ-Brain-Maps können nur in einem entspannten Zustand entstehen. Die entspannte Beschäftigung mit einem Thema, das Lösen von vorgegebenen Strukturen, die „gehirngerechte" Behandlung eines Themas sorgen damit wie von selbst dafür, daß unser geistiges Potential sich Schritt für Schritt entfalten kann und wir so allmählich unserer wahren persönlichen Kreativität bewußt werden.

59 Eine Auswahl hervorragender Fragen findet sich u.a. in: Robbins 1991, S. 204.

Körperreisen als dritte Möglichkeit des Selbst-Coaching können dabei helfen, assoziierte Erfahrungen zu machen. Viele Menschen haben es im Laufe ihres Lebens gelernt, sich eher dissoziiert als assoziiert zu erleben. D.h., sie betrachten sich, als ob ihr Leben vor ihnen auf einer Leinwand abläuft; durch diese Fähigkeit ist es ihnen möglich, daß unangenehme Erfahrungen gar nicht bis zu ihnen vordringen können. Verharrt man aber beständig in dieser Betrachtungsweise können schließlich auch keine angenehmen körperlichen Empfindungen mehr erlebt werden und dadurch wird das gesamte Leben „stumpf" und „farblos". Körperreisen (Reisen nach innen) sind eine ganz wichtige Erfahrung, um sich selbst kennenzulernen und um sensibel wahrzunehmen, was man gerade benötigt.

Auch ***Meditationen und Entspannungen*** sind mit dem Kreativen Brainwriting möglich. Das scheinbar ziellose Umherstreifen in den Winkeln seines Geistes, das zeitweilige Verharren bei dem einen oder anderen Gedankenfetzen kann eine hervorragende Methode sein, um Erlebnisse zu verarbeiten. Viele Dinge lassen wir erst dann los, wenn wir sie ausgesprochen oder niedergeschrieben haben. Mit Hilfe von Brain-Maps haben wir eine Methode, im fließenden Hin- und Herwandern Erfahrungen „rauszulassen".

Dem aufmerksamen Leser wird nicht entgangen sein, daß keine dieser beschriebenen Möglichkeiten als Reinform vorhanden ist, sondern jeder Selbst-Coaching-Prozeß Anleihen bei jedem der Bereiche macht, d.h. es werden sowohl bestimmte Themen angesprochen als auch Erfahrungen verarbeitet, die eher mit der eigenen Persönlichkeit, mit dem Sein als Menschen, zu tun haben. Letztlich geht es ja auch um ein „Entdecken" dessen, was uns selbst beschäftigt, um mit Hilfe dieses klärenden Dialogs die in uns gebundenen Kräfte und Energien freizusetzen ... .

4.3.7 Das Kreative Brainwriting als Team-Modell[60]

Selbstverständlich läßt sich das Kreative Brainwriting auch als Prozeß- oder Phasenmodell zur Gestaltung von Teamveranstaltungen aller Art (Konferenzen, Qualitätszirkeln, Besprechungen, Meetings, Projektarbeit, Kreativ-Sitzungen, ...) einsetzen. Neben der hohen gestalterischen Kraft vom Kreativen zum Strukturellen können mit Hilfe des in diesem Kapitel vorgestellten Team-Modells die jeweiligen Arbeitszeiten verkürzt, Arbeitsergebnisse optimiert und die Teammitglieder zu aktivem, synergetischem Handeln angeleitet werden.

Die vorliegende Aufgabe entscheidet darüber, ob eher „offene" (z.B. eine Kreativ-Sitzung) oder eher „geschlossene" (z.B. eine Arbeitsbesprechung) Teamarbeit verlangt wird. Für die beteiligten Personen geht es darum, wie es gelingt, aus Einzelpersönlichkeiten ein möglichst gut eingespieltes Team zu formen.

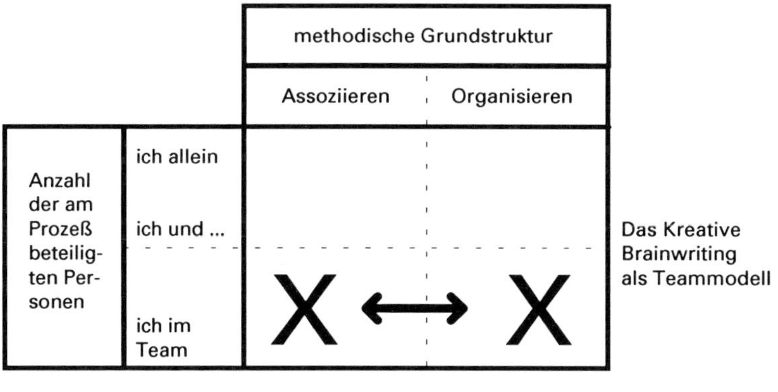

60 Dieses Kapitel geht bei enger Betrachtung über das Thema dieses Buches – „Selbstmanagement" – hinaus; weil aber oft eine derart große Abhängigkeit des Einzelnen in Teams und von Teams besteht, möchten wir durch diese Darstellung belegen, daß das Kreative Brainwriting auch in arbeitsteiligen Prozessen eingesetzt werden und dabei entscheidende Hilfestellung bieten kann.

4.3.7.1 Teamarbeit ist notwendig …

Team-Kenntnisse sind bitter nötig, wie unzählige ernüchternde Versammlungen belegen. Es gibt nicht wenige Führungskräfte, die zwar nach außen hin für Teamarbeit plädieren (müssen), aber innerlich mit dieser synergetischen Arbeitsform schon weitgehend gebrochen haben. Viele frustrierende Sitzungen haben ihren Glauben an diese Arbeitsform zerstört.

Weshalb ist dies so? Wie konnte es so weit kommen?

Die Erfahrung zeigt, daß vielen Führungskräften unversehens die Leitung einer Projektgruppe anvertraut wurde, ohne daß sie jemals lernen durften, wie man solche Gruppen eigentlich leiten sollte. Das am häufigsten anzutreffende Lernkonzept für Teamarbeit ist nach wie vor noch das Modellernen, d.h. wir schauen unseren eigenen Vorgesetzten „über die Schultern“ und bilden daraus unsere eigenen Theorien, „wie man es machen sollte“, oder wir aktivieren unsere Erfahrungen aus der Jugend-, Schul- oder Berufszeit. Leider – und darin besteht die eigentliche Problematik – sind diese Teammodelle selten geeignet, um wirklich Teamfähigkeit zu erlangen. Im Gegenteil, die bei vielen Menschen vorhandenen impliziten Theorien über „gute Teamarbeit“ erweisen sich sehr häufig als Bumerang, indem sie eher hinderlich denn förderlich sind. Einige Beispiele können diese Ansicht belegen:

- Es werden schon in der Vorbereitung von Teamarbeiten elementare Fehler begangen, indem nach wie vor Themen (Tagesordnungspunkte) anstelle von Zielen angekündigt werden und demzufolge die Besprechungsteilnehmer auch nur „über“ die Themen miteinander sprechen …; wenn aber Themen „besprochen“ werden, dann erinnert das oft mehr im Effekt an eine mystische

Voodoo-Sitzung als an eine konstruktive Teamarbeit. Und die Ergebnisse sind auch ähnlich unverbindlich.

- Es wird vom Moderator oft nicht darauf geachtet, ob Teilnehmer wirklich schon „da" sind, bevor die Veranstaltung inhaltlich beginnt; viele Mißverständnisse resultieren daher, daß Menschen sich noch nicht synchronisiert haben, daß sie noch mit höchst unterschiedlichen Geschwindigkeiten denken, ja sich unter Umständen sogar gedanklich noch an verschiedenen Orten befinden – denn körperliche Anwesenheit bedeutet noch keineswegs geistiges Dasein!
- In vielen Teamsitzungen werden die anstehenden Probleme aufgelistet; anstelle einer konstruktiven Suche nach Lösungen driftet die anschließende – wenig motivierende – Problembearbeitung dann allzu leicht ab in die Untiefen von Kompetenzgerangel (etwa zwischen verschiedenen Abteilungsleitern), Schuldzuweisungen („Abteilung XYZ hat uns ja gar nicht informiert") oder Exkulpationen („Ja, wenn wir das Budget der ABC-Abteilung gehabt hätten, dann ...").
- Zwischen den einzelnen „Themen" werden keine Pausen eingelegt bzw. für alle wahrnehmbare „Unterbrecher" gesetzt und damit überprüft, ob auch wirklich alle mit dem Thema abgeschlossen haben und für das Nachfolgethema aufgeschlossen sind; als Folge davon vermischen sich viele Wortbeiträge zu unterschiedlichen Themen miteinander, bis am Ende keiner mehr genau weiß, wer was zu welchem Punkt wann warum gesagt hat und was genau von allen beschlossen wurde und mitgetragen werden soll.
- Viele Teamarbeiten heißen wirklich „Sitzung", weil man dort ausschließlich sitzt, „Besprechung", weil man dort ausschließlich bespricht, „Arbeitstreffen", weil man sich dort ausschließlich

zur Arbeit trifft usw. – Ungewollt hat man mit derartigen Rahmen-Vorgaben seine eigene Kreativität und sein Fähigkeitspotential auf ein Minimum begrenzt und wundert sich dann auch noch, weshalb es so ungeheuer schwerfällt und so ermüdend ist, z.B. geistig beweglich zu bleiben, wenn man sich körperlich auf Stunden an einen einzigen Platz gebunden hat ...[61]

Fazit: Eine systematische und gezielte Förderung und Entwicklung der Teamfähigkeiten ist unserer Ansicht nach eine der wichtigsten Managementaufgaben, um langfristig am Markt bestehen zu können.

Die Wissensexplosion in den letzten Jahrzehnten – so ein Hauptargument für Teamarbeit – ist selbst dem bestinformierten Spezialisten nicht mehr vollständig verfügbar; auch dieser ist auf Zusammenarbeit und damit auf eine Ergänzung seines Wissenspotentials mit dem anderer Experten angewiesen.[62] Und gleichermaßen ist auch jeder Manager auf Informationen angewiesen, die er sich mit Hilfe von Teamveranstaltungen einholen muß; wem dies am besten gelingt, der hat mit Sicherheit einen entscheidenden Wettbewerbsvorteil.

61 Howard Gardner spricht davon, daß wir über mindestens sieben verschiedene Intelligenzen verfügen: wir können nach Gardner „die Welt mit Hilfe der Sprache, des logisch-mathematischen Denkens, der räumlichen Vorstellung, des musikalischen Denkens, der Verwendung des Körpers bei der Lösung von Problemen oder der Herstellung von Gegenständen, mit Hilfe des Verstehens anderer Menschen oder des Verständnisses für uns selbst begreifen“ (Gardner 1993, S. 25f.; vgl. ausführlich: Gardner 1991); in vielen Teamsitzungen begnügen wir uns freiwillig mit den beiden ersten Intelligenzformen und wundern uns, weshalb wir als Team nicht vorankommen.

62 vgl. Rosenkranz 1990, S. 170ff.

Glauben Sie an die Erfolgsformel von Teamarbeit?
Glauben Sie an 1 + 1 = mindestens 3?!?

4.3.7.2 Was genau zeichnet effektive Teamarbeit aus?

Untersuchungen haben bestätigt, daß gute Teams sich durch bestimmte Eigenschaften aus der Masse anderer Teams herausheben; gute Teams zeichnen sich dadurch aus, daß ihre Teammitglieder ...

- viel Zeit für die Vorbereitung einer Veranstaltung aufwenden,
- sich zu Beginn einer Sitzung zunächst über den Prozeß (das Vorgehen) abstimmen, bevor sie inhaltlich zur Sache sprechen,
- einen guten persönlichen Draht zueinander haben und diesen auch sorgfältig pflegen,
- ein klares Ziel *und* eine Vision verfolgen (Zieldefinition, Sinnklärung),
- während der Veranstaltung viel für einen guten ressourcevollen Zustand tun, z.B. Pausen einlegen[63] oder ggfs. lieber den Prozeß anhalten, um Mißverständnisse auszuräumen als „mit Sand im Getriebe" weiterzumachen,

63 Wie Ernest L. Rossi beobachtet hat, sind wir Menschen aufgrund unserer biologischen und seelischen Konstitution elementar alle anderthalb Stunden dringend auf **20 Minuten Pause** angewiesen. Er schreibt: „Wir versuchen, diese natürliche 20-Minuten-Pause zu vermeiden, weil wir sie als lästig oder sogar als Zeichen der Schwäche betrachten. Wenn wir dieses Bedürfnis Tage, Monate oder sogar über Jahre hinweg ständig ignorieren, unterbrechen wir die natürlichen ultradianen Rhythmen des Körpers und der Seele. Das führt in vielen Systemen des Körpers und der Seele zu Erschöpfung, Streß und psychosomatischen Störungen." – Rossi 1993, S. 9.

- individuelle Ideen und Visionen entwickeln und sich nicht scheuen, diese unzensiert der Gruppe in eigenen Strukturbildern zur Verfügung zu stellen,
- die vielen verschiedenen Sichtweisen der anderen Mitglieder als willkommene Gelegenheit aufgreifen, um zu neuen Ideen zu gelangen,
- eine zielorientierte Bewertung, Sortierung und Selektierung der gesamten Ergebnispalette vornehmen, um zu gemeinsamen realisierbaren Ergebnissen zu gelangen,
- alles daransetzen, um die Ergebnisse planvoll strukturiert zu präsentieren und in die Tat umzusetzen.

Effektive Teamarbeit hat stets das Zusammenarbeiten als Grundgedanken. Nur aus dem Verständnis eines „gemeinsam sind wir stark" (Team-Identität) heraus lassen sich konkrete, weiterführende Ergebnisse erzielen, die weit über die betreffende Teamsitzung hinausragen. Dies schließt auch ein, daß die Teammitglieder diejenigen sein sollten, welche an erster Stelle für die Realisation der Erkenntnisse und Ergebnisse verantwortlich sind. Denn bei ihnen hat sich „Herzblut" entwickelt, sie sind die eigentlichen „Träger" der Projekt-Ideen.

Je nach Art der vorliegenden Aufgabenstellung lassen sich zwei Typen von Teamarbeit unterscheiden, nämlich sog. Abwicklungsteams und Projektteams, oder – wie Robert H. Waterman in seinem neuesten Buch *Ad-hoc-Strategien* differenziert – bürokratische Teams und **Ad-hoc-Gruppen.**[64]

64 Adhocratie beschreibt nach Waterman die Voraussetzungen und Arbeit in Projektgruppen, Teams, voneinander unabhängigen Geschäftseinheiten und anderen informellen Unternehmenseinheiten. Adhocratie beginnt seiner Ansicht nach schon, wenn sich zwei Leute auf dem Flur treffen, um ein

Die *Abwicklungsteams* (die bürokratisch organisierten Teams) sind dabei für die normalen, alltäglichen Aufgaben zuständig, hier geht es um das reibungslose Funktionieren zwischen verschiedenen Abteilungen, um klare Kompetenzverteilungen und insgesamt um ein möglichst effizientes Miteinander-Arbeiten. Brain-Maps können für Abwicklungsteams hilfreiche Informations- und Koordinationsmedien darstellen, sie können helfen, die eigene Planung mit der anderer Mitarbeiter abzugleichen und auf diesem Wege eine harmonische Zusammenarbeit zu fördern.

Projektteams (die oft spontan gebildeten Ad-hoc-Gruppen) werden hingegen für die besonderen, außerordentlichen Aufgaben geschaffen, z.B. wenn ein neues Produkt im Markt eingeführt werden soll und darüber beraten wird, wie dieses am besten geschehen kann, oder wenn dynamisch ändernde Marktdaten zu einem ungewöhnlichen Schritt nötigen, wenn eine wichtige, die gesamte Organisation betreffende Entscheidung vorbereitet und umgesetzt werden soll (Einführung einer EDV-Anlage, Abflachung der Unternehmenshierarchie, Entwicklung eines Unternehmensleitbilds); Projektteams, das sind oft die Speerspitzen von Unternehmen, die ein neues Gelände erkunden und wichtige Analysedaten dann für die restliche Organisation beschaffen sollen.

Im folgenden soll die Arbeit von Projekt-Teams mit Hilfe des Kreativen Brainwriting näher erläutert werden.

Problem zu lösen, das sie beide bewegt, und reicht bis hin zu den komplexesten Projekten, wie etwa die Entwicklung und Einführung einer neuen Automobil-Modellreihe.
Watermans Anliegen ist, das Beste von beiden Unternehmens-Strukturen zusammenzuführen. Er schreibt: „Das erfolgreiche Unternehmen der Zukunft wird sowohl eine Bürokratie als auch eine Adhocratie sein. Keine der beiden Formen wird über die andere dominieren." – 1993, S. 139 f.

4.3.7.3 Wo und wann welche Fähigkeiten?

Für Projekt-Aufgaben ist das Kreative Brainwriting besonders geeignet, da es hier seine Stärken voll ausspielen kann. Der Erfolg eines Projekts wird vorrangig von drei Aspekten bestimmt, wobei eines dieser Elemente unmittelbar in der Anwendung des Kreativen Brainwriting besteht, die anderen Elemente mittelbar mit dieser Lern- und Arbeitsmethode verbunden sind:

1. Es betrifft die **Auswahl der Teammitglieder**: Haben wir die richtige Zusammensetzung unseres Teams gefunden?
2. Es betrifft die **Freisetzung des Fähigkeitspotentials** der einzelnen Personen: Wie stellen wir sicher, daß in bestimmten Phasen des Prozesses verschiedene Fähigkeiten besonderen Freiraum erhalten?
3. Es betrifft die hinreichende **Strukturierung des Prozeßverlaufs**: Wie koordiniert das Kreative Brainwriting die verschiedenen Fähigkeiten, so daß das Ergebnis zu unserer vollen Zufriedenheit ausfällt?

zu 1. **Die Auswahl der Projektmitglieder**

Robert H. Waterman schreibt zur Auswahl der Projektmitglieder: „Projektgruppen leisten in jedem Unternehmen einen Teil der wichtigsten Arbeiten, deshalb sollte man auch nur die besten Leute dafür auswählen. Häufig ist es jedoch so, daß man sich statt dessen die Leute aussucht, die gerade nichts besseres zu tun haben, und das sind meist nicht die besten.“[65]

65 Waterman 1993, S. 49.

Um die wirklich „richtigen" in einer Organisation herauszufinden, schlägt er folgende Testfragen vor[66]:

- Können wir den Gruppenleiter, die Gruppenmitglieder und die Aufgabe, die dieser Gruppe gestellt wird, am Schwarzen Brett veröffentlichen?
- Und werden alle im Unternehmen Beschäftigten unsere Auswahl gutheißen und damit auch die Empfehlungen dieser Arbeitsgruppe nach Abschluß des Projekts akzeptieren können?

Nur wer diesen Test besteht, ist für eine Projektgruppe geeignet. Eine so verstandene Projektarbeit ist demnach immer im Herzen eines Unternehmens angesiedelt. Und nur dann wird sie auch den von ihr erhofften Erfolg erzielen können. Alle anderen Maßnahmen und Aktivitäten sind nur halbherzige „Alibi-Projekte", die mehr (an Vertrauen und Leistungswillen im Unternehmen) zerstören werden als sie Positives leisten können.

zu 2. Die Freisetzung des Fähigkeitspotentials

„Wehe, wenn Sie losgelassen ...": Kurt Tucholsky war als Schreiber in seiner Zeit derart kreativ, daß er zusätzlich zu seinem Namen noch unter vier weiteren Pseudonymen veröffentlichte. In ähnlicher Weise geht es darum, die richtigen Fähigkeiten zur rechten Zeit zu aktivieren: Zur Teamarbeit sind vor allem vier Fähigkeiten notwendig[67], nämlich

- **kommunikative Fähigkeiten** (in der Anfangsphase zur Entwicklung eines guten Teamgefühls, zur Einbindung aller Teilnehmer auf ein gemeinsames Ziel, in der Mittelphase als Moderator, wenn verschiedene Meinungen allzu starr aufeinanderzuprallen

66 vgl. Waterman 1993, S. 50.

67 vgl. dazu Bachmann / Priester 1992, S. 191ff.

drohen, und in der Schlußphase, wenn es um die Zusammenfassung und Aufbereitung der Ergebnisse für Außenstehende geht),

- **kreative Fähigkeiten** (bei der Suche nach anderen Lösungsmöglichkeiten, bei der Veränderung des Denkrahmens),
- **koordinierende Fähigkeiten** (wenn es darum geht, Altbekanntes und Neuentdecktes miteinander zu vereinen) und
- **kontrollierende Fähigkeiten** (wenn es schließlich um einen begründeten Soll-Ist-Abgleich, um einen Vergleich zwischen allgemeinen Vorgaben an die Projektgruppe, um selbstgesteckte Zielvorgaben und das realisierte Ergebnis geht).

Die Reihenfolge der hier beschriebenen Fähigkeiten gibt schon eine grobe Orientierung über den Verlauf eines Projekts. Wir sind davon überzeugt, daß jeder Mensch über dieses Set an Fähigkeiten verfügt, daß es aber vielen Menschen nicht bekannt ist, wann welche Fähigkeiten zum Zuge kommen sollten ... und wann welche Fähigkeiten eben nicht!

zu 3. Die Strukturierung des Prozesses

Den Einsatz des Kreativen Brainwriting empfehlen wir deshalb, weil dadurch insbesondere die Fähigkeiten stärker zum Tragen kommen, die in vielen Teamprozessen tendentiell vernachlässigt werden. Wir haben – ebenfalls ein Relikt unserer Kultur- und Bildungspolitik – vornehmlich gelernt, wie man kritisiert und analysiert, aber nicht wie man intuitiv und aufgeschlossen miteinander Neuland entdeckt. Neuland kann man jedoch nur entdecken und betreten, wenn man die „aufschließenden" kommunikativen und kreativen Fähigkeiten in sich selbst und in der gesamten Gruppe aktiviert.

Die Bedeutung dieser beiden Fähigkeiten für das Gruppenergebnis sind enorm. Untersuchungen haben bestätigt, „daß es bei Gruppenleistungen häufig zu einer vorschnellen Konzentration auf eine bestimmte Lösungsmöglichkeit kommt. Gruppen neigen dazu, Lösungen zu finden, bevor sie das Problem richtig definiert, Informationen ausgewertet und Alternativen in Betracht gezogen haben."[68]

Diese Tendenz muß zumindest eine Zeitlang aufgehalten werden. Die kommunikativen Fähigkeiten sind deshalb so wichtig,

- weil auf diesem Wege auch diejenigen zwanglos „zu Wort" kommen, die sonst nicht viel zu sagen pflegen,
- weil wir gewöhnlich allzu schnell „zur Sache" vordringen, bevor wir uns „zur Person" geäußert haben – als Folge davon werden viele „persönliche Probleme" auf die Sache bezogen angesprochen und diskutiert mit dem Ergebnis, daß schließlich keiner mehr weiß, weshalb man sich über eine „Nebensache" so in die Haare gekommen ist und weshalb keiner Lust dazu verspürt, endlich zur „Hauptsache" zurückzukehren.

Die kreativen Fähigkeiten ergänzen die kommunikativen,

- weil sie Menschen helfen, offene Situationen bewußt eine Zeitlang auszuhalten, bevor es wieder zurück ins bekannte Fahrwasser geht,
- weil es nach der Zielsetzung zunächst notwendig ist, das Problem intuitiv zu verstehen, d.h. das darin enthaltene Prinzip in verschiedenen Kontexten zu betrachten, bevor ein konstruktives Verstehen (ein Kontext) wirklich möglich ist.

„Wenn Einstein", so berichtet P. Frank in seiner Biographie über den genialen Denker, „ein Problem durchdacht hatte, schien es ihm stets erforderlich, diesen Gegenstand auf so viele verschiedene Arten wie möglich zu formulieren und ihn so darzustellen, daß er für

68 Waterman 1993, S. 89.

Menschen verständlich war, die an andere Denkweisen gewöhnt waren und eine andere Schule genossen hatten. Es gefiel ihm, seine Ideen für Mathematiker, für Experimentalphysiker, für Philosophen und sogar für Leute zu formulieren, die nicht besonders wissenschaftlich dachten, wenn sie überhaupt geneigt waren, unabhängig zu denken.«[69]

4.3.7.4 Die Struktur des Team-Modells[70]

Mit dem Kreativen Brainwriting als Teammodell haben wir einen Ansatz entwickelt, der dem verantwortlichen Manager ein begründbares Lern- und Handlungsschema an die Hand gibt, wie er entwicklungsförderliche Teamerfahrungen Schritt für Schritt einführen kann. Denn dieses Modell folgt sowohl lernpsychologischen wie auch kommunikativen Grundlagen.

Die Kunst der erfolgreichen Teamarbeit liegt darin begründet, die einzelnen Sichtweisen zum Wohle der gemeinsamen Sache zu koordinieren, und zwar so, daß

- alle Ideen (zumindest) zur Sprache gekommen sind und damit entsprechend gewürdigt werden,
- jeder Teilnehmer mit der gemeinsam gefundenen Lösung zufrieden sein kann, weil er seinen Beitrag im Ganzen wiederentdeckt, und
- jeder Teilnehmer auch versteht (verstehen lernt), wie sein Beitrag durch die Ideen anderer ergänzt und das Ganze so entscheidend an Qualität gewonnen hat.

69 zitiert in: Gardner 1993, S. 307.

70 Sie werden verstehen, daß wir in diesem Buch nicht unser gesamtes Wissen zum Team-Modell ausbreiten werden. Um Ihnen aber einen Einblick zu geben, möchten wir Ihnen hier schon die wichtigsten Strukturelemente vorstellen. Für weiterführende Informationen verweisen wir auf unser Seminarangebot zum Kreativen Brainwriting.

Mit Hilfe des nachfolgenden Ablaufschemas werden Sie sich eine neue Dimension in der Projektarbeit erschließen, indem die Struktur der Teamarbeit auf das unumgänglich notwendige zurückgeschraubt wird und damit die größtmöglichen Freiräume für den Einzelnen und die Gruppe geschaffen werden.

Das Team-Modell besteht aus insgesamt fünf Phasen:

1. **Das Setting gestalten ...**
   Zu diesem Bereich zählen wir das eingehende Informieren über Ziel und Anlaß des Treffens, ferner die Gestaltung des Arbeitsraumes, die Vereinbarungen zum zeitlichen Rahmen, insbesondere auch zu den Pausen, weiterhin die notwendigen Vereinbarungen zur Moderation und zu den für das Treffen allgemein gültigen „Spielregeln"; je nach Aufgabenstellung ist auch auflockerndes Kreativ-Material zu besorgen und die musikalische Umrahmung zu besprechen.

2. **Hinein in den Prozeß ...**
   In dieser Phase werden die ersten inhaltlichen Überlegungen angestellt. Voraussetzung dafür ist, daß jeder der anwesenden Teilnehmer wirklich „angekommen" und gedanklich offen und bereit ist; inhaltlich wird das Ziel dieses Treffens möglichst präzise formuliert (Well-Formed Outcome).

3. **Die Aufgabe „verstehen", indem man sie „verfälscht" ...**
   Die eigentliche Kreativ-Phase des Team-Modells umfaßt drei Schritte, sie dient vornehmlich der Ideenfindung und Problemerarbeitung:
   3a. zunächst werden **individuelle Brain-Maps** erstellt – dabei gibt es viele Möglichkeiten, um eine Aufgabe oder ein Ziel so zu verfälschen, daß etwas „Neues" entstehen kann, z.B.

kann man Brain-Maps erstellen zum Thema, zur Zielaussage, mit Blick auf die anvisierte Zielgruppe, mit Blick auf keine Zielgruppe, mit der Perspektive, es Kindern oder Künstlern oder noch völlig anderen Personen erklären zu müssen;

3b. eine **Vernissage** (Ausstellung der Brain-Maps) dient dazu, daß jeder Teilnehmer sich darüber informiert, was andere zum Thema spontan entwickelt haben, und damit jeder Teilnehmer seine eigenen Ideen durch andere Perspektiven ergänzen kann;

3c. im „Großen Kreis“ wird ein **gemeinsames Brain-Map** erstellt; auch hier steht das Assoziieren und spontane Äußern von Ideen noch im Vordergrund.

4. **Sortieren und zurück zum Projekt ...**

Erst in Phase 4 wird von allen Teilnehmern gemeinsam nach möglichen Eigenschaften des eingangs formulierten Zieles gesucht und damit eine erste Sortierphase für die Fülle der Ideen vorgenommen; sollten die Ergebnisse schon zur Zufriedenheit der gesamten Gruppe ausfallen, so kann man zur Phase 5 übergehen, sollten aber die Ergebnisse noch nicht den allgemeinen Ansprüchen genügen, so muß zur Phase 3 zurückgekehrt und es müssen weitere „Verfälschungen“ vorgenommen werden, um Ziel und Aufgabe zu verstehen.

5. **Das Ergebnis präsentationsreif gestalten ...**

Phase 5 konzentriert sich auf die präsentationsreife Erarbeitung des Projektergebnisses; dabei sind zwei verschiedene Aspekte zu berücksichtigen, nämlich eine Ergebniserarbeitung für die Projektteilnehmer und eine Informierung interessierter Außenstehender:

5a. **Die Informierung Außenstehender:** kaum eine Projekt-Arbeit betrifft ausschließlich nur die Gruppenmitglieder, die meisten Teamprojekte müssen Außenstehenden präsentiert werden, und zwar so, daß diese für die Ideen der Gruppe gewonnen werden und gleichermaßen bereit sind, andere für dieses Projekt zu werben (Schneeballsystem); in prägnanter Form sind dabei die Ergebnisse *nutzenorientiert* aufzubereiten, d.h. die Teilnehmer beschäftigen sich mit der Frage: Welchen Nutzen können wir Person XYZ aus unseren Ergebnissen anbieten?

5b. **Die Ergebniserarbeitung für die Projektteilnehmer:** In der Regel werden sich verschiedene Projektmitglieder zu bestimmten Aufgaben verpflichten; diese Vereinbarungen, was wer bis wann wie sich zu tun verpflichtet hat, sollte abschließend ebenfalls in einem Ergebnis-Map präsentiert werden, und zwar in erster Linie der Gruppe selbst, in zweiter Linie zur Orientierung auch der von den Maßnahmen mitbetroffenen Außenstehenden.

Meine Zusammenfassung von Kapitel 4:

In Kapitel 4 sind Sie mit den vielfältigen Anwendungsmöglichkeiten des Kreativen Brainwriting vertraut gemacht worden. Beantworten Sie sich bitte folgende Fragen:

- *Welche besonderen Erfahrungen habe ich bei der Lektüre der Anwendungsmöglichkeiten gemacht? Was hat mich beeindruckt? Was hat mich überrascht?*
- *Wo bin ich verwirrt worden? Wo sind mir Dinge noch unklar? Wo sollte ich gezielt nachhaken?*
- *In welchen eigenen Bereichen möchte ich* ***jetzt schon*** *das Kreative Brainwriting spontan ausprobieren?*

Übungen zu verschiedenen Anwendungsmöglichkeiten des Brain-Mapping

Bei allen Übungen sei die nachfolgende Einstimmung empfohlen:

Übung 1: Achten Sie auf Ihr Setting!

- Begeben Sie sich an einen ruhigen Platz, an dem Sie sich besonders wohlfühlen.
- Schaffen Sie sich eine behagliche Atmosphäre (Tapete/Wandfarbe, Raumtemperatur, Sitz- und Schreibgelegenheit u.a.).
- Halten Sie geeignetes „Werkzeug" (Buntstifte, weißes Papier, wenn möglich DIN A3) bereit.
- Schalten Sie nach Möglichkeit geeignete Musik zum Entspannen ein.
- Aktivieren Sie Ihre Kreativität (durch ein mentales oder autogenes Training etc.).
- Entwickeln Sie schöne Bilder, Gefühle für die Zeit nach Ihrer Arbeit.
- Formulieren Sie für sich einen wohlgeformten Zielsatz (Was genau wollen Sie erreichen? Was ist Ihr Ziel?).

Übung 2: „Assoziieren"

Bei dieser Übung geht es vor allem darum, Ideen und Gedanken zu einem bestimmten Thema zu erzeugen und auch wirklich zu Papier zu bringen. Vielen Menschen fällt dies schwer, deshalb benötigen sie eine einfache Anleitung, um die eigenen inneren Barrieren zu übersteigen.

Beginnen Sie deshalb zunächst mit einfachen Assoziationsaufgaben wie Brain-Maps zu Themen wie „Schnee", „Meer" oder „Zeit" und schreiben Sie alles auf, was Ihnen einfällt.

Etwas anspruchsvoller sind dann schon Assoziationsübungen, in denen Sie bestimmte erlebte Situationen gedanklich nachstellen; Sie können sich z.B. einmal über folgende Situation Gedanken machen: Sie haben morgen einen „Motz-Termin" beim Papst (Bundeskanzler oder Vorstand): Was würden Sie diesen Personen alles sagen wollen? Mappen Sie sich Ihren Frust von der Leber!

Übung 3: „Planen und Organisieren"

Um effektiv planen zu können, müssen Sie sich zunächst verschiedene Alternativen erarbeiten. Deshalb beginnen Sie Ihre Planung doch auch mit einem Assoziations-Map und übertragen im Anschluß dann die realisierbaren Ideen in ein Planungs-Map.

Sie können aber auch konkrete Firmenprojekte etc. organisatorisch vorbereiten, z.B.

- Ihren nächsten Monat in der Firma,
- ein Seminar, Workshop, eine Unterrichtseinheit,
- ein Abteilungsfest oder einen privaten Event,
- Ihren nächsten Urlaub usw. usf.

Planen und organisieren Sie dabei sowohl für sich alleine als auch mit anderen zusammen. Achten Sie auf die Unterschiede, wie Sie Ihre Brain-Maps „anders" gestalten müssen, damit andere auch mit diesen etwas anfangen können. Einigen Sie sich mit Ihren Mitplanern auf gemeinsame Schlüsselworte und spüren Sie nach, wie dieses „Sprechen-Über" schon eine wichtige Verständigungsbasis bildet, bevor Sie überhaupt inhaltlich konkret geworden sind.

Übung 4: „Gebundenes Assoziieren“

Gebundenes Assoziieren orientiert sich stets an Vorlagen, die in schriftlicher (= Texte, Grafiken u.ä.) oder opto-akustischer Form (= Vorträge, Tonträger u.ä.) vorkommen. Hierbei kommt es vor allem auf die eigene Zielsetzung an, d.h. was genau will ich erfahren?

Versuchen Sie im folgenden einmal, einen Vortrag bzw. einen Schrifttext aus verschiedenen Perspektiven zu bearbeiten, indem Sie diesen

1. aus der Sicht des Verfassers zu verstehen versuchen,
2. ein eigenes Thema geben,
3. aus diesem Text eine persönliche Problemstellung herausarbeiten.

Dabei können Sie entweder

1. die Schlüsselworte des Verfassers übernehmen oder
2. eigene Schlüsselworte erschaffen, um der eigenen Sichtweise und den eigenen Gedanken mehr Ausdruck zu verleihen, um Ihre eigene Position zu stärken, oder
3. Schlüsselworte finden, die sich am Problemzustand und am Zielzustand orientieren, um den Unterschied zwischen diesen beiden Zuständen prägnanter zu erkennen.

Selbstverständlich können Sie auch Vorträge nach ganz anderen Gesichtspunkten als den doch so vertrauten inhaltlichen mitmappen; sie könnten z.B. einmal auf besondere akustische Schlüsselhinweise achten, die Ihnen der Vortragende mitteilt: Wann betont er welche Passagen? Wo gibt er explizite Hinweise? Wo hebt bzw. senkt er die Stimme? Wann scheint er voll im Thema zu stehen, wann scheint er unsicher zu sein? Wie plant er seine Redezeit? Und so weiter und so fort. Auch diese „beiläufig“ gegebenen Hinweise können Schlüssel zum Verständnis des Vortrags und des Vortragenden sein. Mit Hilfe des Brain-Mapping können Sie derartige „Akzente“ mitbekommen und sich auch schriftlich merken.

Nutzen Sie die Gelegenheit und entwerfen Sie doch ein Brain-Map zu Kapitel 4 auf der folgenden Leerseite!

Teil 2: Die „Theorie" des Kreativen Brainwriting

Überblick über die Kapitel 5 bis 7

Das Kreative Brainwriting – so unsere Behauptung – entspricht eher dem Aufbau und der Funktionsweise des Gehirns als vergleichbare Methoden. Diese Behauptung möchten wir im folgenden näher beleuchten. Wir möchten Ihnen einige Einblicke vermitteln, was Denken und Lernen ausmacht, wie unser Gehirn aufgebaut ist, sich organisiert und damit auch die Grundlage entwirft, die das Kreative Brainwriting als Ausdrucksform dann abbildet.

Lassen Sie uns zunächst unser Ziel formulieren: Wir möchten Ihnen wesentliche Sachverhalte über unser Denkzeug Gehirn vermitteln, damit Sie verstehen, weshalb das Kreative Brainwriting „mehr" aus Ihrem Gehirn herauszuholen vermag. Zu diesem Zweck werden wir aber keine klassische Einführung in die Hirnforschung

geben, sondern lediglich verschiedene Facetten – eben Teile eines Puzzles, nicht das vollständige Puzzle – dieses komplexen Themas beleuchten.

In Kapitel 5.1 stecken wir zunächst einen Rahmen für unser Nachdenken über das Denken ab; wir werden uns mit dem Begriffspaar „**Effektivität und Effizienz**" auseinandersetzen und mit Hilfe dieses Paares einen erfolgsorientierten Denkrahmen[71] beschreiben. Denn es geht uns nicht darum, daß wir lediglich Wissen über das Denken an sich aufhäufen möchten, sondern unser Ziel ist es, daß Sie das Verstandene in Bewegung versetzt, Sie in Aktion treten und die gewonnenen Erkenntnisse umsetzen läßt.

In Kapitel 5.2 werden wir dann den Gesichtspunkt des effektiven Denkens noch ein wenig vertiefen, indem wir uns näher mit der **Struktur unseres Denkens** beschäftigen und nach den Regeln fragen, die jeglichem Denken und Handeln zugrundeliegen.

In Kapitel 5.3 werden wir einen knappen **Überblick über physiologische Hirnmodelle** geben, die als Erklärungshilfen unsere Denkarbeit beeinflussen. Im Grunde genommen geht es hierbei um die

71 „**Erfolg heißt:**
- Oft und viel lachen;
- die Achtung intelligenter Menschen und die Zuneigung von Kindern gewinnen;
- die Anerkennung aufrichtiger Kritiker verdienen und den Verrat falscher Freunde ertragen;
- Schönheit bewundern, in anderen das Beste finden;
- die Welt ein wenig besser verlassen, ob durch ein gesundes Kind, ein Stückchen Garten oder einen kleinen Beitrag zur Verbesserung der Gesellschaft;
- wissen, daß wenigstens das Leben eines anderen Menschen leichter war, weil du gelebt hast.

Das bedeutet, nicht umsonst gelebt zu haben" Ralph Waldo Emerson (zitiert in: Robbins 1992). Oder wie würden Sie Ihren „Erfolg" definieren? Erstellen Sie doch einfach ein Brain-Map zum Thema „Erfolg"!

Frage, wieviele Untergliederungen (Hemisphären, Minds) wir zur Beschreibung unseres Gehirns hinzuziehen.

Die traditionelle physiologische Erklärung des Denkens wird in *Kapitel 6* durch einen psychologischen Erklärungsansatz konkretisiert. Das sog. **Konzept des Neurolinguistischen Programmierens (NLP)** liefert dabei eine gute Grundlage, um die Struktur unseres subjektiven Erlebens zu verstehen und damit Möglichkeiten zur systematischen Steuerung unserer Denktätigkeit zu eröffnen.

In Kapitel 7 werden schließlich **Netzwerk-Modelle** untersucht, welche die Erkenntnisse der Hirnforschung anwendungsorientiert aufbereitet haben. Dabei werden wir sowohl die Vor- und Nachteile traditioneller Aufzeichnungsmethoden als auch einen kurzen Abriß über die Geschichte der sog. Netzwerkmodelle bis hin zum Kreativen Brainwriting geben. Diese historische Betrachtung wird dem Leser zum einen verdeutlichen, daß Netzwerkmodelle nicht „den letzten Schrei" darstellen, sondern schon eine gewisse Tradition besitzen, auf der anderen Seite aber jedes dieser Modelle für bestimmte Frage- und Problemstellungen geschaffen worden ist und deshalb logischerweise auch seine größte Effizienz in dem Rahmen erzielt, für den es entwickelt worden ist.

5 Denken und Lernen – nach welchen Prinzipien funktioniert eigentlich unser „Denkzeug“ Gehirn?

5.1 Der Rahmen unseres Denkens oder zwischen Effektivität und Effizienz unterscheiden lernen

Unser Denken und Handeln geschieht immer auch innerhalb eines gewissen Rahmens, eines situativen Kontextes.[72] Diesen nehmen wir sehr oft gar nicht bewußt wahr, ja wir akzeptieren ihn oft als „unabänderlich vorgegeben“ und wenden uns allzu schnell den konkreten Denkinhalten zu. Dabei macht es sehr viel Sinn, sich von Zeit zu Zeit seines Denkrahmens bewußt zu werden – schon allein, weil wir nur auf diesem Wege den Elementen (Glaubenssätzen, individuellen Wahrnehmungsfiltern, Metaprogrammen) auf die Spur kommen, die wir uns als „Grenzen“ vor Zeiten einmal bewußt gesetzt und seitdem unbewußt und unreflektiert als solche akzeptieren.

Eine Kernaussage des Neurolinguistischen Programmierens[73] besagt: „Ändere den Rahmen und du änderst auch die Bedeutung

72 Erinnert sei an die einleitenden Überlegungen zum Informationsproblem in Kapitel 1.1. Kontexte bewegen uns zum Handeln, nicht die Informationen an sich. Ein subjektbezogenes Lernkonzept hat sich demnach um die Qualität der Kontexte (der Rahmen) intensiv zu kümmern.

73 vgl. dazu Kapitel 6.

eines Ereignisses." Diese Aussage möchte verdeutlichen, daß unsere Bedeutungs-Zuschreibungen zu Situationen, Kontexten oder Ereignissen

- keineswegs objektiv und damit eindeutig und unveränderlich,
- sondern subjektiv und damit vielschichtig und veränderbar sind.

„Wir glauben, wir sähen die Dinge, so wie sie sind (objektiv). In Wirklichkeit sehen wir die Dinge jedoch so, wie wir sind – besser: Wie wir sie zu sehen konditioniert sind."[74]

Unsere Wirklichkeit gründet sich demnach auf die Aspekte, worauf wir uns gerade „fokussieren" (innerlich einstellen). Und es ist unsere Entscheidung, ob wir uns auf „Schmerz" (d.h. das Eintreffen negativer einschränkender Erwartungen) oder auf „Lust, Freude" (d.h. das voraussichtliche Eintreten positiver bereichernder, nützlicher Ereignisse) einstellen. Wir werden – nach dem Prinzip der sich-selbst-erfüllenden-Prophezeiung – das erhalten, was wir erwarten.

Wenn wir uns mit Denken und Lernen auseinandersetzen, so müssen wir uns auch mit der Gestaltung unseres Denkrahmens beschäftigen, denn nur im Zuge dieses Klärungsprozesses werden wir uns über unsere erwarteten Möglichkeiten und Grenzen bewußt. Wirklich stichhaltige Erkenntnisse zum Denken gewinnen wir nur, wenn wir beide Gesichtspunkte vereinen, nämlich auf der einen Seite, den Rahmen selbst zu reflektieren, und auf der anderen Seite, sich elegant innerhalb eines bestimmten Rahmens zu bewegen.

Auf der Suche nach Kriterien, welche diesen Beziehungszusammenhang näher verdeutlichen, sind die Autoren auf zwei Begriffe gestoßen, mit deren Hilfe auch die gegenwärtige Diskussion um die

74 Covey 1992, S. 24.

Hirnforschung und die Entwicklung von Hirnmodellen beschrieben werden können. Es handelt sich um die Begriffe **Effektivität und Effizienz** und um die Erläuterung ihres Verhältnisses zueinander. Eine sehr einprägsame und einleuchtende Erklärung gibt u.a. Gerd Gerken, der für den Kontext des Managements ***Effektivität*** übersetzt mit **„die *richtigen* Dinge tun“** und ***Effizienz*** mit **„Dinge *richtig* tun“**.

Es macht Sinn, diese beiden Betrachtungsperspektiven sowohl miteinander in Beziehung zu setzen als auch isoliert voneinander zu betrachten; denn es gilt zum einen, den/die Rahmen zu klären, zum

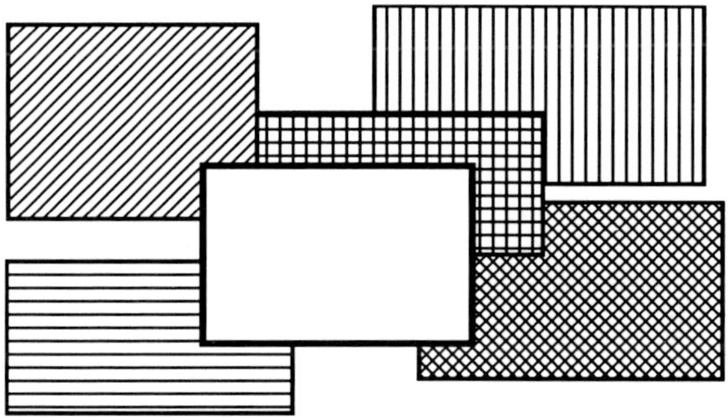

Effektiv sein bedeutet, sich verschiedene „Rahmen“ zu erarbeiten und den zur Situation am ehesten passenden auszuwählen.
Effizient sein heißt, sich innerhalb eines bestimmten Rahmens um den besten Lösungsweg zu bemühen ...

anderen innerhalb eines ausgewählten Rahmens nach den Lösungswegen zu suchen, die möglichst gute Resultate ergeben. Das Kreative Brainwriting hat als Lernkonzept mit beiden Aspekten zu tun, denn zum einen hilft es durch seine mit den Denkmustern verwandte Netzstruktur, die vorgegebenen „Denk-Rahmen" zu überprüfen, zum anderen ist es im engeren Sinne auch eine Lernmethode, die in spezifischen Anwendungsfeldern zu sehr effizienten Resultaten führt.

Um mit diesem Konzept erfolgreich arbeiten zu können, ist jedoch unbedingt **die richtige Reihenfolge** zu beachten. Zunächst gilt es, den „entsprechenden" Rahmen zu entdecken – also sich nach Effektivität auszurichten –, und erst im zweiten Schritt ist es überhaupt möglich, effiziente Vorgehensweisen sinnvoll einzusetzen. Wenn man diese Reihenfolge nicht beachtet und ohne allgemeine Rahmenüberprüfung sogleich mit der Lösungsarbeit anfangen möchte, so läuft man unter Umständen Gefahr – in einem Bild gesprochen –, als verantwortlicher Deckoffizier, kurz vor dem Sinken des Schiffes Titanic, noch die Liegestühle in Reih und Glied aufzustellen ..., d.h. eine Tätigkeit zu verrichten, die angesichts der sich abzeichnenden Ereignisse dann keinen Sinn macht und durch die Gewalt der Ereignisse dann auch „hinweggespült" wird.

Doch was haben diese Ausführungen denn nun im engeren Sinne mit „Denken" und mit dem Kreativen Brainwriting zu tun?

Im Grunde genommen sind mit Effektivität und Effizienz die Fragen nach dem Spannungsverhältnis zwischen Struktur und Inhalt, zwischen einzelnen konkreten Spielen und den zugrundeliegenden Spielregeln, zwischen aktuellen und generellen Faktoren thematisiert. Mit effektiv und effizient wird der Sachverhalt besonders nuanciert, indem hier nicht allgemein über Struktur und Inhalt nachgedacht wird, sondern sogleich auch die **Frage nach der dadurch zu erzielenden Qualität** aufgeworfen wird.[75] Denn wir

75 Die Qualität wird aber entscheidend beeinflußt durch die Regeln. Die Regeln des Denkens werden in Kapitel 5.2 betrachtet.

wollen an dieser Stelle ja nicht nur über das Denken allgemein um des Denkens willen philosophieren, sondern es ist das erklärte Ziel der Autoren, **erfolgreiche Denk- und Verhaltensmuster** zu erarbeiten; und erfolgreiches Denken läßt sich mit dem Begriffspaar „effektiv und effizient" sehr eindrücklich erläutern.

Weiterhin wird mit dem Kreativen Brainwriting ein anderer Gestaltungsrahmen für Lerninhalte eröffnet, weil Lernen nach unserem Verständnis eben nicht in einer 1 : 1-Datenübertragung (Prinzip des „Nürnberger Trichters") besteht, sondern **echten kommunikativen Prinzipien**[76] unterliegt; Lernen bedeutet, daß ich mir für die spezifischen Inhalte meine eigene Form (mein eigenes Gefäß) auswähle, ggfs. sogar erst entwickle. Die Auswahl des Gefäßes wird dabei entscheidend beeinflußt von meinen Vorkenntnissen (aktualisierten internalen Repräsentationen), meinem aktuellen Fokus, meinem gegenwärtigen emotionalen Zustand und meiner aktuellen physiologischen Verfassung. Diese aufgezählten Elemente sind jedoch keinesfalls objektiver, sondern vielmehr **subjektiver Natur**.

76 Wir möchten uns vehement davon abgrenzen, bei Mensch-Maschine- oder gar Maschine-Maschine-Datenübertragungen von Kommunikation zu sprechen. Es macht Sinn, den Kommunikationsbegriff auf zwischenmenschliche Kontakte zu begrenzen und damit die Subjektivität jeglicher kommunikativer Prozesse zu betonen. Maschinen unterliegen nicht diesen Kriterien, Maschinen werden mit „Informationen" gefüttert, Menschen bilden sich jedoch (subjektive) Kontexte aufgrund von Informationen.

5.2 Die Struktur unseres Denkens – die Frage nach den Regeln

5.2.1 *Die Aufgabe von Spielregeln und anderen Regeln*

Haben Sie sich schon einmal mit der Frage beschäftigt, „wie" sie eigentlich denken? Oder anders gefragt: Wie funktioniert eigentlich mein Gehirn? Was läuft da in meinem Kopf ab, wenn ich mich mit einer Sache beschäftige? Was passiert, wenn ich nicht mehr weiterkomme? Und natürlich auch: Wie kann ich konkret mein Gehirn unterstützen, so daß mein Denken optimal funktioniert?

Wie denke ich eigentlich?
Wie funktioniert das Instrument, mit dem ich denke?
Wie arbeitet mein Gehirn?

Dies sind alles Fragen, die sich mit der Natur und der Struktur des Denkens beschäftigen; Antworten auf diese Fragen geben zum einen die Hirnphysiologie, zum zweiten die Lern-Psychologie und zum dritten die Pädagogik und hier vor allem der Bereich der Lernmethodik. Wir möchten in den folgenden Kapiteln einige dieser Antworten näher beleuchten.

Allen hier angesprochenen Fragen ist folgendes gemeinsam: Sie suchen nicht vordergründig nach Inhalten, sondern zunächst nach den grundsätzlichen Regeln, nach den Hintergründen des Denkens.

Die Zielrichtung dieser Fragen kann anhand eines Beispiels näher erläutert werden: Betrachten wir doch einmal näher ein Kartenspiel wie z.B. „Skat“: Für dieses Kartenspiel gibt es wie für jedes andere auch ganz bestimmte festgelegte Spielregeln, die für sämtliche Spielsituationen ihre Gültigkeit besitzen. Ein Anfänger wird sich zu Beginn diese Regeln noch genau anschauen und sich während der ersten Spiele beständig vergewissern müssen, ob er „richtig“, d.h. den Regeln gemäß spielt; doch schon nach kurzer Zeit werden ihm die Grundregeln in Fleisch und Blut übergehen, und er wird mit einer gewissen Sicherheit wissen, was er in bestimmten Situationen zu tun hat (z.B.: „Zählt ein Nullspiel 23 oder 25?“ – „Hat Kreuz den Wert 12?“ – „Wann bin ich dran mit Reizen?“). Bei weiterem Übungsfortschritt wird das bewußte Erinnern der Regeln mehr und mehr in den Hintergrund rücken und strategische Aspekte des konkreten Spiels (z.B. das Zählen der eigenen und gegnerischen Punkte während eines Spiels, das Nachhalten, wer wohl noch welche Trümpfe auf der Hand hält) in den Vordergrund treten. Die Regeln selbst werden nur noch bei Meinungsverschiedenheiten oder in brenzligen Situationen hinzugezogen ...

Die Regeln kennen ...

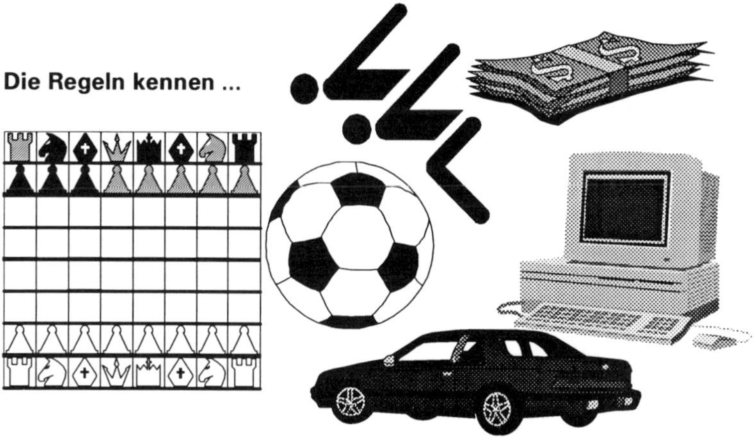

... um ein „Spiel“ zu spielen

Was hier exemplarisch am Skatspiel erläutert wurde, gilt sinngemäß für jede unserer Handlungen, gleichgültig ob es sich dabei um Schach handelt oder um Sportspiele wie Wettschwimmen oder Fußball, ob es sich um das Verhalten im Straßenverkehr (als Autofahrer, als Fußgänger, etc.) oder um berufliche Belange (Arbeit mit dem Personal-Computer) oder schlicht und einfach um Geldgeschäfte (Einkaufen, Sparen, Verhandeln etc.) handelt. Jede dieser Handlungen läuft – ob wir dies wollen oder nicht, ob es uns bewußt ist oder nicht – nach bestimmten „Regeln" ab. Und wir sind immer in diese Regelrahmen eingebunden und „spielen" nach diesen Regeln.

Kehren wir noch einmal zum Skatspiel zurück, so können wir trotz der Vielzahl möglicher Spielsituationen dennoch von einem relativ klar und eindeutigen Handlungsrahmen sprechen. Und dennoch treten – wie die Existenz des Altenburger Skatgerichts als oberste Schiedsinstanz belegt – immer wieder Situationen auf, in welchen „strittige Fragen" gütlich geklärt werden müssen.

Man sollte meinen, daß Menschen aus den wenigen einfachen Situationen für die komplexeren und komplizierteren Alltags-Situationen lernen und sich um so intensiver um das Verständnis der Rahmenbedingungen bemühen würden. Doch sehr häufig ist das Gegenteil der Fall: Sowohl im Bereich des individuellen Selbstmanagements als auch überhaupt im kommunikativen Bereich überwiegt ein „amateurhaftes Verhalten", wenn es um die Gestaltung des jeweiligen Handlungsrahmens geht. Selbst hochbezahlte „Profis" in ihrem jeweiligen Fachbereich stürzen sich sogleich auf einzelne Inhalte, verlieren sich in Nebensächlichkeiten und kommunizieren miteinander in einer äußerst mühevollen und mißverständlichen Art und Weise.

Die „Regeln" im persönlichen Handlungsfeld (effektives Selbstmanagement bedeutet, seinen Handlungsspielraum definieren, seine Ziele klären, Wichtiges und Dringliches voneinander zu unterscheiden und zu entscheiden) und **im kommunikativen Bereich** (hier geht es um Win-Win-Prinzipien, um Verstehen vor Verstandenwerden und um synergetisches Handeln) und vor allem **die Balance zwischen den verschiedenen lebensnotwendigen Gestaltungsprinzipien** (eine permanente ausgewogene Selbst-Erneuerung bewirken) finden nur selten die Beachtung, die ihnen gebührt.[77]

Und so tappen Menschen häufig so lange von einem „Mißverständnis" blindlings ins nächste, bis schließlich nichts mehr geht ... und frustriert der Kontakt zu den betreffenden Personen abgebrochen wird ... oder im Blick auf sich selbst nach dem x-ten Versuch die Flinte ins Korn geworfen wird: „Das lerne ich nie. Dafür bin ich viel zu dumm." – „Ich kann mich halt nicht so ausdrücken wie ..." – „Das hätte ich mal lernen sollen, als ich noch jung war. Jetzt ist es zu spät dafür." – „Für diese wichtige Aufgabe bin ich doch noch viel zu jung. Da braucht man doch Erfahrung." – „Was man da alles behalten muß, das kann doch kein Mensch ..." usw. usf.

Warum ist dies so? Weshalb sind die Regeln nur so selten im Blick? Darauf gibt es zwei Antworten: Zum ersten werden Regeln **oft nur im Zuge des erstmaligen Lernprozesses** bewußt gelernt und danach nur noch angewendet, zum zweiten konzentrieren sich viele Menschen vornehmlich auf die **aktuellen Ereignisse** ihres Lebens und vernachlässigen darüber die generellen Grundströmungen. Wenn wir aber immer nur den Blick auf das „Naheliegende" richten, dann vermögen wir nicht richtig zu steuern – unser eigenes

77 vgl. Covey 1992.

Leben, unser Unternehmen, unsere Gesellschaft, das Schicksal unserer Erde – oder was immer auch sonst noch unsere vorausschauende Planung benötigt!

Den Fokus auf die Aktualitäten richten führt dazu, daß der jeweilige Prozeß sich irgendwann „festfährt“, daß nichts mehr geht; doch dann, wenn der „Infarkt“ (Verkehrsinfarkt, Streßinfarkt, Kommunikationsinfarkt) sich ankündigt oder – noch schlimmer – schon eingetreten ist und gängige Konzepte nicht mehr greifen, erst dann wird wieder über „grundsätzliche“ Dinge, über Strukturen, über Verfahrensweisen nachgedacht, getreu dem Motto, „was man hätte alles besser machen können ...“.

Doch wir müssen und können umdenken, umlernen, umhandeln, um für die Gegenwart und Zukunft gewappnet zu sein! Wir können es uns angesichts der (globalen, kulturellen, individuellen) Vernetztheiten unserer Lebensbedingungen nicht mehr leisten, so weiterzumachen, wie wir es bisher getan haben. Vernetztes, systemisches Denken ist eine der zentralen Herausforderungen unserer Zeit!

Diesen Sachverhalt, die verhängnisvolle **Überbetonung des aktuellen Motivs** hat Dietrich Dörner in seinem Buch „Die Logik des Mißlingens“ als **eine der Hauptursachen für Fehlplanung und Fehlverhaltensweisen** herausgestellt. Er schreibt:

> „Daß man eigentlich mehrere Ziele zugleich verfolgt, merkt man manchmal erst, wenn man das eine erreicht hat und – entsetzt, verblüfft, verärgert – feststellen muß, daß man mit der Beseitigung des einen Mißstandes vielleicht zwei neue in anderen Bereichen erzeugt hat. Es gibt also implizite Ziele, die man zunächst gar nicht berücksichtigt, von denen man gar nicht weiß, daß man sie anstrebt. Um ein einfaches Beispiel zu nennen: Jemand, der gesund ist, wird gewöhnlich ‚Gesundheit‘ nicht als Ziel seines Handelns und Hoffens nennen, wenn er

danach gefragt wird. Erst für den Kranken wird ‚Gesundheit' zum expliziten Ziel. Auch der Gesunde wird, wenn man ihn direkt darauf anspricht, die Aufrechterhaltung seiner Gesundheit als wichtig ansehen, aber eben erst, wenn man ihn darauf aufmerksam macht."[78]

Menschen – so faßt er zusammen – kümmern sich vornehmlich um die Probleme, die sie haben, nicht um die, die sie (noch) nicht haben. Als Folge davon neigen sie dazu, nicht zu bedenken, daß eine Problemlösung im Bereich A eine Problemerzeugung im Bereich B darstellen kann.

Oder um ein praktisches Beispiel zu nennen: Wenn ich mich Tag und Nacht um meine Karriere kümmere und alle Kräfte und Energien dafür einsetze, dann kann es passieren, daß ich meine Gesundheit riskiere und/oder den innigen Kontakt zu meiner Familie, meinen Freunden und/oder den Spaß an meinen Hobbys verliere.

Doch dies muß nicht so sein! Denn es gibt mittlerweile eine Reihe von Möglichkeiten und Methoden, um zu einem viel früheren Zeitpunkt schon zu den wichtigen Dingen vorzudringen und dem aktuellen Handlungsmotiv seinen Platz im zweiten Glied zuzuweisen. Da das Kreative Brainwriting sowohl strukturerhellende (d.h. prozeßsteuernde, z.B. als Planungsmethode oder als Teammodell) als auch inhaltliche Problemlösungen zu erzeugen vermag, ist es auch als **Methode zur Effektivitätssteigerung** (zur Überprüfung und Klärung verschiedener Handlungsrahmen) einsetzbar. Konkrete Informationen zu diesem Thema finden sich u.a. in den Abschnitten, wo wir die Anwendungsmöglichkeiten des Kreativen Brainwriting näher erläutern.

78 Dörner 1989, S. 78f.

Dieses kritische Hinterfragen unserer **Verhaltensgewohnheiten** mag bei vielen Menschen dazu führen, daß sie sich fragen, weshalb das eigentlich so ist, daß sie immer wieder auf die aktuellen, dringlichen Dinge hereinfallen und manche wichtigen Tätigkeiten hintan stellen? – Eine Antwort kann sogleich gegeben werden:

Ihnen wurde es so vermittelt, deshalb haben Sie es so gelernt!

5.2.2 Weil wir es gelernt haben ... der Beitrag unseres Bildungssystems zum strukturellen Lernen

Diese Geringschätzung von Regelkenntnissen ist kein Einzelfall, sondern **unser gesamtes Bildungssystem** zementiert nach wie vor – trotz der in den letzten Jahrzehnten intensiv durchgeführten Suche nach geeigneten Schlüsselqualifikationen bzw. Handlungskompetenzen – diese erhebliche Schieflage fest, indem die aktuellen, fachspezifischen Wissensinhalte immer noch dominieren und die Strukturkenntnisse eindeutig in den Hintergrund drängen.

Die gewaltige Fülle der einzelnen, abgefragten Zahlen, Daten und Fakten „erschlägt" förmlich die zarte Pflanze der strukturellen (fachübergreifenden, fächerunspezifischen) Kenntnisse und Fertigkeiten.[79]

79 Wir möchten an dieser Stelle nicht ignorieren, daß sich in den letzten Jahren die Versuche des „Aufbrechens" dieser Strukturen häufen – unserer Ansicht nach ein sicheres Zeichen für den bevorstehenden bildungspolitischen Wandel. Es geht halt nicht mehr mit Hilfe des „Mehr-desselben"-Konzepts, und die „kosmetischen" Korrekturen an einzelnen bildungspolitischen Brennpunkten (überquellende Hochschulen, praxisferne Lehrerausbildung, die Schulmüdigkeit und -verdrossenheit vieler Lernender, traditionelle Lehr- und Lernmethoden) sollen nicht den Blick dafür trüben, daß im Grunde genommen eine umwälzende Neuorientierung notwendig, wenn nicht gar überfällig ist.

Lutz Berger möchte seine Kritik noch weitaus schärfer formuliert wissen. Er schreibt:

„Das alte Lernen funktioniert weitgehend linear, Schulen sind hierarchisch und autoritär strukturiert, produzieren in erster Linie Streß und Frustration auf allen Seiten. Negative Rückmeldungen in Form von Noten, Unterricht in bewegungs- und reizarmer Umgebung – das ist alles andere als gehirngerecht. Die Schule arbeitet noch immer auf der Basis militärisch-industrieller Anforderungen vergangener Jahrhunderte, doch auf der Schwelle zum 21. Jahrhundert wird die gute Absicht längst zum Bumerang.“[80]

Der Journalist Tracy Kidder hat „schulisches Lernen“ auf eigenwillige Weise beschrieben:

„Das Problem ist grundlegend. Man setze zwanzig oder mehr etwa gleichaltrige Kinder in einen kleinen Raum, zwänge sie in Schulpulte ein, lasse sie in Reihen antreten und warten, bringe ihnen Benehmen bei. Es ist, als habe ein Geheimbund – den der Nebel der Geschichte verschluckt hat – eine Studie mit Kindern angestellt und herausgefunden, was die meisten von ihnen mit dem größten Widerwillen taten, und erklärt, daß sie alle es tun müßten.“[81]

Und auch Howard Gardner selbst legt den Finger auf die „schwache Stelle“ unseres Bildungssystems, wenn er behauptet:

„Ich behaupte ..., daß die Schule selbst dort, wo sie erfolgreich zu sein scheint – sogar dann, wenn sie den Schülern die Leistungen entlockt, für die sie offenbar eingerichtet wurde –, meistens darin versagt, ihre wichtigsten Aufgaben zu erfüllen. (Viele in den letzten Jahrzehnten ermittelten Ergebnisse der Unterrichtsforschung) dokumentieren, daß selbst gut ausgebildete Schüler, die alle äußeren Anzeichen des Erfolgs

80 Berger 1993, S. 86; vgl. auch Marwitz 1993.

81 Kidder, zitiert in Gardner 1993, S. 176f.

aufweisen – wie der eifrige Besuch guter Schulen, gute Noten und Prüfungsergebnisse, Auszeichnungen durch die Lehrer –, in der Regel kein entsprechendes Verständnis des Unterrichtsmaterials und der Begriffe zeigen, mit denen sie gearbeitet haben."[82]

Diese offensichtliche „Lücke zwischen dem, was als Verständnis gilt, und echtem Verstehen"[83] rührt Gardners Meinung nach vor allem daher, daß im Laufe der Persönlichkeitsentwicklung von Menschen drei Lerntypen miteinander im Wettstreit liegen ... und zwar unser ganzes Leben lang. Es handelt sich um ...

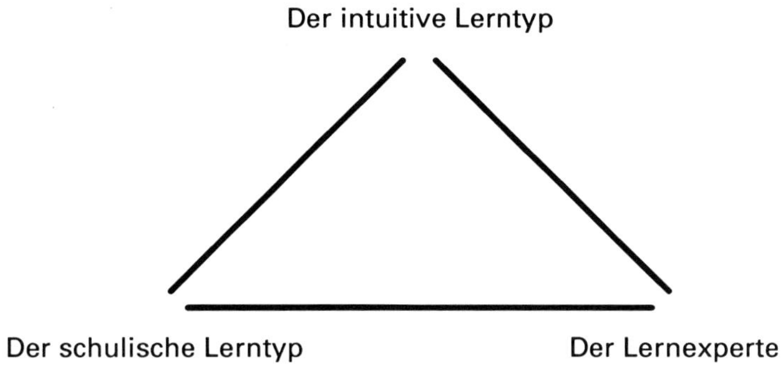

- den **intuitiven Lerntyp**, das ist das kleine Kind (etwa 0-5 Jahre alt), ein „ungeschulter" Verstand, aber hervorragend begabt, z.B. zum Erlernen von Sprache und anderen Symbolsystemen;
- den **schulischen Lerntyp** (etwa 7-20 Jahre alt), bemüht sich um die Fertigkeiten, Konzepte und pädagogischen Routinen der Schule und des Studiums;
- und schließlich **den Lernexperten**, der „sich die Konzepte und Fertigkeiten eines Fachs oder Bereichs angeeignet hat und sein

82 Gardner 1993, S. 14f.

83 Gardner 1993, S. 18.

diesbezügliches Wissen in neuen Situationen richtig anwenden kann".[84]

Entsprechend ihres Lerntyps erbringen sie auch unterschiedliche Arten von Leistungen, nämlich

- intuitive (naive oder natürliche) Verständnisleistungen,
- mechanische, ritualistische oder herkömmliche Leistungen und eben auch
- fachliche (oder echte) Verständnisleistungen.

Wenn es denn nur eine Frage der individuellen Entwicklung wäre, um von einer Leistungsart zur anderen zu wechseln, dann wäre diese Unterscheidung relativ unproblematisch und nur für Pädagogen relevant. Tatsache ist aber, daß sämtliche drei Lerntypen in jedem Menschen zu jeder Zeit vorhanden sind und die dabei entstehende Mischung von intuitivem, ritualistischem und echtem Verständnis letztlich den Rahmen begründet, in dem wir zu denken und zu handeln wagen ... und diese Erkenntnis sollte nicht nur Pädagogen, sondern gleichermaßen Weiterbildner und Führungskräfte auf allen Ebenen interessieren.

> „Das fünf Jahre alte Kind versteht viele Dinge, aber es kann nicht wissen, was Lernexperten in Jahrhunderten entdeckt haben. Vielleicht ändert sich unser Alltagsleben nicht so sehr, wenn wir weiterhin der Überzeugung sind, daß die Erde eine Scheibe ist, aber eine solche Überzeugung macht es uns unmöglich, das Wesen von Zeit, Reisen, Wetter und Jahreszeiten, das Verhalten von materiellen Objekten oder die persönlichen und kulturellen Möglichkeiten, die uns offenstehen, in einem umfassenden Sinn zu verstehen. ***Und weil es Christoph Kolumbus wagte, eine der Ansicht seiner Zeit zuwiderlaufende feste***

84 Gardner 1993, S. 19.

Vorstellung zu entwickeln, brach er zu einer Reise mit weitreichenden Folgen auf.“[85]

Daß Fragen nach Strukturen (Regeln und Hintergründen) generell keinen hohen Wert besitzen, hat Tony Buzan in einer Umfrage erfahren, bei welcher er auf jede einzelne der nachfolgenden neun Fragen von wenigstens 95 Prozent der Befragten ein „Nein“ zur Antwort erhielt[86]:

❶ Haben Sie in der Schule etwas über das Gehirn gelernt und darüber, wie das Verständnis seiner Funktionen das Lernen, Erinnern, Denken usw. unterstützen kann?

❷ Haben Sie etwas darüber gelernt, wie Ihr Gedächtnis funktioniert?

❸ Haben Sie etwas über spezielle moderne Gedächtnistechniken gelernt?

❹ Etwas darüber, wie Ihr Auge beim Lernen funktioniert und wie Sie dieses Wissen vorteilhaft nutzen können?

❺ Etwas über die vielerlei Formen von Studientechniken und wie Sie in den verschiedenen Disziplinen angewendet werden können?

❻ Etwas über das Wesen der Konzentration und wie man sie im Bedarfsfall aktivieren kann?

❼ Etwas über Motivation, wie sie Ihre Fähigkeiten beeinflußt und wie Sie sie vorteilhaft nutzen können?

❽ Etwas über das Wesen von Schlüsselwörtern und Schlüsselbegriffen und welche Bedeutung sie für Aufzeichnungen, Vorstellungen usw. haben?

❾ Etwas über das Denken? Etwas über Kreativität?

---

85 Gardner 1993, S. 24; Hervorhebung durch die Autoren.

86 vgl. Buzan 1988a, S. 21ff; Bachmann 1991, S. 148f.

„Viele Menschen sind beständig damit beschäftigt, sich 'neue' Schubladen des Wissens (Bücher) zu öffnen, nur wenige setzen sich dafür ein, 'Ordnung' und 'Übersicht' in den eigenen Wissens-Regalen herzustellen und zu halten."

Aus diesen Überlegungen ergibt sich nur eine sinnvolle Konsequenz: „Fangen Sie an, sich zu ändern! Verändern Sie sich ... jetzt!"[87]

Wir formulieren ein Zwischenergebnis: Die Frage, wie denken wir eigentlich?, haben wir bisher folgendermaßen beantwortet:

- Diese Frage zielt nicht auf Inhaltskenntnisse, sondern auf Strukturkenntnisse;
- sie verweist uns auf effektive Gesichtspunkte unseres Denkens;
- diese Gesichtspunkte werden sehr oft durch die Ausrichtung auf aktuelle Gegebenheiten überdeckt;
- die Überbetonung des Aktuellen haben wir gelernt und lernen wir weiterhin unablässig in nahezu sämtlichen (schulischen und beruflichen) Bildungseinrichtungen;
- Fragen zu Strukturkenntnissen sind trotz ihres zunehmenden Bedarfs nach wie vor unterrepräsentiert.

---

87 Vgl. dazu das gleichnamig betitelte Buch von Richard Bandler (1991). – Es ist im übrigen kein Zufall, daß besonders die NLP-Literatur sich mit vielen Titeln schmückt, die auf eine sofortige Umsetzung der Erkenntnisse drängen. Es geht in diesem Kontext immer darum, Wissen anzuwenden ... hier und jetzt.

5.2.3 Eine Möglichkeit zur Veränderung unseres Denkrahmens

Wenn Sie uns bis zu diesem Punkt gefolgt sind, dann dürfte Ihnen wie uns klar sein, daß wir unbedingt nach neuen Wegen und Möglichkeiten suchen müssen, um diese skizzierten Denk- und Handlungsbarrieren zu überwinden, um für die vielschichtigen Anforderungen unserer Tage wirklich gewappnet zu sein.

Haben wir bisher Strukturkenntnisse als sog. Rahmenkenntnisse beschrieben, so möchten wir dieser Auslegung noch einen weiteren Aspekt hinzufügen: **Strukturkenntnisse sind auch als methodische Kenntnisse zu verstehen** – und die Auseinandersetzung mit dem Kreativen Brainwriting als „Lernmethode" bietet demnach eine perspektivische Neuorientierung und damit einen Ansatz zur Überwindung der gegenwärtigen „Denk-Grenzen". Dieser methodische Gesichtspunkt sei im folgenden näher skizziert:

Vielleicht ist es Ihnen auch oft so ergangen: Sie hatten tolle Ideen, brillante Einfälle und auch den festen Vorsatz, diese in die Tat umzusetzen ... und scheiterten dennoch schon bei dem simplen ersten Schritt, nämlich diese Ideen und Einfälle zu Papier zu bringen, um sie etwa als Gedankenstütze oder als Diskussionsgrundlage verfügbar zu haben.

Vielleicht hatten Sie beim Lernen dennoch irgendwie gemerkt, daß Ihre Konzentration oft auf Dinge, Aspekte gerichtet war, die es eigentlich nicht wert waren, wohingegen Sie andere, wichtige Aspekte vernachlässigt und vielleicht sogar „zu spät" erst wahrgenommen haben ...

Eine Erklärung für diesen „**gedanklichen Absturz**" könnte folgendermaßen lauten: Ein Gedanke ist ungeheuer schnell, dabei aber sehr flüchtig; wird ein Gedanke nun ausgesprochen, dann bedeutet dies schon einen erheblichen Bremsvorgang, da jedes gesprochene Wort mehr Zeit benötigt als ein gedachter Gedanke; das geschriebene Wort nun, der zu Papier gebrachte Gedanke, braucht noch einmal erheblich mehr Zeit. Und in der Zwischenzeit bleiben wir oft nicht bei diesem einem Gedanken hängen, sondern denken weitere Gedanken und laufen dadurch Gefahr, daß wir schließlich keinen Bezug mehr herstellen können zwischen dem, woran wir schon denken und dem, was wir noch zu Papier bringen wollten. Als Folge davon sind die Notizen dann oft ohne Zusammenhang, die Idee, der brillante Einfall ist verpufft ...

Das Kreative Brainwriting kann an mehreren Stellen hilfreich in diesen Gesamtprozeß eingreifen:

1. Denn es ist eine **erheblich schnellere Aufzeichnungstechnik**;
2. das ganzheitliche, bildhaft-assoziative Aufzeichnen **entspricht eher der „Natur“ von Gedanken**, so daß die Brücke zwischen Denken und Notieren stabiler ist;
3. es können **auf einer Seite** auch **quantitativ mehr Gedanken erfaßt und übersichtlich gestaltet** werden;
4. diese Aufzeichnungsmethode **erleichtert** auch das **emotionale Verarbeiten und Identifizieren mit den Aufzeichnungsergebnissen** – es entsteht immer ein eigenes, unverwechselbares Brain-Map – und
5. das Kreative Brainwriting **führt zu offenen Denkprozessen**, indem grundsätzlich an jeden Ast noch weitere Äste hinzugefügt werden können und dadurch der gegenwärtig auf dem Platz repräsentierte „Denkausschnitt“ niemals abgeschlossen wird; ganz im Gegensatz dazu verleitet ein Punkt am Ende eines Satzes, Abschnittes, Kapitels etc. gedanklich dazu, in diesem „Fragment“ eine (abgeschlossene) Einheit zu repräsentieren.

Das Kreative Brainwriting – so fassen wir zusammen – **ist eine Methode, die uns zu verstehen hilft, was denn eigentlich passiert, wenn wir denken, und wie wir unsere Denkergebnisse so zu Papier bringen können, daß möglichst geringe Verluste entstehen ...**

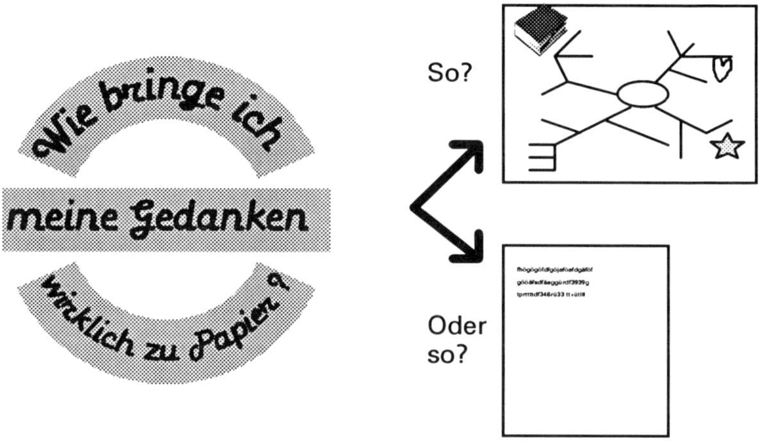

Wenn Sie an diesem Punkt angelangt sind und sich fest vorgenommen haben, mit und über das Gehirn zu lernen, dann haben Sie **einen entscheidenden Schritt getan, um sich weiterqualifizieren zu können, um entscheidende Fortschritte für sich selbst, für Ihre Persönlichkeit, für Ihr Lern- und Arbeitsverhalten zu erzielen.**

5.3 Hirnmodelle als Erklärungsansätze für unsere Denktätigkeit

5.3.1 Die physiologische und die psychologische Betrachtungsweise

Wie laufen Denk-Prozesse physiologisch und psychologisch ab? Und wozu ist diese Betrachtung zum Verständnis des Kreativen Brainwriting hilfreich und notwendig? – Das sind die Fragen, die in den Kapiteln 5.3 und 6 beantwortet werden sollen. In Kapitel 5.3 werden Sie dabei im einzelnen Informationen erhalten über ...

- das 3-Speicher-Modell,
- das Sensorische und das Gedächtnissystem,
- das Hemisphären-Modell,
- das Tri-Une-Brain als Erweiterung des Hemisphären-Modells und
- das Multimind-Modell als vielleicht innovativstes Denkmodell.

Auch heute ist es noch vielfach üblich, bei dem Begriff „**Hirnmodelle**“ zunächst an eine Beschreibung der sensorischen Systeme und der Gedächtnissysteme zu denken und davon auszugehen, daß mit einer ausreichend guten Beschreibung dieser Systeme und ihrer theoretischen Leistungsfähigkeiten zugleich auch schon das Wesentliche über deren Gebrauch und damit über das Gehirn als solches gesagt worden sei.

Dabei hat man mit einer derartigen Beschreibung – wenn man es genau nimmt – lediglich die Struktur der „Hardware“ und vielleicht einiger weniger Software-Elemente des Gehirns erläutert, jedoch noch keine Aussage getroffen über die mögliche Qualität einer bestimmten Leistung und der Ergebnisse, die ein „Gehirn-Anwender“ in einer konkreten Situation erzielen würde.

Es ist so, als wollte man von der Zentraleinheit eines Computers (8086, 80286, 80486 etc.) schon auf die mit diesem Computer konkret erzielten Ergebnisse schließen. Dies macht natürlich wenig Sinn. Denn der eine ist ein wahrer Meister, welcher mit bescheidensten Mitteln Großes zu erreichen vermag, und ein anderer ist noch nicht einmal fähig, selbst bei bester Ausstattung zu recht bescheidenen Ergebnissen zu gelangen.

Demnach gilt auch bei menschlichem Denken und Handeln das gleiche Prinzip wie in vielen anderen Fällen: Die Ausstattung allein ist noch nicht genug, es kommt darauf an, was ein Mensch aus den ihm zur Verfügung stehenden Möglichkeiten macht. Die beste Ausstattung und das beste Programm vermögen noch keine guten Ergebnisse zu garantieren, wenn der Anwender völlig ungeübt ist im Gebrauch seines Spitzenproduktes „Gehirn"!

Deshalb ist die in Kapitel 6 erörterte psychologische Sichtweise des Gehirnmanagements unbedingt notwendig, um zu einer differenzierten Betrachtung zu gelangen. Die psychologische Seite (Wie arbeite ich mit meinem Gehirn?) ergänzt die physiologische Seite (Über welche Ausstattung verfüge ich eigentlich?).

Die hiermit getroffene Unterscheidung ist nicht zuletzt auch deshalb notwendig, weil zwei Personen bei gleicher Ausstattung zwar ähnliche Sinneseindrücke haben, aber letztlich doch völlig unterschiedliche Verhaltensweisen erzeugen können. Denn weshalb der eine Mensch eine Situation als bereichernd und anregend und der andere Mensch eine ähnlich gelagerte Situation als bedrückend erlebt, dies ist weniger eine physiologische als vielmehr eine **psychologisch begründbare Erscheinung**. Und deshalb macht es Sinn, Grundkenntnisse über die systematische Selbst-Steuerung unseres Gehirns zu erwerben, d.h. darüber, wie wir mit uns selbst und wie wir mit anderen kommunizieren. Denn nur so kann die Frage beantwortet werden, weshalb bei ähnlicher Ausstattung der eine Mensch „erfolgreich" und der andere „frustriert" ist.

Doch wenden wir uns zunächst der physiologischen Seite zu und betrachten wir einmal, auf welchen Wegen Informationen eigentlich in unser Gehirn gelangen und wie sie dort verarbeitet werden. Wir beschränken uns bei den nachfolgenden Darstellungen auf weitgehend gesicherte Erkenntnisse.

5.3.2 Wahrnehmen und Verarbeiten: Das Sensorische System und das Gedächtnissystem

Hirnphysiologisch kann – ganz grob – ein **Sensorisches System** und ein **Gedächtnissystem** unterschieden werden.[88] Ein weitverbreitetes Erklärungsmodell, das den Informationsspeicherungsprozeß kennzeichnet, ist das sog. **Drei-Speicher-Modell des Gehirns**, welches gleichermaßen als Funktions- und als Strukturmodell des Gedächtnisses gilt. Demnach durchlaufen die ankommenden Informationen drei verschiedene Speicher mit unterschiedlichen Speicherkapazitäten, die jeweils bestimmte Filterfunktionen haben. Diejenigen Informationen, die diese Kontrollstationen passiert haben, werden vom Gehirn als erinnerungswürdig erkannt und werden letztlich erinnerungsfähig abgespeichert.[89] Die Speicher – in den beiden nachfolgenden Abbildungen näher erläutert – sind der Sensorische Speicher (auch als Ultra-Kurzzeitgedächtnis bezeichnet), der Kurzzeitspeicher (das Kurzzeitgedächtnis) und der Langzeitspeicher (das Langzeitgedächtnis).

88 vgl. Lindsay / Norman 1981, S. 237.

89 vgl. Vester 1987, S. 43.

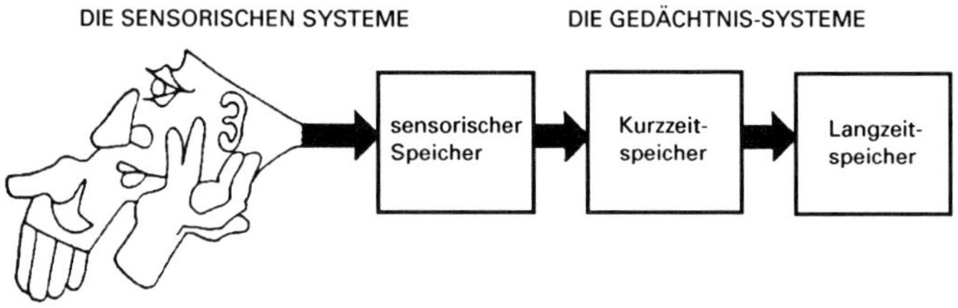

Abb. 6: Das Drei-Speicher-Modell nach Lindsay/Norman[90]

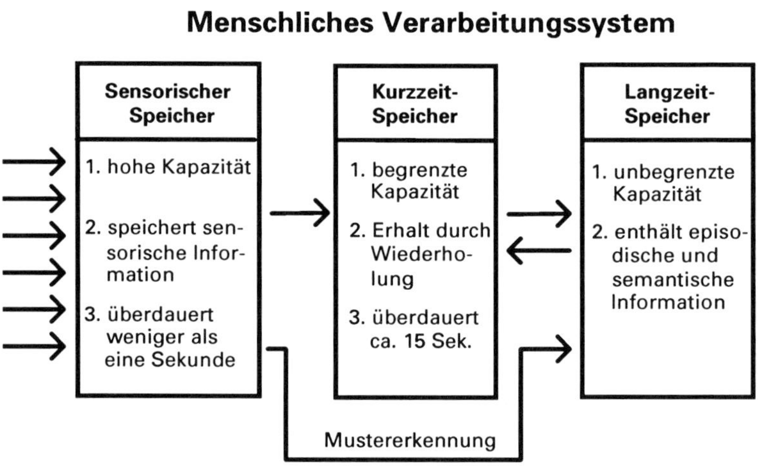

Abb. 7: Die primären Merkmale der einzelnen Speicher[91]

Wenden wir uns zunächst dem **Sensorischen System** zu. Dieses System besteht – wie Abbildung 6 auf Seite 194 verdeutlicht – zum einen aus den einzelnen Sinneskanälen und zum anderen aus einem ersten Speicher, in welchem bestimmte Filter aktiv sind.

90 vgl. Lindsay/Norman 1981, S. 237.

91 vgl. dazu Wessels 1984, S. 41.

In jeder Sekunde sehen, hören, fühlen, schmecken, riechen, ... wir. Die Gesamtheit der Sinneseindrücke einer Situation läuft dabei quasi parallel im sensorischen Speicher zusammen. Trotz gewisser physikalischer Frequenzunterschiede (visuelle Sinneseindrücke sind auditiven oder kinästhetischen in der Geschwindigkeit überlegen) wird jede Situation zu jeder Zeit als ein komplexes Ganzes erlebt und wahrgenommen. Deshalb macht es Sinn, auch die **Wahrnehmungseindrücke als einander ergänzende Gesamteindrücke zu interpretieren**. Wahrnehmen ist ein ganzheitlicher Akt und es bedarf des Zusammenspiels aller Sinne, um eine Situation angemessen erleben zu können.

Die Funktion des sensorischen Speichers liegt somit darin, bereits bekannte Muster zu erkennen und zur Sondierung der einzelnen Merkmale (d.h. des Herausfilterns hervorstechender Merkmale) ausreichend Verarbeitungszeit zur Verfügung zu stellen. Das so entstandene „Nachbild“ der Realität ist aus diesen Gründen sogar von längerer Dauer als der eigentliche visuelle (oder anders-sinnliche) Eindruck.[92]

Dabei ist es für das weitere Verständnis hilfreich, sowohl von äußeren als auch von inneren Wahrnehmungskanälen zu sprechen, d.h. wir können nicht nur mit unseren **äußeren Sinnen** wahrnehmen (etwa sehen oder hören), sondern auch **innere Repräsentationen** (durch ein inneres Auge, durch ein inneres Ohr etc.) erzeugen und uns so frühere Situationen, Kontexte und Ereignisse bildlich, klanglich, emotional etc. in unser Gedächtnis zurückholen.

Selbstverständlich entsprechen die inneren Wahrnehmungen von äußeren Ereignissen oder auch die erinnerten Wahrnehmungen

92 vgl. Lindsay/Norman 1981, S. 239: in analoger Weise kann im Falle anderer Sinnesrepräsentationen von Nach-Klang, Nach-Gefühl, -Geruch und -Geschmack gesprochen werden.

eines früheren (äußeren) Ereignisses niemals genau dem, was sich tatsächlich ereignet hat. Dies ist ja allein deshalb schon unmöglich, weil wir gar nicht in der Lage sind, sämtliche Eindrücke eines Ereignisses mit unseren Wahrnehmungsfähigkeiten zu erfassen und bewußt auszuwerten, angefangen von einzelnen Muskelkontraktionen etwa in den Beinen bis hin zum Pulsschlag im Daumen, von den inneren Verdauungsvorgängen bis hin zum Stirnrunzeln, oder dem Erfassen einer Sommerwiese bis hin zu den vielen verschiedenen Geräuschen in einer belebten Fußgängerzone. Es handelt sich vielmehr jeweils um höchst individuelle, persönliche Repräsentationen (Interpretationen) des jeweiligen Ereignisses.

Deshalb sondiert unser Gehirn laufend die eintreffenden Informationen und verarbeitet bewußt nur diejenigen, die es aktuell benötigt bzw. von denen es annimmt, daß sie zu einem späteren Zeitpunkt von Bedeutung sein könnten. Und dem vielfach größeren Rest an Wahrnehmungseindrücken erlaubt unser Gehirn, als „unbedeutend“ ins Unterbewußte abzusinken.

Klaus Marwitz[93] hat die sinnesbezogenen Zusammenhänge anhand eines 10-Sinne-Modells graphisch veranschaulicht. Abbildung 8 soll dabei zunächst **eine idealtypische Beschreibung der Sinnesmöglichkeiten eines Menschen** darstellen:

93 vgl. im folgenden: Marwitz o. J.: Seminarunterlage: Skizze und Beschreibung des 10-Sinne-Modells; vgl. auch Bierbaum/Marwitz/May 1991; Beyer/Marwitz 1989.

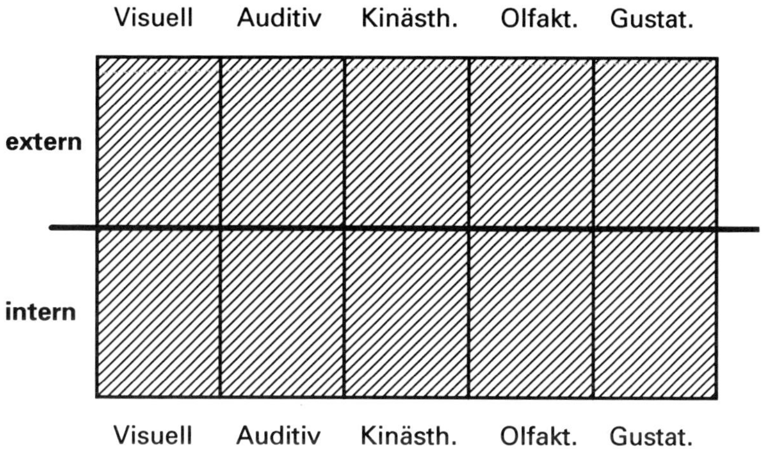

Abb. 8: Das VAKOG-Modell nach Klaus Marwitz: idealtypische Beschreibung der Sinnesmöglichkeiten

Nun ist es keineswegs so, daß diese idealtypische Beschreibung der Sinnesmöglichkeiten eines Menschen als statisch unveränderliche Größe demselben sein Leben lang zur Verfügung stehen. Denn Sinnesorgane werden **durch besondere Anforderungen** (Lernakte oder eindrückliche Erlebnisse) „herausgebildet" (etwa wenn ein Mensch ein Instrument spielen lernt, wenn ein Zweiter seine Leidenschaft als Parfümtester, ein Dritter als Weinexperte entdeckt oder ein Vierter das Malen als Hobby und ein Fünfter das Joggen ausüben) und können dadurch weiterentwickelt werden. Eine sinnesspezifisch „anregende" Umwelt vermag demnach viele Impulse zur Entwicklung einer spezifischen **„Sinnes-Intelligenz"** zu geben. Umgekehrt werden aber auch „einschränkende" (genauer: als „einschränkend erlebte") Umwelten bzw. Anforderungen gegenteilige Wirkungen, Impulse setzen.

Dabei sei „**Intelligenz**“ nicht im allgemein üblichen Sinne, sondern etwa mit Hilfe der „Meilenstein-Theorie der Intelligenzen“ nach Howard Gardner interpretiert[94]. Gardner hat bei seinen Untersuchungen mindestens sieben Intelligenzarten herausgearbeitet, wovon jedoch die klassische Schulbildung vorrangig nur zwei unterstützt, nämlich die Linguistik und Logik; und sog. „Intelligenztests“ konzentrieren sich dann auch auf diese zwei Arten ... und gelangen zu dem ernüchternden Ergebnis, daß es offensichtlich nur wenige intelligente Menschen gibt ... und eine riesige Restmenge an Menschen, die offensichtlich mit dem auskommen müssen, was ihnen die Natur gegeben hat. Und kaum einer macht sich Gedanken, daß die Einschränkungen möglicherweise gar nicht in der „natürlichen Ausstattung“, sondern in der „kulturellen Kurzsichtigkeit“ der Tester begründet sind.

Gregory Bateson hat die traditionelle Art der Intelligenztest-Messungen in einem Metalog (einem fiktiven Gespräch zwischen Tochter und Vater) charakterisiert. Hier ist besagter Textauszug:

Tochter: Pappi, hat jemals irgendwer gemessen, wieviel jemand weiß?

Vater: Oh, ja. Oft. Aber ich weiß nicht so genau, was die Antworten bedeuten. Man macht das mit Untersuchungen und Tests und Fragebögen, aber es ist so, als wollte man die Größe eines Stücks Papier dadurch herausfinden, daß man mit Steinen danach wirft.

Tochter: Wie meinst du das?

Vater: Ich meine – wenn man mit Steinen aus der gleichen Entfernung nach zwei Stücken Papier wirft und herausfindet, daß man das eine öfter trifft als das andere, dann wird wahrscheinlich das, welches man am häufigsten getroffen hat, größer sein als das andere. Auf dieselbe Weise wirft man bei

94 vgl. ausführlich: Gardner 1991.

> einer Untersuchung eine Menge Fragen auf die Studenten, und wenn man herausfindet, daß man bei dem einen Studenten auf mehr Wissensstücke trifft als bei den anderen, dann meint man, dieser Student muß mehr wissen. Das ist die Idee dabei.[95]

Gerd Gerken gibt darüber hinaus zu bedenken, daß neuere Untersuchungen den Schluß nahelegen, daß Intelligenz keine statische Struktur ist, sondern ein offenes dynamisches System darstellt, welches sich im Laufe eines Lebens kontinuierlich verändert. Ergo: Wer intelligent lebt, wird auch intelligenter. Wer sein Potential nicht auslotet, wird sich in seinen Fähigkeiten Schritt für Schritt selbst zurückstufen.[96]

Wir postulieren deshalb in unseren Seminaren energisch, daß jeder Mensch über die Maßen begabt und intelligent ist, und wenn diese Begabung zufälligerweise nicht der Intelligenzart 1 oder 2 entspricht, dann wird besagter Mensch sicherlich in den anderen fünf Intelligenzarten – wie etwa der Raum-Intelligenz, der Körper-Intelligenz, der musikalischen Intelligenz, der zwischen- und/oder der innermenschlichen Intelligenz – glänzen.

Ganz starke Einflüsse auf jeden einzelnen Menschen üben neben den natürlichen Lebensbedingungen die kulturellen Rahmenbedingungen (typische soziale Einflüsse, etwa Erziehung, schulische Maßnahmen, später die berufliche Bildung und Ausübung eines Berufes) aus. Diese latenten Unterschiede sind uns zumeist kaum bewußt und werden erst in der Auseinandersetzung mit anderen Kulturen (bei Reisen, aber auch in Begegnungen und Konfrontationen im eigenen Lande) offenbar.

---

95 Bateson 1988, S. 56.

96 vgl. Radar für Trends – Nov. 1992, Beilage „Brain“.

Grob gesprochen kann man demnach drei Arten von „Grenzen" unterscheiden, die unsere geistige Sinnes-Kapazität beeinflussen, nämlich:

- zum ersten eine **biologisch-physiologische Grenze**, d.h. die genetisch bedingte Qualität unserer Sinnesorgane, deren „Schwächen" durch technische Apparate (Sehhilfen, Hörgeräte) bis zu einem gewissen Leistungsgrad ausgeglichen werden können;
- zum zweiten eine **soziale Grenze**, indem in manchen Kulturen oder Kulturkreisen bestimmten Phänomenen größere Aufmerksamkeit gewidmet wird als in anderen (ein häufig zitiertes Beispiel: Eskimos können ca. 60 Arten von Schnee unterscheiden, wohingegen die Menschen in Europa eher zwischen 60 verschiedenen Geldwährungen denn zwischen Schneearten unterscheiden können!);
- zum dritten eine individuelle **psychologische Grenze**, indem jeder Mensch das ihm zur Verfügung stehende Potential unterschiedlich weit ausnutzt; der eine traut sich Dinge zu, vor denen der andere zurückschreckt, der eine liebt Musik und vermag deshalb sehr differenziert auch Untertöne in einem Gespräch wahrzunehmen, der andere hat sein visuelles Vermögen stärker entwickelt. Und die größten Entwicklungspotentiale sind ohne Zweifel bei dieser letztgenannten Grenze vorhanden.

Dabei sei nochmals betont, daß wir ständig neue Erfahrungen machen, gleich in welchem Lebensalter, welcher Entwicklungsstufe und in welcher Situation wir uns gerade befinden. Selbst ein z.B. tief in einem Kinderwagen eingemummeltes Kleinkind vermag „ungeachtet einiger Beschränkungen" noch differenzierte Sinneserfahrungen zu machen:

„Die Körpermotorik ist durch festgezogenes Bettzeug, Patentwindel und Platzmangel eingeschränkt. Dadurch werden auch Temperaturunterschiede unfühlbar. Die akustischen Eindrücke werden durch auch bei Temperaturen über null Grad Celsius getragene Mützchen, die in der Regel auch die Ohren verdecken, weitgehend abgeschirmt. Nur lautstarke Infantillaute von außen wie ‚Tutu' oder ‚Eiweia' finden noch geringes Interesse des Kindes. Die visuellen Eindrücke in die später zu erobernde Welt werden durch hohes Wagenbord, herabgezogenes Dach, himmelhoch getürmte Kissen und durch Augenfehler verursachende Plastikfenster verhindert. Damit es überhaupt was zu sehen gibt, wird gern ein knallfarbenes Pendeltier direkt vor die Augen des Armen gehängt. Und die Kommunikation? Die wird durch einen Korken im Mund (Schnuller) gestillt."[97]

Sollte man eine Bewertung der Bedeutung einzelner Sinneskanäle in unserem westlichen Kulturkreis vornehmen, so dürften ohne Zweifel dem visuellen und auditiven Kanal die größte Relevanz eingeräumt werden, als Verständigungsmedien kommen Bild und Schrift, das geschriebene und das gesprochene Wort als herausragende Kommunikationsinstrumente in Betracht. Und diese skizzierten spezifischen Anforderungsprofile können dann das Modell der Sinnesmöglichkeiten unversehens zu folgender Struktur verändern:

97 Beyer/Marwitz 1989.

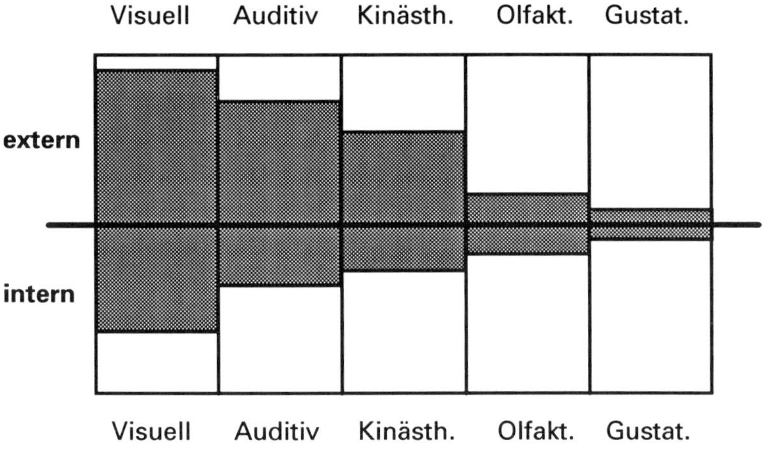

Abb. 9: Das VAKOG-Modell nach Klaus Marwitz: Mögliche Veränderungen aufgrund von kulturspezifischen und individuellen Lernerfahrungen

Wie obige Abbildung verdeutlicht, haben sich die Sinneskanäle unterschiedlich ausgeprägt entwickelt; wir treffen die meisten Entscheidungen, die als Konsequenz auch unser Verhalten beeinflussen, vor allem unter Berücksichtigung von nur drei dieser Sinnesorgane, nämlich des visuellen, auditiven und kinästhetischen Systems; demgegenüber kommt olfaktorischen und gustatorischen Eindrücken nur in besonderen Situationen und Kontexten, etwa bei einem guten Essen oder beim Sex, stärkere Bedeutung bei.

Doch wenden wir uns kurz noch dem **Gedächtnissystem** zu: Es befinden sich etwa 10^{10} bis 10^{11} Neuronen im menschlichen Gehirn mit etwa fünfhundert Billionen Synapsen (Schaltstellen), die dafür sorgen, daß wir gezielt denken und uns erinnern können, und daß diese Erinnerungen in ihrer Gesamtheit zu sinnvollen, kontrollierten Ergebnissen führen.

Eine Information gelangt vom Sensorischen System in den Kurzzeitspeicher nur dann, wenn dort eine gewisse Aufnahmebereitschaft vorhanden und die Möglichkeit zur assoziativen Verknüpfung gegeben ist; d.h., je mehr Repräsentationssysteme (Sinneskanäle) eine Information in das **Kurzzeitgedächtnis** übertragen, um so größer ist die Chance, daß sich dort Assoziationsmöglichkeiten auftun.

Wenn die Information schließlich über bestimmte „Pfade" in das **Langzeitgedächtnis** gelangt ist, dann kann sie praktisch nicht mehr vergessen werden. Denn unser Gehirn nimmt – ähnlich wie ein Hifi-Gerät mit Endlosband – jedes derartig repräsentierte Erlebnis seit unserer Geburt (oder sogar schon davor) auf und speichert es. Obwohl das Langzeitgedächtnis – so gesehen – ein System von unbegrenzter Kapazität darstellt, ergeben sich jedoch häufig Probleme beim Auffinden der gespeicherten Daten. Insbesondere streßbedingte Denkblockaden, aber auch unzulängliche assoziative Verknüpfungen, ungeeignete Strukturierungen oder mangelhafte bzw. schwache Auslöserreize hemmen oftmals das rasche Auffinden und Wiedergeben der benötigten Information.

Mit Blick auf die schon mehrfach angesprochene systematische Nutzung des eigenen Gehirnpotentials sind viele der hier angedeuteten Probleme „hausgemacht", d.h. sie sind mit der betreffenden Person verbunden und können durch einige konstruktive Veränderungen behoben werden. Das Kreative Brainwriting bietet dazu viele gute Vorschläge, die das Erarbeiten, Aufbereiten und Erinnern von relevanten situativen und kontextbezogenen Eindrücken erleichtern helfen.

Ähnlich wie im Sensorischen System muß das Gehirn auch im Gedächtnissystem wahre Höchstleistungen vollbringen, um jederzeit up-to-date und kompetent sein zu können. Eine Vorstellung über die gewaltige Menge an potentiellen Informationen, die sekündlich unserem Gehirn zur Verfügung stehen und von diesem verarbeitet werden müssen, gibt das nachfolgende Zahlenbeispiel.[98]

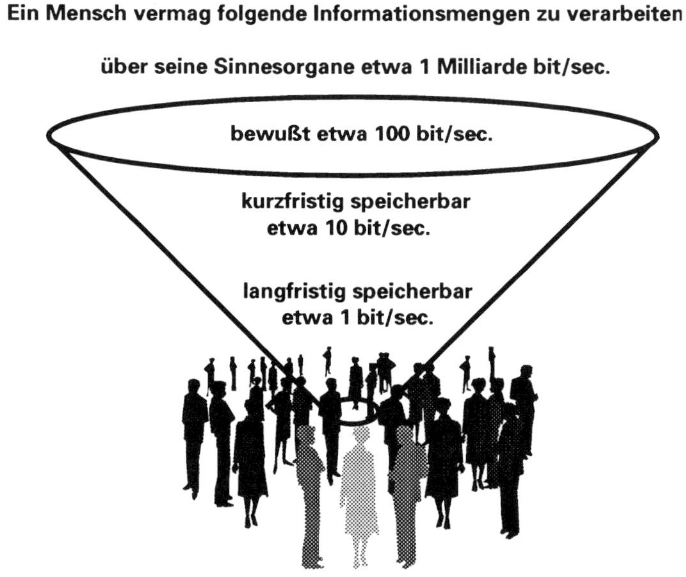

Abb. 10: Quantitative Beschreibung des Prozesses der Informationssichtung

Die in Abbildung 10 vorgeführte „Redundanz“ (d.h. die äußerst starke Filterung der Informationsmenge) macht weiterhin darauf aufmerksam, wie überlebenswichtig es in jeder Situation für jeden Menschen ist, wichtige und weniger wichtige, dringliche und weniger

98 vgl. Schiermann 1987, S. 22; Bachmann 1991, S. 118.

dringliche Eindrücke voneinander unterscheiden zu lernen. Hier sei der Hinweis auf das nächste Kapitel gegeben, denn die „Auswahl" der bewußten Sinneseindrücke ist weniger eine quantitative als vielmehr eine qualitative Problemstellung und daher wiederum eine Frage der systematischen Gehirnnutzung.

5.3.3 Zwei in eins: Die Hemisphärentheorie

Wenn man sich die wissenschaftlichen Erkenntnisse über den Aufbau des Gehirns vergegenwärtigt, so wird neben den Erkenntnissen zur Speicherung von Information vor allem ein weiterer Gesichtspunkt als äußerst bedeutsame Entdeckung der Hirnforschung eingestuft, nämlich die Tatsache der **Existenz zweier Hirnhemisphären**, die unterschiedliche sensorische und motorische Funktionsareale definieren.

Die von der Natur angelegte Lateralisierung im Gehirn hat schon Hippokrates zu Spekulationen über die unterschiedliche Aufgabenstellung der beiden Hirnhälften veranlaßt. Doch erst die Anfang der 80er Jahre dieses Jahrhunderts erfolgten Untersuchungen von sog. „Split-Brain-Patienten", d.h. von Menschen, bei denen die Kommunikation zwischen den beiden Hirnhälften durch die ganz oder teilweise erfolgte Durchtrennung der Verbindungsstränge (des „Corpus Callosum") verändert wurde, waren in der Folgezeit die Basis für (mehr oder weniger) fundierte Spekulationen über Funktions- und Aufgabenverteilung im gesamten Gehirn.

Tendentiell lassen sich dabei schon Hinweise bestätigen, daß **die linke Hirnhälfte** eher zuständig ist für lineares und digitales Denken, also u.a. für Analyse, Mathematik, Organisation, logisches Denken, Sprache, Lesen, Planung, Details etc., wohingegen **die**

rechte Hirnhälfte eher verantwortlich zeichnet für assoziatives bzw. analoges Denken, hierunter fallen u. a. Körpersprache, Rhythmus, Tanz, ganzheitliche Erfahrungen, Emotionen, Synthese, Bilder.

Die nachfolgende Abbildung 11 gibt einen detaillierten Überblick über die Funktionseinteilung des Großhirns, wie sie aufgrund der vorliegenden Untersuchungen für didaktisch-methodische Zwecke entwickelt worden ist:

Linke Hemisphäre **Die „Wort"-Bibliothek**	**Rechte Hemisphäre** **Die „Bild"-Bibliothek**
• verarbeitet Informationen nacheinander	• verarbeitet Informationen gleichzeitig
• hält eine Reihenfolge ein: auf A folgt B und danach C usw.	• erfaßt simultan ein komplexes Bild
• registriert einzelne Informationen	• erfaßt das Ganze
• zergliedert die Welt in überschaubare Ausschnitte und Teile (analytisch), wichtig sind dabei die Unterschiede zwischen den Teilen oder Ausschnitten	• fügt die einzelnen Aspekte zu einer Ganzheit zusammen, wichtig sind hier die Verbindungen
• hält sich an das strenge Ursache-Wirkungs-Prinzip, denkt linear	• läßt Ähnlichkeiten und Entsprechungen (Analogien) zu, denkt bildhaft
• konzentriert sich auf quantitativ nachweisbare Fakten	• reagiert auf qualitative, situativ-bedeutsame Aspekte: Emotionen
• entwickelt Ideen nach vorliegenden Regeln: hält sich an vorgegebene, festliegende Strukturen, ist dabei stark auf die schon gespeicherten und organisierten Informationen angewiesen	• entwickelt Ideen nach offenen, assoziativ-sprunghaften Gesichtspunkten: hält sich an qualitative, nicht quantifizierbare Strukturen, welche sich um stark gefühlsbesetzte Bilder herum gruppieren

Linke Hemisphäre Die „Wort"-Bibliothek	Rechte Hemisphäre Die „Bild"-Bibliothek
• hat eine ausgebaute Syntax: verknüpft Wörter nach grammatischen Regeln	• verfügt nur über eine begrenzte Syntax: reagiert auf den Bildgehalt von Wörtern, ruft Sätze als geschlossene Einheiten ab, z.B. den Wortlaut eines Liedes, eines Gedichts oder Abzählreims
• erinnert sich an komplexe Bewegungsfolgen	• erinnert sich an komplexe Bilder
• verfügt über Sprache, verwendet Wörter primär als Zeichen	• ist stumm, benutzt Bilder, keine Worte; ist empfänglich für den Klang von Wörtern

Abb. 11: Die „Arbeitsteilung" im Gehirn: Charakterisierung der linken und rechten Hirnhemisphäre nach ihren jeweils dominierenden Funktionen

Die **wissenschaftliche Relevanz der Hemisphären-Theorie** ist sicherlich umstritten, da sie wenig haltbar und experimentell bei gesunden Menschen kaum nachweisbar ist, in welcher Weise die beiden Hirnhälften – wie oben beschrieben – im einzelnen miteinander kommunizieren. Daher könnte eine differenzierte Benennung der „Stärken und Schwächen" der einzelnen Hirnhälften leicht dazu verleiten, diese gegeneinander ausspielen zu wollen. Doch ein derartiges Vorhaben wäre von vornherein zum Scheitern verurteilt. Denn – so betont Levy zu Recht –, wir haben als gesunde Menschen mit unserem Gehirn ein einzigartig differenziertes Instrument zur Verfügung, in welchem jede Hälfte mit ihren besonderen Fähigkeiten arbeitet.[99] Und dieses Zusammenspiel zu erleben

99 vgl. Levy 1986, S. 37.

und zu fördern, sollte einzig Aufgabe einer hemisphärenbetonten Betrachtung sein.

Ungeachtet ihres theoretischen Mangels kann die Hemisphären-Theorie **unter didaktisch-methodischen Gesichtspunkten** dennoch ein sehr fruchtbares Denk-Instrument sein, indem mit ihrer Hilfe vielfach vorhandene lernpädagogische Grenzen überwunden werden. Wir denken dabei an die in den Schulen immer noch vorherrschende Dominanz linear-kognitiver Denkvorgänge (im Hemisphärenmodell sog. „linkshirnige Prozesse"), die zwar einzelne Zahlen, Daten und Fakten betonen, aber vielfach dem Gesamtzusammenhang keine Beachtung schenken. Als Ergänzung dazu sind ganzheitlich-assoziative Prozesse zu fördern, um die „mentale Ausgewogenheit" im Lernprozeß zu gewährleisten. In analoger Weise sei auch an die bisherige Betonung visueller Einzel-Aspekte zugunsten mehrsinniger, bildhafter Aussagen oder auch an die Dominanz verbaler Erklärungsversuche zugunsten nonverbaler und emotionaler Arrangements erinnert.

Um es klar und deutlich auszusprechen: Es geht uns hier nicht darum, daß das Pendel jetzt völlig auf die andere Seite umschlägt, sondern es geht uns darum, ein stetiges Hin-(Links-) und Her-(Rechts-)Pendeln überhaupt erst einzuleiten, um auf diese Weise das Lernen insgesamt zu fördern.

Das Kreative Brainwriting erfüllt aus mehreren Gründen die in diesem Denkmodell gemachten Vorgaben: Als Aufzeichnungsmethode ist das Kreative Brainwriting von seiner Anlage her eher ganzheitlich-bildhafter Natur, wobei jedoch eine sinnesspezifisch differenzierte und damit „linkshirnig" orientierte Erarbeitung durch die nahezu unbegrenzten Verzweigungsmöglichkeiten gleichfalls gegeben ist. In ähnlicher Weise lassen sich sowohl eher assoziative Erarbeitungen als auch thematisch-inhaltliche Aufgabenstellungen im engeren Sinne bearbeiten.

Fazit: Diese Lernmethode ist in gewisser Weise mit den Fähigkeiten eines Chamäleons vergleichbar. Sie vermag sich ebenso an die situationsspezifischen Lernbedingungen anzupassen, als auch die innere Bereitschaft des Lernenden optimal anzusprechen und zu stabilisieren. Eine ähnliche Anwendungsbreite ist von keinem vergleichbaren Konzept bekannt, so daß das Kreative Brainwriting ohne Zweifel die vorhandenen Nutzungspotentiale unseres Gehirns optimal ausschöpfen hilft.

5.3.4 Drei in eins: Das Tri-Une-Brain-Modell

Als zentrales Regulationsorgan für jede Art von Tätigkeit hat sich das menschliche Gehirn im Verlaufe der Evolution erst nach und nach entwickelt, bis es seine heutige Form, Zusammensetzung und Größe erreicht hat. Nimmt man einen *senkrechten Querschnitt* des Hirns vor, so lassen sich drei Teilbereiche des Gehirns unterscheiden, die drei verschiedenen Phasen der menschlichen Entwicklung zugeordnet werden können. Es handelt sich dabei um

- den Hirnstamm (auch als Stammhirn oder Reptilienhirn bezeichnet),
- das Zwischenhirn (oder Limbisches System genannt) und
- das Großhirn (Neocortex).[100]

100 vgl. Eccles 1975, S. 17.

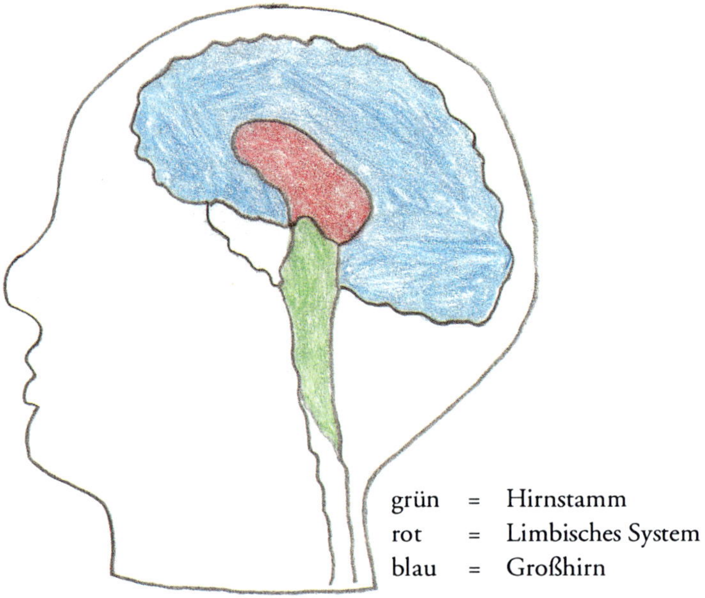

Der sog. ***Hirnstamm*** *ist eindeutig der stammesgeschichtlich älteste Teil des Gehirns. Ihm obliegen vor allem die Steuerung unwillkürlicher Funktionen (Stoffwechsel, Blutkreislauf, Herzschlag, Atmung, Schlafrhythmus), der Instinkte (einfache Reflexe) sowie der Mechanismen, die der Arterhaltung dienen (Fortpflanzung, Brutpflege, territoriale Ansprüche). Seine Wirkungsweise wird nach Spinola und Peschanel als* ***vergangenheitsbezogen*** *eingeschätzt, aufgrund seiner Ausrichtung auf nur wenige Präzedenzfalle ist seine Lernfähigkeit äußerst begrenzt.*[101]

Das ***Zwischenhirn*** *ist hingegen für gemütsbedingte Antriebe verantwortlich; darüber hinaus können Verletzungen, Infektionen, Schmerzen u.a. zu Streßerscheinungen in diesem Gehirnteil führen, die bei längerfristigen*

101 Spinola/Peschanel – 1989, S. 12 – sprechen sogar von „nicht lernfähig".

Störungen sogar Angstgefühle, Aggressivität und Depressionen auslösen können. Die Lernfähigkeit dieses Gehirnteils steht außer Frage. Von seiner Orientierung her ist es stark auf die ***Gegenwart*** *ausgerichtet.*

Der entwicklungsgeschichtlich jüngste Teil des Gehirns ist das ***Großhirn****. Es ist der Sitz der höheren geistigen Funktionen wie Sprache, Logik, Vorstellungsvermögen, Erkenntnisfähigkeit (im Sinne von Verstehen), Abstraktionsfähigkeit, das Arbeiten mit Mustern, Modellen, Analogien etc. Seine* ***Zukunftsorientierung*** *drückt sich in den Fähigkeiten zum geplanten und vorausschauenden Denken aus. Insbesondere hat in diesem Gehirnteil das sog. „Selbst-Bewußtsein" des Menschen seinen Platz, die Fähigkeit, sich selbst zu begreifen und sich zu seiner Umwelt in Beziehung zu setzen.*[102]

Angesichts dieser aus der Querschnittsanalyse des Gehirns gewonnenen Erkenntnisse ist es nicht mehr verwunderlich, daß man – analog zum horizontalen Hemisphärenmodell – ebenfalls das Zusammenspiel der einzelnen Gehirnbereiche modellartig – eben als sog. „Tri-Une-Brain" – erfassen möchte. Dieser Begriff versucht dabei das Phänomen zu beschreiben, daß das Gehirn kein einheitliches Organ darstellt, sondern „gewissermaßen drei biologische Computer unterschiedlicher Bauart, ... und einem sehr unterschiedlichen Alter in der Geschichte des Gehirns".[103]

Zwar gibt es Verbindungen zwischen den einzelnen Teilbereichen, diese Verbindungen sind aber – mit Blick auf die vielschichtigen Gehirnaktivitäten und die ungeheure Komplexität der permanent zu vollziehenden Steuerungsaufgaben des Gehirns – als nicht sehr zahlreich zu bezeichnen:

- Demzufolge können – nach Spinola und Peschanel – Abstimmungen zwischen den Teilbereichen nur bedingt erfolgen, und

102 vgl. Spinola/Peschanel 1989, S. 12ff.

103 Wagner 1989, S. 5.

als Konsequenz daraus kann man sogar davon sprechen, daß jeder Teilbereich relativ unabhängig von den anderen auf das jeweilige Verhalten eines Menschen einwirken kann.[104]

- Zeier ist hingegen schon der Ansicht, daß die einzelnen Hirnteile als funktionierendes Ganzes zu deuten sind. Um nun das Verhalten eines Menschen zu verstehen, sind Informationen darüber vonnöten, wie sich die stammesgeschichtlich und individualgeschichtlich erworbene Lebenserfahrung des einzelnen ergänzen und welche Rolle die verschiedenen Hirnteile in diesem Zusammenhang spielen.

- Auch Blum betont die Kooperation der drei Teilbereiche des Gehirns, schließt aber ihre jeweiligen eigenständigen Funktionen nicht aus. Eine führende Rolle übernimmt hierbei das Großhirn, das für ihn die Aufgabe eines „Harmoniedirigenten" spielt, eines homöostatischen Reglers, welcher die Hirnfunktionen untereinander auspendelt (Synergie-Mechanismus).

Mit Blick auf eine Umsetzung im **Kreativen Brainwriting** ist es relativ gleichgültig, welche der drei Positionen man nun selbst vertritt. Denn Einigkeit besteht dahingehend, daß neben dem Großhirn, welches doch im wesentlichen die Hemisphärentheorie beschreibt, auch andere Hirnteile vorhanden sind, die – mehr oder weniger autonom – gleichfalls in Lern- oder Arbeitssituationen den Erfolg mitbestimmen.

Wir haben in unseren Seminaren immer wieder die Erfahrung gemacht, daß der entscheidende Schritt zum Verständnis des Kreativen Brainwriting dann getan ist, wenn Menschen emotional ausbalanciert sind, wenn sie sich trauen, ihre Gedanken einfach mal

104 vgl. Spinola/Peschanel 1989, S. 13.

„fließen" zu lassen, wenn sie sich in einen Gedankenstrom hineinwagen und darin eine Weile mittreiben lassen, bevor sie wieder beginnen, willentlich (strukturierend, ordnend, kontrollierend, organisierend, ...) die Schwimmrichtung zu bestimmen. Und uns wurde klar, daß dieser besagte Schritt weniger logischer als vielmehr emotionaler Natur ist und deshalb sowohl die Innenwelt des Akteurs als auch die Handlungsumgebung als aktiv gestaltbare Größen betrachtet werden müssen.

5.3.5 X in eins: Das Multimind-Modell

Neben dem Tri-Une-Brain-Modell sei als zweite Ergänzung bzw. Erweiterung des Hemisphären-Modells das von Robert Ornstein entwickelte Multimind-Modell vorgestellt. Ornstein revidiert mit seinem Ansatz die bisherige Idee traditioneller Hirnforschung, indem er gar nicht mehr von einem bzw. dem menschlichen Geist ausgeht, sondern der enormen Vielschichtigkeit und plastischen Veränderbarkeit des menschlichen Geistes Respekt zollt, indem er die Metapher der „Multiminds" vewendet; viele kleine Geister mit jeweils begrenzten Aufgabenstellungen und auf unterschiedlichen Ebenen beheimatet, bilden demnach das **mentale Betriebssystem** (MOS = Mental Operating System) und damit „den menschlichen Geist". Die einzelnen Multimind-Ebenen können dabei wie folgt gekennzeichnet werden:[105]

105 vgl. Schuler 1992, S. 14.

E 6:	Bewußtheit / Bewußtsein	=	Meta-Ebene (situationsspezifische Aktivierung und Kombinierung der Talente und kleinen Geister)
E 5:	Kleine Geister	=	komplexe Fähigkeiten, die das Handeln ermöglichen
E 4:	Talente	=	einfache mentale Fähigkeiten
E 3:	Module	=	bereichsspezifische datenverarbeitende Bausteine
E 1 + 2:	neurale Prozesse und Reflexe	=	festgelegte Reaktionen und grundlegende neurale Transformationen

Diese sechs hierarchischen Ebenen (E 1 – 6) sind folgendermaßen miteinander verbunden: Das Anspruchsniveau der gestellten Aufgabe entscheidet zunächst, welche Ebene überhaupt als „Dirigent" oder als „Organisator" verantwortlich ist. Diese Ebene bedient sich nun bei den niedrigeren Ebenen, indem sie die jeweils benötigten Bauelemente so zusammenfügt, daß die anstehende Aufgabe gelöst wird.

Obwohl Menschen grundsätzlich auf unzählige verschiedenartige Art und Weise tätig sein können, greifen sie nach Ornstein doch immer wieder auf ganz bestimmte Verhaltensstrategien (G 1 bis 4) zurück; und zwar bevorzugen Menschen Informationen,

- deren Entstehung / Aktualität nur kurze Zeit zurückliegen (unmittelbar, gerade neu, ganz frisch wahrgenommen) (G 1),
- die als sensationell oder als sehr lebendig eingestuft werden (G 2),
- die sich mit gerade im Augenblick aktivierten Talenten ergänzen (G 3) und
- die als typisch für das jeweilige Ereignis oder die jeweilige Person eingestuft werden (G 4).

Durch die Kombination der verschiedenen Ebenen mit den Grundstrategien erklärt Ornstein die unvorstellbare Flexibilität und Variabilität des menschlichen Verhaltens. Denn wir verfügen über eine nahezu unvorstellbar große Anzahl von „kleinen Geistern“, „Talenten“, „Talentteilen“ und „Modulen“. Da sich aber unser Bewußtsein zu einem Zeitpunkt immer nur auf einige wenige Punkte zu konzentrieren vermag, können wir nicht gleichzeitig zu allen unseren Talenten Zugang haben. Je nach Situation – so interpretiert Ornstein sein Konzept – „rollen“ wir je nach Bedarf das eine oder andere Talent in unser Bewußtsein und, wenn dieses seinen Job getan hat, rollen wir es wieder hinaus, um Platz für andere Talente zu erhalten.[106]

Bezeichnenderweise bezieht sich Ornstein mit seinem Modell nicht mehr auf physiologische Strukturen des Gehirns (linke – rechte Hemisphäre bzw. Entwicklungsalter der einzelnen Gehirnteile), sondern betont vielmehr die ungeheure Plastizität (Veränderbarkeit) und vielfältige Variabilität des Gehirns. So gesehen, gleicht seine interpretierende Beschreibung der einzelnen Multimind-Ebenen einer „Hymne“ über dieses einzigartige Organ.

Mit seinem Beitrag ist es Robert Ornstein gelungen, die in den letzten Jahren eingeschliffenen Denkschablonen (zum Beispiel, „wie das Gehirn organisiert sei und weshalb deshalb zwingend aus ... abgeleitet werden müsse“) zum Thema „Gehirn und Gehirnforschung“ auf ihre Gültigkeit hin zu hinterfragen: „Ich glaube nicht“, so seine Schlußfolgerung, „daß dieses Buch zu irgendeinem Schluß kommt, aber ich hoffe, daß es einige Türen öffnet, und daß Sie, lieber Leser, über einige Probleme anders nachdenken werden als bisher und sie vielleicht auch anders anpacken.«[107]

106 vgl. Ornstein 1989, S. 88f.

Im Grunde genommen unterstreicht diese Aussage auch den Anspruch des Kreativen Brainwriting, nämlich Denk-, Lern-, Arbeits-, Handlungsgewohnheiten aufzubrechen, um dadurch den Zugang freizulegen zu Potentialen, die mit den liebgewordenen und gewohnten Mitteln nicht erreichbar, ja vielfach auch gar nicht mehr nachvollziehbar sind. Wenn wir aus heutiger Perspektive über das Lernen mit unserem „Denkzeug" Gehirn reflektieren, dann gilt es mehr denn je, neue Wege einzuschlagen, im Nachdenken über unser Denkmittel als auch in der Nutzbarmachung seines Potentials. Und dann ist es geboten, „alte Zöpfe" abzuschneiden ...

Eine abschließende Bewertung dieser Modelle sei vor allem aus pädagogisch-didaktischer Sicht gegeben: Danach ist es von Vorteil, mit Erklärungsmodellen zu arbeiten, da mit deren Hilfe die doch äußerst komplexe und komplizierte Arbeit des menschlichen Bewußtseins auf ein erträgliches und nachvollziehbares Maß zurückgeführt wird. Dies ist neben der grundsätzlichen Erklärungsfunktion das hauptsächliche Argument für derartige Modelle.

Für das Kreative Brainwriting sind folgende Zusammenhänge deutlich geworden: Denken ist eine äußerst komplexe Handlung; diese benötigt gewisse Strukturen und Vorgehensweisen, um effizient ausgeführt werden zu können. Die hier vorgestellten Denk-Modelle haben auf der einen Seite vorgeführt, zu welch gewaltiger Leistung unser Gehirn „laufend" fähig und bereit sein muß; deshalb ist die Suche nach „Erleichterungen" bzw. auch strukturellen „Erleuchtungen" für den Prozeß des Denkens unumgänglich. Dies kann und wird das Kreative Brainwriting leisten.

107 vgl. Ornstein 1989, S. 88f.

Nutzen Sie Ihre neugewonnenen Fähigkeiten und fassen Sie Kapitel 5 als Brain-Map auf der folgenden Leerseite zusammen.

↓

6 Das Neurolinguistische Programmieren (NLP) – die Rahmentheorie des Kreativen Brainwriting

6.1 NLP – die Struktur des subjektiven Erlebens kennenlernen

Unter psychologischen Gesichtspunkten ist die Frage von zentralem Interesse, ob es grundsätzlich möglich ist, sein Gehirn zu beeinflussen, wenn nicht gar zu steuern? Man kann diese Frage noch pointierter formulieren: Ist unser Gehirn wirklich uns dienstbar oder sind wir als Gesamtorganismus lediglich Erfüllungsgehilfe unseres Gehirns?

Richard Bandler, einer der Begründer des Neurolinguistischen Programmierens (NLP), hat diese Problematik in einem Bildwort thematisiert; seine Frage, wer steuert eigentlich den Bus?[108], beantwortet er in der Weise, daß er sehr wohl Möglichkeiten sieht, die Kontrolle über sein Gehirn zu bekommen und mit dessen Hilfe in positiv gestalterischer Absicht seine Innen-Welt und Um-Welt gezielt zu beeinflussen.

---

108 vgl. Bandler 1987, S. 19ff.

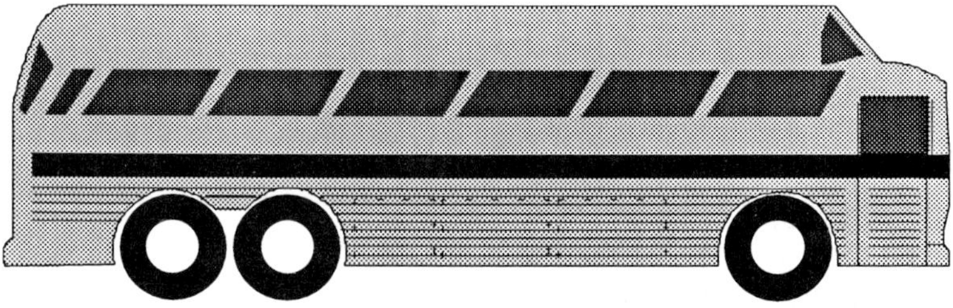

Wer steuert den Bus?

Bandler geht sogar noch einen Schritt weiter: Denn die Aussage, das Gehirn sei steuerbar, macht ja nur dann Sinn, wenn man auch nach den Steuerinstrumenten sucht, nach den Perspektiven, Modellen und Methoden, mit deren Hilfe „der Bus (unser Gehirn)" gesteuert werden kann.

Das Ergebnis dieser Untersuchungen ist als **Neurolinguistisches Programmieren (NLP)** bekannt geworden; es handelt sich hierbei um ein Konzept, welches die systematische Steuerung unseres Gehirns erforscht und zu trainierbaren Lerneinheiten zusammenfaßt.

Das NLP-Konzept berücksichtigt dabei viele der in früheren Abschnitten dieser theoretischen Einführung gemachten Erkenntnisse: So ist es zum Beispiel *inhaltsneutral*, d.h. es konzentriert sich nicht auf spezifische Inhalte, sondern vielmehr auf die „**Struktur des subjektiven Erlebens**", d.h. auf die den unzähligen Inhalten gemeinsamen Verbundelemente, und es vermag über die Kenntnis dieser Verbundelemente dann wieder Einfluß auf die konkreten Inhalte zu nehmen. Die nachfolgende Abbildung mag diesen Ansatz näher verdeutlichen:

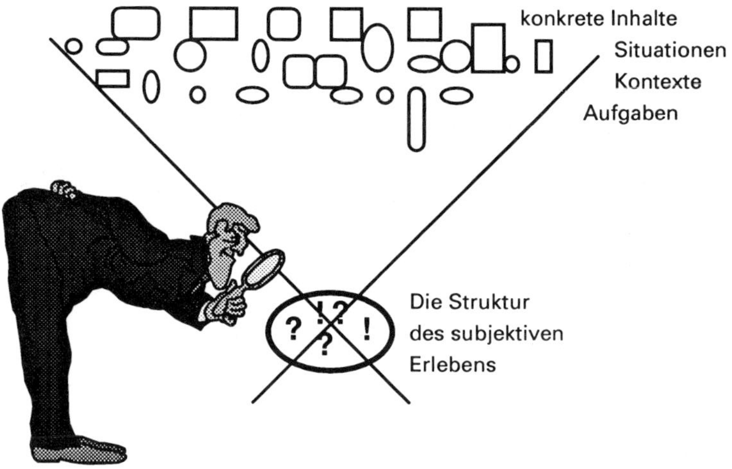

Jede dieser geometrischen Figuren mag für einen anderen Inhalt, für andere Aufgaben, Situationen und Kontexte stehen, mit denen ein Mensch im Laufe eines Lebensabschnitts (ein Tag, eine Woche, ein Jahr, etc.) konfrontiert ist; trotz ihrer Verschiedenartigkeiten (berufliche und private Verpflichtungen, zeitlich begrenzte und sehr langwierige, in sich abgeschlossene und fortwährend andauernde Projekte, Einzeltätigkeiten und Teamarbeiten, ...) gibt es **gemeinsame Elemente**, die sämtliche Tätigkeiten, sämtliche Handlungssituationen durchziehen. Die Suche nach diesen gemeinsamen Elementen ist Aufgabe des NLP.

Das NLP als strukturorientierter Ansatz ist vor allem deshalb so gut geeignet, weil man hierdurch Veränderungen in unzähligen Inhalten, Situationen und Kontexten auslösen kann (vom Allgemeinen zum Besonderen gelangen), wohingegen eine Konzentration etwa auf inhaltliche Gegebenheiten oft nur für diesen einen speziellen Inhalt Gültigkeit besitzt, die Übertragung auf andere Inhalte jedoch nicht so ohne weiteres möglich ist (vom Speziellen zum Allgemeinen).

Diese Vorgehensweise können Sie sich folgendermaßen verdeutlichen:

Treten Sie einmal so nahe an ein Bild heran, daß Ihre Nasenspitze die Bildoberfläche berührt. Was können Sie in dieser Situation noch vom Bild erkennen? Sie werden leicht einzelne Flächen unterscheiden können, farblich hellere und dunklere, größere und kleinere Flächen; etwas schwieriger dürfte schon sein, den „Sinn" dieser Flächen (Was genau stellen sie dar?) zu erkennen; völlig unmöglich ist es, aus dieser Perspektive das gesamte Bild zu erfassen.

Nun treten Sie einmal einen großen Schritt zurück und überprüfen, was Sie aus dieser Perspektive vom Bild wahrnehmen. Beachten Sie vor allem die Unterschiede zwischen den beiden Perspektiven, was Sie „fast im Bild stehend" und was Sie aus einiger Distanz wahrnehmen können.

So ähnlich kann die Vorgehensweise und der Ansatzpunkt des NLP gedeutet werden: Wir treten einige Schritte (aus unserer Realität) heraus, um uns auf die Strukturen konzentrieren zu können, die zwar in vielen Teilen des Bildes präsent sind, die wir aber in den „Live-Situationen" oft nicht wahrnehmen können.

In vielen Trainingskonzepten wird leider immer noch stark inhaltsbezogen trainiert, mit den Folgen, daß Teilnehmer dann zwangsläufig nach einzelnen Fakten „als Strohhalme" greifen, durch die unvermeidliche Fülle der wissenswerten Fakten jedoch regelmäßig überfordert werden. Vielfach wird dann nach dem eindimensionalen „Wenn ... – Dann ..."-Schema trainiert (etwa im Verkaufstraining: „Wenn der Kunde sagt, ..., dann antworte ..." – „Sollte der Kunde hingegen, ..., dann ist ... geboten"). Dieses Schema bietet zwar subjektiv ein Gefühl der Sicherheit („Man weiß jetzt, was man in den Situationen x und y antworten könnte!"), aus einiger Distanz betrachtet, machen diese Frage-Antwort-Trainings wenig Sinn: Denn wann fragt ein Kunde wirklich „genau so", wie es im Training gelehrt wurde?

Da sich aber kein Mensch leisten kann, jede Situation immer wieder von Grund auf neu „erfinden“ zu müssen, greifen Menschen beständig auf „bewährte Verhaltensweisen“ zurück, einfach um Zeit und Energie zu sparen, um ihre Aufmerksamkeit wieder anderen Dingen, Verpflichtungen, Aufgaben, Rollen etc. zuwenden zu können.

Es ist nur zu verständlich, daß bei diesem Verhaltensmuster angesichts der vielen unterschiedlichen Anforderungen, denen Menschen tagtäglich begegnen, von Zeit zu Zeit der Überblick verlorengeht und eine Neuorientierung notwendig wird. In der Regel gelingt dies dann auch „irgendwie“, aber es kann in solchen Krisen-Situationen (oder Scheidewegen) auch passieren, daß Menschen unversehens an ihre „Grenzen“ stoßen und plötzlich nicht mehr weiterwissen.

Im Grunde genommen ist das NLP für diese Sondersituationen geschaffen worden, denn es war ja ursprünglich als ein Hilfsinstrument für Therapeuten gedacht, die in ihrem Beruf mit Menschen zu tun hatten, die nicht mehr aus noch ein wußten.

Doch warum muß man es eigentlich so weit kommen lassen? Warum kann man nicht schon früher eingreifen und die Weichen so stellen, daß es gar nicht erst zu einer „Katastrophe“ kommt? Diese Fragen haben sich vornehmlich die NLP-Entwickler gestellt, als sie erkannten, daß man mit Hilfe ihres Konzepts auch in ganz anderen (Wirtschaft, Pädagogik, Medizin, Jura, ...) als dem therapeutischen Bereich positive Veränderungen bewirken konnte. Bandler schreibt:

> „Ein wesentliches Charakteristikum des Neurolinguistischen Programmierens ist eine bestimmte Art und Weise, menschliches Lernen zu betrachten. Obwohl viele Psychologen ... NLP verwenden, um das zu tun, was sie Therapie nennen, denke ich, daß es angemessener ist, **NLP**

als lernpädagogischen Prozeß zu bezeichnen. Im Grunde genommen entwickeln wir Methoden, um Menschen beizubringen, wie sie ihr eigenes Gehirn nutzen können.«[109]

Nun wurde das NLP-Konzept bei seiner weiteren Verbreitung sicher nicht nur positiv und bereitwillig aufgenommen, denn auf dem Weg zu „neuen Ufern“ mußte mancher „alte Zopf“ dran glauben[110] ... und das hat die Beliebtheit der NLP-Erfinder in den frühen Jahren in therapeutischen und in anderen Fach-Kreisen nicht unbedingt gefördert. Manche Vorurteile aus den Gründerjahren des NLP haben ihren Ursprung in derartigen traditionsbewußten Beharrungskräften, die sich an das Neuartige und vor allem an die Geschwindigkeiten im Veränderungsprozeß nicht gewöhnen konnten oder wollten.

In mehrfacher Weise stellt das NLP-Konzept eine sinnvolle Ergänzung des in Kapitel 5.3.5 vorgestellten **Multimind-Modells** dar. Denn während dort mehr die ungeheure Plastizität des menschlichen Geistes, des „Multimind“, im Blick auf konkrete Aufgaben (das durch das mentale Betriebssystem gesteuerte Aktivieren und Deaktivieren der kleinen Geister, Talente, Module) erläutert wurde, stehen beim NLP-Konzept eher die Strukturen selbst im Mittelpunkt, d.h. es interessiert mehr der Aufbau und die Beziehung zwischen den einzelnen Bauelementen des subjektiven Erlebens. Hier wie dort betonen aber beide Ansätze die vor allem aus der Chaosforschung schon bekannte Erkenntnis, daß im Grunde

109 Bandler 1987, S. 19 (Hervorhebung durch die Autoren).

110 Wir denken dabei zum Beispiel an ihre Kritik der landläufigen psychologischen Vorgehensweise: „Ein ... Problem mit der üblichen Psychologie besteht darin, daß sie gestörte Menschen untersucht, um herauszufinden, wie man sie wieder herstellt. Das ist so, als ob man Autos auf einem Schrottplatz untersucht, um herauszufinden, wie Autos besser funktionieren können“ – Bandler 1987, S. 28.

genommen nur wenige Bauelemente genügen, um das menschliche Verhalten dennoch hinreichend erfassen zu können. (Eine Übersicht über die gegenwärtig vorhandenen Bauelemente des NLP gibt Kapitel 6.5.)

Weshalb konzentriert sich das NLP-Konzept eigentlich auf das „**subjektive Erleben**"? Dafür gibt es vor allem einen Grund: Das NLP möchte sich von gängigen wissenschaftlichen Richtungen abgrenzen, die sog. „objektive Verhaltensforschung" betreiben und etwa aus Tierversuchen oder Laborsituationen Rückschlüsse auf menschliches Verhalten ziehen.

> „Was wir im Grunde tun, ist wenig Aufmerksamkeit auf das zu richten, was die Leute sagen, daß sie tun, und viel mehr Aufmerksamkeit auf das zu richten, was sie tun. Und dann bauen wir uns ein Modell von dem, was sie tun. ... Wir haben keine Ahnung von der ‚wirklichen' Natur der Dinge, und wir sind nicht sonderlich daran interessiert, was ‚wahr' ist. Die Funktion der Modellbildung besteht darin, zu Beschreibungen zu kommen, die nützlich sind."[111]

Diese Erkenntnisse kann man aber nur in der Praxis, im Alltag, erwerben. Denn nur dort erlebt man die Menschen so, wie sie sind. Und es macht wenig Sinn, künstliche Mauern zu ziehen, nur um bestimmte Aspekte besser erkennen zu können. Denn durch die Mauern verändert man ja schon das Verhalten von Menschen ... und damit auch die Ergebnisse und den Wert der daraus abgeleiteten Aussagen. Das NLP akzeptiert als einzige Situation die „Real-Life-Situation" und möchte ausschließlich dort ihre Modelle erproben. **Dies gilt auch für die Arbeit mit NLP in Seminaren: Was Menschen konkret tun und lassen, das ist das Thema!!!**

111 Bandler/Grinder 1981, S. 23.

6.2 Die Konzeptidee: Den Unterschied herausarbeiten, der den Unterschied ausmacht ...

Doch Bandler und Grinder sind bei ihren Untersuchungen nicht dabei stehengeblieben, nur diese Strukturen herauszuarbeiten, sondern sie interessierte auch der Gesichtspunkt, weshalb manche Menschen mit ihren Handlungen erfolgreich sind und weshalb andere nicht. Oder anders ausgedrückt: Sie wollen herausfinden, was den Unterschied ausmacht, der den Unterschied ausmacht: Was macht der eine Mensch „anders“ (besser, effizienter, eleganter, präziser, schneller, ...) als der andere?

Dieser Gedanke hat sie zu Beginn dazu bewogen, sich mit sehr erfolgreichen Therapeuten, Virginia Satir, Milton Erickson und Fritz Perls, auseinanderzusetzen und deren brillante Verhaltensstrategien herauszuarbeiten. Später sind in analoger Weise auch erfolgreiche Topmanager, Staranwälte, Verkäufer und generell Spitzenkönner ihres jeweiligen Fachgebiets untersucht worden, um die Quelle ihrer einzigartigen Fähigkeiten zu entdecken.

Anthony Robbins hat das Ergebnis ihrer Forschungen sehr präzise auf den Punkt gebracht:

> „Der Unterschied liegt einzig und allein in der Art und Weise, wie wir mit uns selbst kommunizieren und wie wir handeln. ... Was tun wir, wenn wir alles versuchen, was in unserer Macht steht, und uns trotzdem nichts gelingt? Menschen mit Erfolg haben nicht weniger Probleme als Menschen ohne Erfolg. ... Nicht das, was mit uns geschieht, bestimmt über Erfolg oder Mißerfolg. Es ist die Art und Weise, wie wir das, was geschieht, wahrnehmen und wie wir damit umgehen, die den Unterschied ausmacht.“[112]

112 Robbins 1992, S. 45.

Es kommt demnach ganz entscheidend auf zwei miteinander verwobene Aspekte an: Zum einen darauf,

- **wie wir mit uns selbst kommunizieren** (wie wir wahrnehmen, welche Bilder wir innerlich erzeugen, welche Glaubenssätze wir haben, wie wir uns einstellen/motivieren, wie wir den Nebel vor unseren Zielen vertreiben, wie wir äußerlich stehen, atmen, gehen, welche Haltung wir einnehmen) und zum anderen,
- **wie wir handeln** (wie wir den ersten Schritt tun, wie wir am Ball bleiben, wie wir zum Ende/Abschluß gelangen).

Der aufmerksame Leser hat sicherlich schon bemerkt, daß es im Grunde genommen um ein einziges Wörtlein geht, nämlich um das Wörtlein „***wie***". Und in diesem Wörtlein steckt das Geheimnis, denn es gibt immer zwei Richtungen, in die wir uns bewegen können. Entweder dienen die Wahrnehmungen und Interpretationen unserer Wirklichkeit unserem persönlichen Wachstum oder wir setzen uns – bewußt oder unbewußt, willentlich oder ungewollt – Grenzen, die unsere weitere Entwicklung hemmen. **Das NLP möchte die Konsequenzen unseres Tuns und Lassens herausarbeiten, so daß wir uns dann entscheiden können, was genau wir wirklich wollen, und uns auch im Klaren darüber sind, was wir mit unserem Handeln konkret bewirken.**

Die beiden Aspekte „**Mit-Sich-Kommunizieren**" und „**Handeln**" gehören dabei untrennbar zusammen. Eine lebendige, wachstumsorientierte Kommunikation mit sich selbst (die tollsten Ideen besitzen) ohne die entsprechenden Schritte zur Tat wird letztlich zu nichts führen. Das NLP ist in dieser Hinsicht ganz pragmatisch, indem es sehr darauf achtet, daß die ersten Schritte – und damit die Überwindung der Anfangsträgheit – möglichst zügig nach der Entscheidung getan werden. Frei nach Laotses Ausspruch, „auch die längste Reise beginnt mit dem ersten Schritt", kommt es entscheidend darauf an, wirklich loszugehen.

Wie kommunizieren wir mit uns? Wie interpretieren wir, was wir erleben? – Es macht einen gewaltigen Unterschied aus, ...

- ob wir uns aus einem Gefühl der Sicherheit und Geborgenheit heraus, aus Abenteuerlust, aus Neugierde zu neuen Ufern, zu erfolgreichen Beziehungen etc. hinbewegen oder ob wir aus Furcht vor Demütigungen und möglichen Schwierigkeiten uns schließlich dazu bewegen lassen, etwas doch zu tun *(Welches Metaprogramm – hier als Beispiel das Hin-zu/Weg-von-Metaprogramm – liegt unseren Handlungen zugrunde?)*;
- ob wir davon überzeugt sind, daß es immer – egal, was auch passiert – einen Weg geben wird oder ob wir unwillkommene Ereignisse als unvermeidbare Schicksalsschläge („Warum passiert das ausgerechnet immer nur mir?"), als Mißerfolge („Ich bin einfach schlecht!" „Ich bin zu groß, klein, dick, dünn ...") u.ä. interpretieren *(Welcher Glaubenssatz liegt unserem Tun zugrunde? Beflügelt oder hemmt er uns?)*;
- ob wir unseren Fokus auf Dinge richten, die uns positiv überraschen, die uns neugierig machen, die uns begeistern, wo wir lernen können, wo wir Liebe, Wertschätzung und Entgegenkommen spüren, oder ob wir uns darauf besinnen, was schon alles schiefgegangen ist und noch schiefgehen könnte *(Worauf richten wir unseren Fokus, unsere Wahrnehmung?)*;
- ob wir uns in wichtigen Situationen körperlich aufrichten, mehrfach tief durchatmen und dann mutig die Sache anpacken und durchziehen oder ob wir ängstlich um die Ecke blicken, den Kopf zwischen die Schultern nehmen und möglichst schnell die ganze Sache irgendwie hinter uns bringen möchten *(Wie gehen wir körperlich eingestellt in ein Gespräch?)*;

- ob wir Lehren aus vergangenen Situationen gezogen haben und nun mit offenen Augen in die Zukunft blicken oder ob uns die Mißerfolge unserer Vergangenheit beständig vor Augen stehen und wir uns auch sehr gut in diese Situationen zurückdenken können und dies tun *(Welche Gestalt besitzt unsere persönliche Time Line [Zeitlinie]? Wie stellen wir uns zu vergangenen positiven und negativen Ereignissen: Stehen wir mittendrin – assoziiert – oder betrachten wir alles lieber – dissoziiert – aus einer Distanz? Differenzieren wir nach positiven und negativen Ereignissen?)*[113].

6.3 Zeit für Veränderungen: Der Ursprung der persönlichen Power

Doch wie können wir konkret die Veränderungen herbeiführen, die wir uns ersehnen? Um diesbezüglich Erfolg zu haben, müssen wir genau wissen, wo wir konkret ansetzen können und welche Auswirkungen sich dann aus unserem Handeln ergeben dürften. Die wichtigsten Ansatzpunkte für NLP-Veränderungsarbeit hat Anthony Robbins in der nachfolgenden Abbildung erläutert:[114]

113 Abraham Lincoln hatte eine Art, mit Ereignissen seines Lebens umzugehen, die uns sehr gut gefällt. Er hat einmal gesagt: „Schreibe in Sand, was dir an Unrecht widerfahren ist, meißle in Stein, was dir an guten Dingen begegnet ist.“ – D. h. für uns: Er zieht aus allen Lebenserfahrungen aktiv seine Lehren (er schreibt bzw. meißelt), aber das Unrecht wird mit der nächsten Flut hinweggespült, die guten Dinge hingegen stellt er sich als Denkmäler witterungsbeständig vor Augen.

114 vgl. Robbins 1992, S. 63.

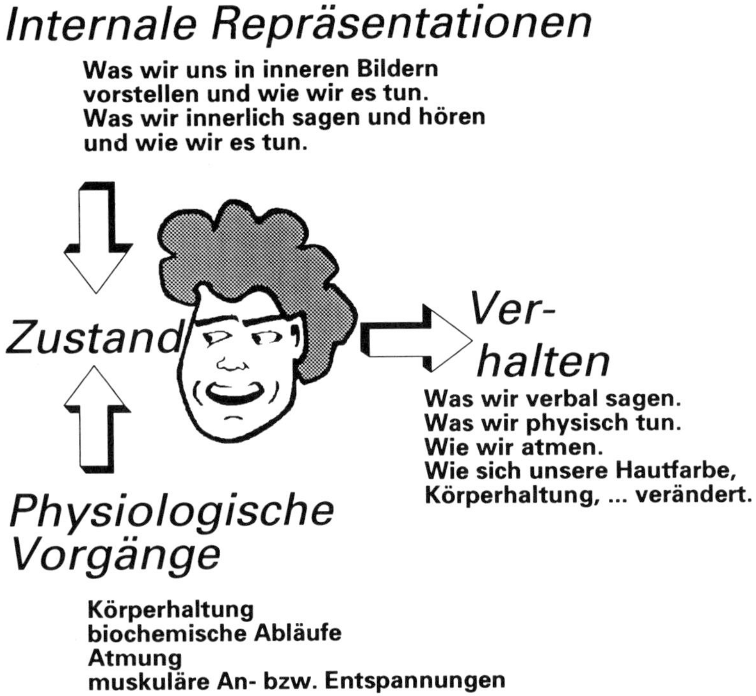

Wodurch werden die „Zustände“, in denen wir uns jeweils befinden, hervorgerufen? Diese Abbildung unterstellt

- erstens einen unmittelbaren Zusammenhang zwischen unserer Innenwelt und unserer Außenwelt, genauer: zwischen unseren internalen Repräsentationen (unseren inneren Bildern etc.) und unserer äußeren (körperlichen, physiologischen) Erscheinung;
- zweitens können wir danach sowohl bei internalen als auch bei körperlichen Erscheinungen ansetzen, um Veränderungen unseres Zustands zu erzielen;
- drittens sind wir über die Veränderung unseres Zustands in der Lage, jeweils Einfluß auf den anderen Bereich zu nehmen;

- und viertens besitzen wir durch unsere aktive Zustandskontrolle dann auch die Möglichkeit, in unserem Verhaltensrepertoire zwischen verschiedenen Alternativen zu wählen.

Das entscheidende Stellglied ist nach dieser Interpretation des NLP-Veränderungskonzepts die **Ermittlung des jeweiligen „Zustands" einer Person.** Anthony Robbins erläutert den Begriff Zustand durch folgende Umschreibungen[115]: Ein Zustand ist

- die Gesamtsumme unserer Erfahrungen zu einem bestimmten Zeitpunkt unseres Lebens;
- ein Zustand entsteht meistens ohne unsere bewußte Steuerung: Wir nehmen etwas wahr und reagieren darauf durch einen bestimmten Zustand;
- es gibt beflügelnde (ressourcevolle) Zustände, wie z.B. Vertrauen, Liebe, Freisein, Respekt, Zuversicht, innere Stärke, Freude, Erleichterung oder Begeisterung, die uns allesamt den Zugang zu unserem großen Reservoir an persönlichen Möglichkeiten öffnen, und
- es gibt lähmende (ressourcearme) Zustände, wie Verwirrung, Depression, Furcht, Sorge, Angst, Trauer, Enttäuschung, Verletztsein, Schmerz oder Frustration, die uns jede Kraft nehmen.

Robbins argumentiert folgendermaßen:

> „Wenn wir unseren inneren Zustand verändern können, können wir unser Verhalten ändern. Das Verständnis der Bedeutung von Zuständen ist demnach der Schlüssel, um den Prozeß von Veränderung und das Geheimnis von Spitzenleistungen zu begreifen."[116]

115 vgl. Robbins 1992, S. 58ff.

116 Robbins 1992, S. 59.

Unser Verhalten – so zieht Robbins den Schluß – ist das Resultat des Zustands, in dem wir uns befinden. Die Kontrolle über unser Erleben erhalten wir demnach dadurch, daß wir unsere Zustände kontrollieren, d.h. daß wir den Zustand bewußt auswählen, der – aus unserer Perspektive – für die konkrete Situation und den vorfindlichen Kontext am meisten nützlich und hilfreich scheint. Diese Schlüssel-Fähigkeit, die Kontrolle über seine Zustände zu erwerben, ist eines der zentralen Ziele der NLP-Veränderungsarbeit.

Eine Grundannahme des NLP besagt: „Die Landkarte ist nicht das Gebiet." – Landkarten weisen zwar – wenn sie korrekt abbilden – auf wesentliche Merkmale des jeweiligen Gebiets hin, aber sie sind nicht das Gebiet selbst. In analoger Weise ist auch unsere Sicht der Dinge (unsere Landkarte) nicht mit der Realität identisch. Und jeder von uns hat seine eigene Landkarte von der Realität; selbst wenn wir etwas gemeinsam mit anderen Menschen unternehmen, etwa eine Party besuchen oder ein Projekt durchziehen oder Einkaufen gehen oder ein Seminar besuchen, wir werden immer unsere Sicht der Dinge haben und andere eben ihre Sicht der Dinge.

Aus dieser Tatsache, weil kein Mensch genau wissen kann, wie die Realität wirklich beschaffen ist, sondern jeder nur wissen kann, wie er sie sich repräsentiert (innerlich abgebildet) hat, haben die NLP-Entwickler folgende Konsequenz gezogen: **Sollten wir nicht angesichts dieser Sachlage dann ganz konkret dafür Sorge tragen, unsere Sicht der Dinge so optimal zu gestalten (uns so einzustellen), daß wir uns und anderen möglichst viele Freiräume und Wachstumsmöglichkeiten eröffnen?**

Doch leider tun wir oft nur das Gegenteil, wir legen uns selbst Steine in den Weg, türmen Mauern vor uns auf, die in der Realität gar nicht vorhanden sind, wir „glauben“ an unsere Grenzen anstatt an unsere Möglichkeiten und Freiheiten.

Wie entscheiden wir uns? Wie repräsentieren wir die Ereignisse unseres Lebens?

„Nichts was passiert, ist an sich gut oder schlecht: Der Wert entsteht durch die Art und Weise, wie wir es repräsentieren. Wir können die Dinge auf eine Weise repräsentieren, die uns in einen positiven Zustand versetzt, oder wir können genau das Gegenteil tun.“[117]

Es gibt eine häufig zitierte Anekdote von Thomas A. Edison. Dieser hat bei der Entwicklung der Glühbirne ja Tausende von Versuchen durchgeführt, bis er schließlich erfolgreich war. Und Edison, der sauber über jeden seiner Versuche Buch führte, wurde, nachdem er wieder einmal nicht zum Ziel gelangte, gefragt, ob er es denn wohl auf zehntausend Mißerfolge bringen würde. Bemerkenswert ist seine Antwort, denn Edison sagt: „Mißerfolge? Nein, ich hatte bisher keinen einzigen Mißerfolg. Ich habe lediglich immer wieder neue Wege entdeckt, die elektrische Glühbirne nicht zu erfinden.“

Edison hatte die oben beschriebene Fähigkeit, zwischen Ereignissen und der Bewertung von Ereignissen zu unterscheiden, und konnte aufgrund dieser Fähigkeit „unbeeindruckt“ den nächsten Versuch in Angriff nehmen. Ja, er lernte aus den fehlgeschlagenen Versuchen, aber sie entmutigten ihn nicht. Er vermochte sich immer wieder neu in einen erwartungsvollen Zustand zu versetzen ...

Auch wir haben diese Fähigkeit. Sie ist leider oftmals verschüttet unter unseren Zweifeln und Glaubensüberzeugungen; dabei bedarf

117 Robbins 1992, S. 67.

es oftmals nur kleinster Hilfestellungen, um vermeintlich unüberwindliche Hindernisse elegant zu beseitigen. Die nachfolgende Geschichte mag als Denkanstoß einen Eindruck davon geben, wie „leicht" manche Veränderungen sich doch einstellen könnten, wenn wir es nur „richtig" anstellen würden ...

Wie man Geschichten erzählen soll ...

So, daß sie einem selbst helfen! Mein Großvater war lahm. Einmal bat man ihn, eine Geschichte von seinem Lehrer zu erzählen. Da erzählte er, wie der große Baalschem beim Beten zu hüpfen und zu tanzen pflegte. Mein Großvater stand und erzählte, und die Erzählung riß ihn so hin, daß er hüpfend und tanzend zeigen mußte, wie der Meister es gemacht hatte. Von der Stunde an war er geheilt. So soll man Geschichten erzählen! [118]

Im Grunde genommen ist diese Fähigkeit, seinen Zustand zu kontrollieren, gar nicht so außergewöhnlich. Der Unterschied zwischen verschiedenen Menschen besteht lediglich darin, daß erfolgreiche Menschen sich dieser Fähigkeit bewußt sind und sie von Fall zu Fall einsetzen können und andere Menschen nur „zufällig" einmal auf diese Fähigkeit stoßen und einen Erfolg verbuchen. Im Nachhinein erkennen diese oft nicht, wo die Wurzeln ihres Erfolges verborgen liegen und sind deshalb in späteren Situationen wieder auf „Kamerad Zufall" angewiesen. Deshalb unsere Empfehlung: Lernen Sie, Ihren Zustand gezielt zu erkennen und gegebenenfalls zu verändern!

Anthony Robbins betont in seinen Seminaren laufend, daß **persönliche Power** (könnte man frei übersetzen mit „Überzeugungs-

118 Jörg Zink o. J.

Kraft", „Energie", „starke Persönlichkeit") durch die Art und Weise entsteht, wie wir mit unserem Gehirnpotential umgehen. Er sagt: Dein Leben wird nicht dadurch elementar verändert, daß du noch mehr lernst, sondern dadurch, daß du Entscheidungen triffst und deine gesamte Energie dafür einsetzt, diese Entscheidungen Wirklichkeit werden zu lassen.[119]

Vielleicht spüren auch Sie, lieber Leser, daß NLP ungeheuer viel mit Neugierde zu tun hat, mit Fragen nach noch unentdeckten Gebieten, mit Handeln, mit Resultate erzielen. Kurz: „Über NLP" kann man kaum reden, man muß es erleben, nur dann erfährt man sein gewaltiges Entwicklungspotential und entdeckt mit Sicherheit auch die Ansatzpunkte, an denen man selbst gerade weiterarbeiten sollte.

> „NLP ist nicht eine Reihe von Techniken, sondern eine Einstellung. Es ist eine Einstellung, die mit Neugierde zu tun hat und mit dem Wunsch, etwas über neue Dinge zu lernen, sie zu beeinflussen, und sie vor allem in einer Weise beeinflussen zu können, die nützlich ist. Alles ist veränderbar."[120]

6.4 In „kürzester Zeit" NLP lernen und beherrschen?

Und damit erschließt sich uns ein weiteres Herzstück des NLP: Es genügte den NLP-Konstrukteuren nicht, schlicht und einfach nur Konzepte zu erarbeiten und es dann anderen zu überlassen, was mit diesen Erkenntnissen geschehen sollte, sondern es war von Anfang an das besondere Anliegen von Bandler, Grinder und Co., die herausgefundenen Elemente **lern- und trainierbar** zu machen, und zwar so, daß möglichst schnell und pragmatisch und vielfach auch unkonventionell Lösungen, Ergebnisse erzielt werden.

119 Sinngemäß zitiert aus Robbins o. J., Day 1.

120 Bandler 1987, S. 177.

An dieser Stelle sei aber ein weitverbreitetes Mißverständnis ausgeräumt, wonach „**Kurzzeit-NLP**" von vielen so verstanden wird, als könne man sich die NLP-Methoden in kürzester Zeit aneignen und so – quasi im Vorübergehen – „mal eben NLP lernen". Leider wird dieser irrigen Annahme von manchen NLP-Vertretern wohl deshalb nicht widersprochen, weil mit diesem „Argument" in der Vergangenheit gut und erfolgreich geworben werden konnte. Wenn man aber wirklich nicht nur die „Techniken", sondern vor allem die „Einstellung" erwerben möchte, dann ist man – wie bei anderen Weiterbildungsangeboten – schon darauf angewiesen, sich auf einen mehrjährigen Entwicklungsprozeß einzulassen.

Stephen Covey hat in seinem ausgezeichneten Buch *Die sieben Wege zur Effektivität* zwei Entwicklungswege beschrieben,

- zum einen **den Weg der Charakter-Ethik** (den wir hier mit dem „**Erwerb der NLP-Einstellung**" vergleichen möchten) und
- zum anderen **den Weg der Image-Ethik** (den wir mit einem schlichten „**Erwerb der NLP-Techniken**" gleichsetzen können).

Die **NLP-Einstellung** zu erwerben bedeutet, sich für grundlegende Prinzipien zu entscheiden, einen ethisch fundierten, langfristig angelegten Wachstumsprozeß zu akzeptieren und die einzelnen Methoden und Verfahren in das eigene Wesen zu integrieren, und Schritt für Schritt die neugewonnenen Fähigkeiten in den jeweiligen Kontexten und mit anderen Menschen zu erproben.

Die **NLP-Techniken ohne die Einstellung** zu erwerben bedeutet, NLP als „Schmiermittel für die Prozesse des menschlichen Miteinanders"[121] einzusetzen, nach schnellen Erfolgen und Einflußmöglichkeiten Ausschau zu halten, nach außen hin sicherlich

121 Covey 1992, S. 13.

Wirkungen zu erzielen, aber alles hinter der Maske einer „positiven mentalen Einstellung“, Patent-Rezepten, Machtstrategien und manipulativen Sozialtechniken.

„Ich kann versuchen, Sozialtechniken einzusetzen“, so beschreibt Covey die Folgen einer Technikorientierung, „um andere Menschen zu etwas zu bewegen: besser zu arbeiten, motivierter zu sein, mich und einander zu mögen. Aber ich kann nicht auf lange Sicht erfolgreich sein, wenn mein eigener Charakter grundsätzliche Störungen aufweist, wenn ich doppelzüngig und unaufrichtig bin. Meine Falschheit wird zu Mißtrauen führen. Dann wird alles, was ich tue, selbst wenn ich sogenannte gute Beziehungstechniken anwende, für Manipulation gehalten. Es macht überhaupt keinen Unterschied, ob die Rhetorik oder die Absichten besonders gut sind; wenn wenig oder kein Vertrauen besteht, gibt es kein Fundament für dauerhaften Erfolg. Nur grundlegende Wahrhaftigkeit verleiht den Techniken Leben.“

Und den „Erfolg“ einer derart geratenen Technik-Ausbildung legt er in zwei Wortbildern frei:

- „Sich auf Techniken zu konzentrieren ist wie Torschluß-Pauken für die Schule. Man kommt damit durch, ab und zu gibt es vielleicht sogar gute Noten. Aber wenn man nicht Tag für Tag lernt und investiert, wird man die Lehrinhalte nie wirklich beherrschen oder ein gebildeter Kopf werden.
- Haben Sie je überlegt, wie albern es wäre, diese Art des sporadischen Arbeitens auf einem Bauernhof zu betreiben: im Frühjahr die Aussaat zu vergessen, den ganzen Sommer zu spielen und sich dann im Herbst mächtig ins Zeug zu legen, um die Ernte einzubringen? Die Landwirtschaft ist ein natürliches System. Man muß den Preis zahlen und dem Prozeß folgen. Und zu ernten gibt es immer nur das, was man gesät hat – **Abkürzungen sind ausgeschlossen.**“[122]

122 Covey 1992, S. 16f; Anordnung und Hervorhebung des Zitats durch die Verfasser.

Die Autoren schreiben diese Zeilen aus einer gewissen Betroffenheit heraus, weil wir in der NLP-Ausbildungsszene – vornehmlich im Business-Bereich – mehr und mehr Ausbildungsprogramme entdecken, die in dreiwöchigen Kompaktseminaren die NLP-Grundtechniken vermitteln und in weiteren drei Wochen dann zum NLP-Master oder gar NLP-Trainer ausbilden ... und in diesem knapp bemessenen Zeitrahmen wirklich nur die Techniken vermitteln können ..., die weitere Begleitung der NLP-Absolventen aber kaum mehr beabsichtigt ist.

Und das verlockende Angebot, eine Abkürzung auf dem langen Weg der persönlichen Entwicklung bereitzuhalten, übt leider auf viele Menschen eine tiefe Faszination aus. Wir möchten daran erinnern, mit welcher (übertriebenen?, geheimnistuerischen?) „Vor-Sicht" das NLP von den ersten Trainern im deutschsprachigen Raum publik gemacht wurde. Wir zitieren aus dem Vorwort des wohl bekanntesten NLP-Buches, *Neue Wege der Kurzzeit-Therapie:*

> „(Es soll) hier dafür plädiert werden, die äußerst brisante Technologie des NLP in Aus- und Fortbildungslehrgängen nur an solche Personen weiterzugeben, die über eine genügend breite und umfassende therapeutische Grundausbildung mit entsprechender Eigentherapie verfügen – als ein vorbeugender Beitrag für einen verantwortlichen Umgang mit den effektiven Techniken der Kurzzeittherapie, die das Neurolinguistische Programmieren bietet."[123]

Wie verträgt sich diese Aussage mit den gegenwärtig weitverbreiteten „Sonderangeboten"?

123 Petzold/Stahl in: Bandler/Grinder 1981, S. 10.

6.5 Das NLP-Trainingskonzept im Überblick

Die Beschäftigung mit NLP löst einen Prozeß aus, der in zwei Richtungen hin Veränderungen bei Menschen bewirkt:[124]

- Zum einen **lernen Menschen, ihre Kommunikation auf stabilere Füße zu stellen und dementsprechend zu handeln** (ihre Ziele kennen, sich in einen ressourcevollen Zustand versetzen, sich entscheiden und konkrete Schritte zur Erreichung der Ziele unternehmen) und dadurch Fenster zu neuen Tätigkeitsbereichen für sich zu öffnen (***Lernkompetenz erwerben***), und
- zum anderen **lernen Menschen, in der Kommunikation mit anderen deren Bedürfnisse präziser und klarer wahrzunehmen und dementsprechend zu handeln** (z.B. durch das Bemühen um einen guten Rapport, durch das intensive Einfühlen in die „Situation" des anderen, durch die Bereitschaft zur Toleranz, daß jeder Mensch – gleichgültig, was dieser gerade auch tut – immer die ihm aus seiner Sicht der Dinge her bestmögliche Wahl trifft); dies alles lernen, um die Beratung, den Verkauf, das Lehren, die Zusammenarbeit ... oder was auch immer ... möglichst optimal fördern zu können (***Kommunikationskompetenz erwerben***).

Mittlerweile verfügt das NLP über ein methodisch-didaktisch ausgereiftes Trainingskonzept für alle die Personengruppen, die über besondere kommunikative Fähigkeiten und Fertigkeiten verfügen müssen, um beruflich Erfolg zu haben. Die **Spannweite der potentiellen Zielgruppen** reicht dabei von Führungskräften und Managern über Berater und Verkäufer bis hin zu pädagogisch Tätigen (Coaches, Trainer, Dozenten, Lehrer, Ausbilder, etc.) und

124 Richard Bandler – vgl. 1987, S. 19 – spricht in diesem Zusammenhang vom NLP als lernpädagogischen Prozeß.

betrifft nicht zuletzt jeden Menschen, der sich in persönlichen und beruflichen Lernfeldern kreativ, innovativ, gestalterisch und künstlerisch bewähren muß.

Inhaltlich besteht das NLP-Konzept aus verschiedenen Bausteinen, die schon jedes für sich genommen ein gewaltiges Veränderungspotential beinhalten, aber erst in ihrer wechselseitigen Bezugnahme aufeinander ein lebendiges und variables Konzept erstehen lassen. Eine Übersicht über die gegenwärtigen Ansätze und Weiterentwicklungen im NLP umfaßt

1. das **Modell der Wahrnehmung** (z.B. Wahrnehmen mit allen Sinnen; diese Fähigkeiten in der Kommunikation einsetzen: Rapport herstellen, halten und beenden; Wahrnehmen, um Führen zu können (Pacing und Leading); Wahrnehmen der ausdrucksmäßigen Kongruenz)[125],

2. das **Modell der Repräsentationssysteme** (z.B. das Verarbeiten der sinnlichen Eindrücke, das Entstehen und Wieder-Abrufen von internalen Repräsentationen),

3. das sog. **Meta-Modell der Sprache** (das Erkennen und Anwenden wohlgeformter Sprachmuster)[126] und

4. **neuere Entwicklungen**, die zum Teil wichtige Ergänzungen der drei erstgenannten Modelle liefern wie
   a. das **Konzept der Submodalitäten** (das sind die feinen, subtilen Unterscheidungen, die unterhalb der einzelnen sinnesspezifischen Repräsentationen anzutreffen sind)[127],

125 vgl. Bierbaum/Marwitz/May 1991 – ein NLP-Trainingsbuch für Verkäufer, welches stark auf das sinnesspezifische Wahrnehmen abzielt.

126 vgl. dazu Bandler/Grinder 1984; Cameron-Bandler 1983.

127 vgl. Bandler 1987; Bandler/MacDonald 1991; Andreas/Andreas 1990.

b. das **Time-Line-Modell** (welches die Art und Weise untersucht, wie Menschen Erinnerungen im Gehirn speichern und abrufen und dadurch ihr Verhalten und ihr persönliches Zeitempfinden beeinflussen[128]), ferner
c. das sog. **Persönlichkeits-Konzept des NLP**[129] (The Basis of Personality, welches das Zusammenspiel von Erinnerungen, Entscheidungen, Glaubensüberzeugungen und Spiritualität, Werten und Einstellungen sowie Meta-Programme strukturiert) sowie
d. das **Gefühls-Modell des NLP**, der Versuch, ein elegantes Umgehen mit den eigenen Gefühlen zu erlernen (das Konzept der „Imperative Self Analysis")[130] und
e. **Entwicklungen im Kreativitätsbereich**, die das persönliche Lernen und Arbeiten auf eine neue Grundlage stellen[131].

NLP versteht sich als ein **ganzheitliches Konzept**; deshalb sind alle Verhaltensäußerungen von Menschen, seien es Körpersignale, Sprachmuster, Blickmuster etc. wichtig und werden im Trainingsgeschehen angesprochen. Dabei geht das Neurolinguistische Programmieren davon aus, daß es neben dem bisher gewohnten Bezugsrahmen der Interpretation und Kritik noch ungezählte weitere Perspektiven gibt, deren Kenntnis es ermöglicht, Dinge, Ereignisse und Phänomene in einem anderen, ganz anderen Licht zu sehen.

128 vgl. dazu James/Woodsmall 1991; James 1992.

129 vgl. dazu Dilts/Hallbom/Smith 1991; Dilts 1992; James/Woodsmall 1991.

130 vgl. Cameron-Bandler/Lebeau 1991.

131 In Kürze wird von R. B., R. W. Dilts und T. Epstein das Buch „Tools for Dreamers" (Original 1991) in deutscher Übersetzung vorliegen (Junfermann 1994); dieses Buch gibt einen Überblick und Hintergrundinformatonen über die NLP-Kreativitätsstrategien; mittelbar sind auch das Kreative Brainwriting und das Mind Mapping aus NLP-Gedankengut erwachsen.

Im Vordergrund des Konzepts stehen die **Prozesse der internalen Informationsverarbeitung**. Diese werden mit bestimmten diagnostischen Modellen erfaßt und deren Nützlichkeit und praktische Handhabung in Demonstrationen, Übungen, Rollenspielen und Lernexperimenten erprobt und vertieft. Die aktive und kritische Auseinandersetzung mit den Übungsinhalten bildet dabei den Schwerpunkt des Trainings. Als generelle konstruktive Entwicklungsrichtungen im Training konzentriert sich das NLP darauf,

1. verankerte und nicht mehr im Blick liegende **Wahrnehmungsgewohnheiten** freizulegen und gegebenenfalls zu korrigieren (z.B. Wahrnehmungstypen),
2. den komplexen **Akt des Kommunizierens** sowohl in seinen einzelnen Elementen (Wahrnehmen, Speichern bzw. Repräsentieren und verbales sowie nonverbales Sich-Ausdrücken) erfahrbar zu machen als auch in seiner Ganzheitlichkeit zu trainieren,
3. dabei den **Beziehungsaspekt** als kommunikatives Leitprinzip gegenüber dem Inhaltsaspekt stärker in den Mittelpunkt zu rücken (Motto: Was gibt es über den Inhalt hinausgehend noch zu erfahren? – Die Aktualität dieses Aspekts dokumentiert ein zur Zeit sehr erfolgreiches Kommunikationsspiel – *Life Style* –, welches auf spielerisch-zwanglose Weise zum Herstellen manchmal auch absurder Beziehungen von einzelnen Abbildungen zum persönlichen Leben verführt),
4. neue und aufregende Möglichkeiten der **Flexibilität im Denken und Handeln** und damit einen Zugang zur **persönlichen Kreativität** zu eröffnen (Motto: „Wenn das, was du tust, nicht funktioniert, dann tu doch einfach etwas anderes"),
5. eine konsequente, **„sinn-volle" Zielorientierung** (Zielfindung und Zielerreichung) im persönlichen Handlungsvollzug einzu-

üben (Ziel-Seminare erhalten dabei durch das NLP-Gedankengut vielfach neue Impulse) und

6. das **individuelle „Zeitgefühl"** besser in den Griff zu bekommen, u.a. mit Hilfe des Time-Line-Modells.

6.6 Das NLP und das Kreative Brainwriting

Warum wir das Neurolinguistische Programmieren in diesem Buch so ausführlich darstellen? Weil NLP für uns mehr ist als nur ein Beiwerk zum Kreativen Brainwriting. NLP ist für uns **die Rahmentheorie, das Handlungskonzept**, welches dieser Lernmethode erst die richtige „Würze" verleiht. Das Ziel der NLP-Veränderungsarbeit besteht darin, die Handlungsfähigkeit in jeder nur denkbaren Situation zu erlangen bzw. zu bewahren. Das Kreative Brainwriting vermag die individuelle Handlungsorganisation in hocheffizienter Weise zu unterstützen. Damit verfügen Sie über eine Lernmethode, um sich Ihre internen Klärungsprozesse unmittelbar vor Augen zu stellen ... und damit den „Durch-Blick" zu erhalten – das ist ein Ansatz des Kreativen Brainwriting.

Wir haben schon an früherer Stelle darauf hingewiesen, daß es wenig Sinn macht, die gesamten verfügbaren Eindrücke verarbeiten zu wollen. Im Blick auf die Hirnorganisation geht es vielmehr darum, den „**Engpaß des Gehirns**" zu erkennen und mit diesem Wissen konstruktiv umzugehen. Und dieser Engpaß ist weniger ein physiologischer als vielmehr **ein psychologisch bedingter Engpaß**, indem es letztlich um eine individuelle, situations- und kontextangemessene Verarbeitung der Sinnes-Eindrücke geht.

D.h., es hängt letztlich alles davon ab, wie ich als handelnde Person die gegenwärtigen Ereignisse interpretiere, ob es mir gelingt,

„irgendwie" konstruktiv mit Ihnen umzugehen oder ob ich „keinen Sinn" in einer Situation sehe, ob ich mich „unter Druck" fühle oder „völlig ausgeglichen" der Ereignisse harre, die kommen werden, ob ich mich „überrollt" fühle oder als „Herr der Lage"...

Doch wie laufen nun die Denk- und Verarbeitungsprozesse im Gehirn ab? Was passiert modellhaft skizziert, wenn wir denken?

Wir sind uns darin einig, daß das Gehirn ein höchst komplexes Gebilde ist, in welchem vielfältige Vorgänge parallel, miteinander verknüpft, zeitgleich und teilweise konkurrierend ablaufen. Und dieses ganze Durcheinander muß ja irgendwie „gemanagt", „auf den Punkt gebracht" werden. Unser Gehirn ist die zuständige Instanz für diese Art von Arbeit. Unser **Bewußtsein** lenkt unsere Aufmerksamkeit auf die Dinge, die uns gerade beschäftigen.

Dabei konzentrieren wir unsere Aufmerksamkeit auf die Dinge, die uns – als Bedürfnisse, als Mängel – gerade bewußt sind und suchen in unserer Umwelt und in unseren Erinnerungen nach den Elementen, die eine „Auf-Lösung" dieser Mängel, dieser Bedürfnisse versprechen. Diese Tätigkeit kann man als „**Fokussieren**" bezeichnen.

Und diese „latent gezielte" Suchtätigkeit kann sowohl positive (erweiternd, bereichernd) als auch negative (verengend, einschränkend, vereinsamend) Auswirkungen zeitigen. Denken Sie etwa an die unzähligen Menschen, deren Leben z.B. zu 99% top ist, die jedoch beständig sich das eine Prozent vor Augen halten, welches ihnen „zum vollkommenen Glück" fehlt und die durch ihr beständiges Starren auf das, was ihnen fehlt, eine völlig verzerrte Wahrnehmung ihres individuellen Lebensstandards und ihrer Lebensqualität erhalten.

Welchen Sinn macht es nun, wenn man im Zuge eines Klärungsprozesses seine sinnesspezifischen Vorlieben, seine gegenwärtigen

Schlüsselreize, seine geschlechtsspezifischen Fokussierungen und was auch immer man wahrnehmungsbezogen akzentuieren kann, kennt? Nun, es macht wenig Sinn, wenn man aus diesem Wissen kein Kapital schlägt. Kapital bildet man dann, wenn man sich nicht zurücklehnt und gelassen sagt, „Ich bin halt ein ...-Typ“, sondern, wenn man seine bisher vernachlässigten Kanäle sukzessive so weit ausbaut bis sie den starken Sinneskanälen ebenbürtig sind.

Das Kreative Brainwriting vermag das innere Zusammenspiel der sinnlichen Eindrücke zu fördern. Die „chaotische“ Struktur eines Brain-Maps hilft dazu, **seine Gedanken und Wahrnehmungseindrücke zu klären und sinnesspezifisch aufzubereiten**. Insbesondere kinästhetische Lerntypen, die durch die Art der Informationsdarbietung in unserem Erziehungssystem stark benachteiligt sind, werden im Vergleich mit den visuellen und auditiven Lerntypen durch Einsatz des Kreativen Brainwriting eminente Fortschritte machen. Denn kinästhetische Lerntypen können oftmals erst durch Gefühle entdecken, woran sie sind („Ich habe das Gefühl, daß x oder y stimmt“), und durch Brain-Maps dazu angeleitet werden, sich umfassender und differenzierter auch in den anderen Wahrnehmungskanälen auszudrücken.

Nun besteht vielerorts (vor allem am Lernort „Schule“) die mißverständliche Annahme, daß es in erster Linie immer um die bewußt zielgerichteten, intentionalen und rationalen Informationen gehen sollte und diese letztlich „der Weisheit letzter Schluß“ seien. Als ob nur das wirklich wichtig sei, was wir bewußt wahrnehmen, wohingegen die vielen Eindrücke, die sonst noch in einer Situation wahrnehmbar wären, letztlich nur sekundären Wert besäßen. Diese Ansicht ist jedoch die Quelle vieler Mißverständnisse und deshalb zuweilen sehr hinderlich.

Desweiteren meinen viele Menschen, daß das, was sie gerade wahrnehmen, „wirklich und ausschließlich“ die Dinge (Themen, Inhalte, Probleme, Fragen, Ziele, ...) seien, mit denen sich eine Auseinandersetzung lohnt. Sie sind der Ansicht, sie bekämen schon das mit, was „wichtig“ und „behaltenswert“ sei und darüber hinaus gäbe es kaum noch etwas zu entdecken ...

Dabei merken sie nicht, daß sie sich damit „unsichtbare Grenzen“ setzen, die in der Wirklichkeit gar nicht vorhanden sind. Und sie begreifen nicht, daß ihre Wahrnehmung einer Situation nur einen begrenzten Ausschnitt aus den vielen Möglichkeiten darstellt, wie diese spezielle Situation wahrgenommen werden könnte. Denn jeder Mensch hat seine eigene „Sicht der Dinge“, und jeder Mensch besitzt demzufolge nur einen kleinen Anteil an der Wirklichkeit.

Dieser Anteil entspricht etwa dem einer Landkarte zu einem Gebiet. In Abhängigkeit vom verfolgten Ziel (Beispiele: „Ich möchte eine Wanderung durch ein landschaftlich reizvolles Gebiet machen.“ – „Ich möchte mit dem Auto von A nach B fahren.“) eignet sich die eine Landkarte besser als die andere.

Mit Hilfe des Kreativen Brainwriting werden Sie lernen, sich für Ihre spezifischen Ziele aufbereitete Landkarten zu entwerfen. Wir werden uns gezielt auf die Suche nach Möglichkeiten begeben, um unser Gehirn optimal („gehirngerecht“) zu nutzen. Dies kann so geschehen, daß zum einen dieser kleine Wirklichkeitsausschnitt möglichst situationsangemessen gestaltet wird und zum anderen nicht nur ein Rahmen, sondern mehrere überlappende Rahmen geschaffen werden, um sich ein umfassenderes Bild von der Wirklichkeit machen zu können.

Das Kreative Brainwriting ist solch eine Lernmethode, mit der der eigentliche Engpaß unseres Denkens, nämlich unser **begrenztes Bewußtsein**, unsere begrenzte Kapazität, erweitert werden kann:

Wir haben dann zwar nicht mehr Informationen zur Verfügung, aber besser strukturierte Informationssysteme, mehr Facetten unserer Wirklichkeit. Und damit wächst unsere Chance, daß wir uns mit den Dingen beschäftigen, die gerade anstehen und unsere Energie nicht mit Nebensächlichkeiten verpulvern.

Wie können wir nun unsere Kapazitäten „erweitern"?

Indem wir uns zunächst mit der Gegenfrage beschäftigen, was unsere geistige Kapazität eigentlich begrenzt? Dabei lassen sich drei Arten von Grenzen unterscheiden, auf die wir an früherer Stelle schon hingewiesen haben (vgl. Kapitel 5.3.2), nämlich

- zum ersten eine **biologisch-physiologische Grenze**, welche die Qualität unserer Sinnesorgane betrifft,
- zum zweiten eine **soziale Grenze**, indem in einigen Kulturen oder Kulturkreisen bestimmten Phänomenen größere Aufmerksamkeit gewidmet wird als in anderen,
- zum dritten eine **psychologische Grenze**, indem jeder Mensch die Möglichkeiten, die sich ihm bieten, unterschiedlich weit ausnutzt.

Zu „Grenzgängern" werden wir dann, wenn wir auf Ressourcen zurückgreifen, die uns von Haus aus schon zur Verfügung stehen, nämlich auf unseren gewaltigen Pool an aktuellen Sinneseindrücken und früheren Erfahrungen. Und dieser Pool ist nicht aus einer Addition von Wahrnehmen und Verarbeiten entstanden, sondern aus einer beständigen Potenzierung, indem – allein abhängig von unserem kreativen Vermögen – jede nur denkbare Kombination möglich ist, einschließlich der „undenkbaren", „verrückten" oder „außergewöhnlichen" Zusammenhänge.

Denn neben den Dingen, die wir *gezielt und bewußt* „aufmerksam“ anstreben, werden wir ständig auch *beiläufig und unbewußt* „im Vorübergehen“ Eindrücke aufnehmen und verarbeiten; und die Zahl der beiläufigen Eindrücke übersteigt bei weitem die der bewußt angestrebten Eindrücke! Und dieses gewaltige **Synergie-Potential** läßt sich „anzapfen“, z.B. durch ein mentales Training oder durch Tagträume, Visionen, durch Kreativitätsmethoden und nicht zuletzt durch das Kreative Brainwriting.

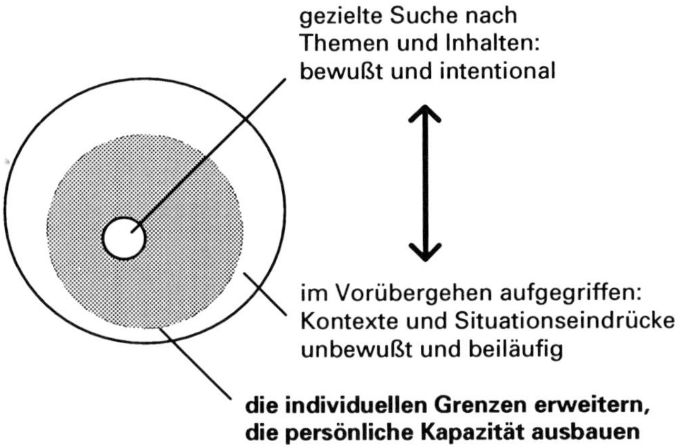

Desweiteren weist das Kreative Brainwriting von seiner Anlage ausgehend weit über die technische Seite der Brain-Maps hinaus. Denn es ist eine Lernmethode, und Lernen konzentriert sich im wesentlichen auf innerpersönliche Veränderungen und nicht auf die äußerlich geschaffenen Brain-Maps.

Wir möchten Ihnen halt nicht nur die Technik und einige Anwendungsmöglichkeiten derselben weitergeben, sondern Ihnen vielmehr helfen, für sich selbst Entwicklungspfade zu entdecken und Sie auch ein kleines Stück auf diesen Wegen begleiten. Das ist eines der wichtigsten Anliegen dieses Buches, deshalb geben wir uns so viel Mühe, Sie auch über die „Hintergründe" des Kreativen Brainwriting zu informieren.

Maria Beyer hat dieses **Verhältnis zwischen Technik und Bewußtsein**, zwischen dem Abbild auf Papier und der Denk-Einstellung des Handelnden in einem Aufsatz als die „Zukunft des Mind Mapping" bezeichnet. Ihre Gedanken treffen in analoger Weise auch auf das Kreative Brainwriting zu:

> „Es steht dem Mind Mapping nicht an und nicht zu, ein Regelinventar zu begründen. Das, was auf dem Papier mit Hilfe der wenigen Vereinbarungen entsteht, ist das unwichtigste überhaupt! Mind Mapping ist weniger eine Eigenschaft einer eitlen und eifrigen Darstellungskunst, es ist vielmehr eine geistige Einstellung, eine Grundeinstimmung sich selbst gegenüber und der Welt, wie SIE sie beleben und verändern! Das Map auf dem Papier ist lediglich ein ‚Ausdruck' einer Abbildung der Gedanken."[132]

Zum Abschluß unserer Ausführungen möchten wir noch einmal auf das NLP zurückkommen und als Zusammenfassung die Erklärungen nachliefern, die sonst üblicherweise immer zu Beginn gegeben werden, nämlich eine **Erläuterung der Begriffsteile (N-L-P)** dieses Konzepts. Wir geben sie aus mehreren Gründen erst an dieser Stelle:

1. Es ist uns bisher noch keine Definition des NLP begegnet, die wirklich alle Bereiche des NLP ausgewogen erfaßt hätte.

132 Beyer 1993b, S. 19.

2. Unserer Ansicht nach ist es auch nicht unbedingt sinnvoll, immer Definitionen für etwas zu geben, weil man durch Definitionen automatisch ein- und ausgrenzt und sich damit selbst den Blick verstellt auf Möglichkeiten, die man sonst „als offene Gestalten" noch zugelassen hätte.

3. Wir wollten mit unserer offenen Darstellung des NLP Ihren Fragen begegnen („Was meinen die Autoren denn jetzt? Was ist denn nun NLP? Wieso wird dieses Wort nicht erklärt? Warum reden die denn um den heißen Brei herum, warum sagen die nicht genau, was Sache ist? Was hat das denn nun mit ... zu tun?") und nicht Ihnen Antworten geben ... und damit die Spannung aus den Beschreibungen herausnehmen.

4. Diese widersprüchliche Vorgehensweise, nämlich auf der einen Seite sich um sinnesspezifische Klarheit zu bemühen, d.h. herausfinden, was genau eine Person sieht, hört und fühlt, und auf der anderen Seite zentrale Begriffe offen und unbestimmt zu lassen, entspricht in hohem Maße dem NLP-Gedankengut, so wie wir es verstanden haben.

Gregory Bateson, einer der bekanntesten Vor-Väter des NLP, hat diese notwendige Polarität zwischen lockerem und strengem Denken mit folgenden Worten erläutert:

> „Ich möchte hervorheben, daß wir immer dann, wenn wir uns rühmen, einen neueren, strengeren Weg des Denkens oder der Darstellung gefunden zu haben; wenn wir anfangen, zu stark auf ‚Operationalismus', symbolische Logik oder irgendein anderes dieser sehr wesentlichen Systeme von Denkschienen zu pochen, etwas von der Fähigkeit einbüßen, neue Gedanken zu denken. Und wir verlieren natürlich ebenfalls etwas, wenn wir gegen die sterile Strenge formalen Denkens und formaler Darstellung rebellieren und unsere Ideen wild schweifen lassen. Nach meiner Ansicht

kommen die Fortschritte im wissenschaftlichen Denken von einer Verbindung lockeren und strengen Denkens, und diese Kombination ist das wertvollste Werkzeug der Wissenschaft.“[133]

Doch wie könnte man N – L – P nun umschreiben?

N = **„Neuro-“** deutet darauf hin, daß die entdeckten Muster im menschlichen Nervensystem, d.h. auf neurologischer Ebene, ablaufen,

L = **„Linguistisches“** betont die überragende Bedeutung der Sprache als Verständigungsmedium, mit deren Hilfe die Muster bezeichnet und verändert werden können – ohne jedoch das körpersprachliche Element zu negieren[134] – und

P = **„Programmieren“** soll darauf hinweisen, daß wir einerseits für unser Denken und Handeln immer schon auf Programme, Modelle unserer Welt, zurückgreifen und daß andererseits diese Modelle verändert werden und dadurch neue Wahlmöglichkeiten im Denken, Fühlen, Lernen, etc. erworben werden können.

Die Aufgaben, für die sich das NLP-Konzept besonders gut eignet, hat Michael Zeising in einer Modellbeschreibung niedergelegt. Danach ist NLP:

- ein Kommunikationsmodell. Es hilft, Vertrauen herzustellen und die individuellen Kontaktstrategien zu verfeinern. Damit ist es auch

133 Bateson 1988, S. 116f.

134 Wer sich die Bedeutung des Körpersprachlichen für den Prozeß des Sprachenlernens veranschaulichen möchte, der sei auf den lesenswerten Metalog von Gregory Bateson – 1988, S. 39 –, „Warum fuchteln die Franzosen?“, hingewiesen.

- ein Modell der Konfliktlösung, der Gruppenführung sowie der Koordination. Darüber hinaus liefert es
- Möglichkeiten zur Veränderung von individuellen Gefühlen, Verhaltensweisen und Körpersymptomen und damit
- konkrete Möglichkeiten der Persönlichkeitsentwicklung in Richtung auf klar definierte Ziele.[135]

Auf der folgenden Leerseite können Sie wieder ein Brain-Map von Kapitel 6 entwerfen.

135 Zeising o. J.

7 Gehirnbilder und Netzwerke – die Vorläufer des Kreativen Brainwriting

Wir haben in den bisherigen Kapiteln folgendes erarbeitet: „Denken“ und „Gehirnarbeit“ geschehen in einer ganz charakteristischen Art und Weise, wobei bestimmte physiologische und psychologische Gegebenheiten als Rahmenbedingungen den Erfolg unserer Denkarbeit beeinflussen. In diesem Kapitel wollen wir uns nun mit folgender Frage beschäftigen:

- Wie können wir unser Potential optimal ausschöpfen, indem wir „Gehirnbilder“ (unsere Gedanken) zu Papier bringen?

Da dieses Kapitel insgesamt doch recht umfangreich geraten ist, möchten wir Ihnen noch einen kurzen Überblick über die einzelnen Abschnitte geben. Die o.g. Frage haben wir in mehrere Einzelfragen weiter untergliedert, als da sind ...

- eine technische Frage: Gehirnbilder zu Papier bringen – wie soll dies eigentlich funktionieren? (Kapitel 7.1);
- eine Frage nach dem kulturellen Erbe: Welche Aufzeichnungstechniken sind in unserem Kulturkreis zur Zeit üblich? (Kapitel 7.2);
- eine klärende Frage: Weshalb betonen wir so das kreative Element beim Aufzeichnen? (Kapitel 7.3);
- orientierende Fragen: Welche Netzwerkmodelle gibt es eigentlich und wie ist deren Zielrichtung im Vergleich zum Kreativen Brainwriting? (Kapitel 7.4).

7.1 „Gehirnbilder" zu Papier bringen – wie soll das funktionieren?

Der experimentelle Nachweis, daß wir wirklich mentale Bilder in unserem Gehirn erzeugen, ist bisher nicht vollständig gelungen. Einige Versuche, u.a. von Stephen Kosslyn und seinen Mitarbeitern, lassen diese „Idee einer ‚quasi-bildhaften' Form geistiger Repräsentation namens Vorstellungsbild" aber als realistischen Ansatz erscheinen. Die vorsichtige Formulierung dieses Zitats hat seinen Grund darin, daß mit derartigen Experimenten nachhaltig an den Grundfesten wissenschaftlich-psychologischer Forschung gerüttelt wird. Dazu Gardner:

> „Viele Psychologen hätten nichts dagegen, das bildhafte Vorstellen wieder ins Lexikon der Psychologie aufzunehmen, und sie würden es sogar als ‚begrenztes Erklärungskonstrukt' für bestimmte gesicherte Ergebnisse zulassen. Geht es aber um bildhaftes Vorstellen als Grundeigenschaft der menschlichen Kognition ... werden Psychologen und andere Kognitionswissenschaftler viel vorsichtiger. Denn wenn man zuläßt, daß ein so vages Konzept wie ‚bildhaftes Vorstellen' als psychologische Erklärung herhalten darf, auf welcher Grundlage will man dann andere ‚Scheinkonzepte' ausschließen?"[136]

Diese zum Teil berechtigten wissenschaftlichen Vorbehalte sollten uns jedoch nicht daran hindern, mit diesen „gedanklichen Konstrukten" spielerisch zu experimentieren, um herauszufinden, ob wir mit diesen Instrumenten das kreative Potential unseres Gehirns entfesseln können. Denn dies ist weniger eine methodologisch-wissenschaftliche als eine methodisch-didaktische Fragestellung. Hier geht es in erster Linie darum, das Lernen und Verarbeiten eines Lernstoffes zu erleichtern; ob die dabei gegebenen

136 Gardner 1989, S. 343.

Hilfestellungen dann den gegenwärtigen wissenschaftlichen Erkenntnissen genügen, ist erst in zweiter Linie von Interesse.[137]

Das Problem bei der Darstellung hirnbiologischer Forschungsergebnisse besteht demnach darin, diese möglichst verständlich zu halten, ohne jedoch die Forderung nach wissenschaftlicher Korrektheit der Aussagen ihrem Sinne nach zu verletzen. Dieser Anspruch, neueste Erkenntnisse einem breiten Laienpublikum zugänglich zu machen, hat viele Wissenschaftler dazu angeregt, nach gehirngerechten Analogien zu suchen.[138]

Die Beschreibung des menschlichen Gehirns und der menschlichen Denktätigkeit anhand von **Aufbau und Arbeitsweise eines Computers** in seiner derzeitigen Erscheinungsform ist dabei sicherlich die am häufigsten anzutreffende Erklärungsform. Doch selbst diese Analogie mit Rechen- und Steuerwerk, Eingabe- und Ausgabe-System, Speicher und Programmen und Daten ist nur in bestimmten Grenzen zulässig. Der bei der Hardware noch einigermaßen stimmige Vergleich wird mehr und mehr fragwürdig bei einer näheren Betrachtung der Arbeits- und Funktionsweisen von Computer und Gehirn. Denn die Software eines Computers beruht zur Zeit noch auf logisch-linearen Verknüpfungen, wohingegen die Arbeitsweise des menschlichen Gehirns auf ganz anderen (chaotisch-assoziativen) Prinzipien beruht.

137 Mit dieser Aussage schneiden wir ein ganz heikles Thema an, indem wir einem für unser Bildungssystem grundlegenden didaktischen Prinzip, dem Prinzip der Wissenschaftlichkeit, nicht den allein sinnstiftenden Rahmen zubilligen – vgl. zur Diskussion dieses Prinzips im Rahmen der „didaktischen Reduktion" u.a. Bachmann 1989.

138 Die Kritik der Wissenschaft (vgl. Levy 1986, S. 32ff; Ornstein 1989) richtet sich vor allem auf Einfachheit der Darstellung der komplexen Vorgänge im Gehirn, wie sie in einigen Hirnmodellen vorgenommen werden bzw. den daraus abgeleiteten „guten Ratschlägen, ‚ungenutzte Areale' nun endlich zu aktivieren" – Marwitz 1989, S. 34.

Gegenwärtig ist sogar zu beobachten, daß die Computertechnik umgekehrt von der Gehirnforschung profitiert, indem die sog. „**Fuzzy Logic**" (könnte man sinngemäß als „unscharfe Logik" übersetzen) der Erkenntnis huldigt, daß komplexe Situationen nicht bis ins Unendliche hinein mit Hilfe von Ein-Aus-Schaltungen und -Darstellbarkeiten (d.h. eindeutig) präzisiert werden können.

Lotfi A. Zadeh, der geistige Vater der Fuzzy Logic, widerspricht damit

> „der kartesianischen Tradition im abendländischen Denken, die davon ausgeht, daß alles präzise bestimmbar ist. Fuzzy Logic dagegen sagt, man könne den Weg der Präzision nicht endlos beschreiten, da man sich bald zum Gefangenen strenger Argumentation macht. ... Es geht um die Durchsetzung des Grundgedankens ..., daß nämlich in der Welt die Dinge in vielen Grautönen gemalt sind, nicht nur schwarz oder weiß. Wenn dieser Gedanke erst einmal Fuß gefaßt hat, wird er nicht nur die Elektronik, sondern alle Naturwissenschaften, ja auch die Psychologie und die Philosophie erfassen."[139]

Doch auch andere Erklärungsmodelle des menschlichen Gehirns, wie z.B. die **Analogie zu Unternehmen** (z.B. die LAMRON KG[140]) oder auch **zu komplexen Gesellschaften** (z.B. die „Society of Mind"[141]) scheitern letztlich daran, daß die ungeheure Plastizität des Gehirns kaum durch begrenzte, in unserer Außenwelt vorhandene und von uns selbst geschaffene „Modelle" erfaßt werden kann. Das Universum in unserem Inneren entzieht sich immer wieder

139 Chaouli 1990, S. 50f.; vgl. auch Froitzheim 1990; wie Gerd Gerken in seinen Trendlettern „Radar für Trends" ausführt, befindet sich die Fuzzy Logic mittlerweile schon auf dem Sprung in die breitgefächerte Anwendung. So berichtet er u.a. von einer Prognos-Studie, die für das Jahr 2000 allein in Deutschland schon einen erwirtschafteten Umsatz von mehr als 600 Mio. DM voraussagt.

140 vgl. Birkenbihl 1990, S. 20ff.

141 vgl. Minsky 1990, S. 18ff.

dem Versuch, mit Hilfe von sich selbst sich selbst zu ergründen. Denn daran scheitert ja letztlich jeglicher Beschreibungs- und Erklärungsversuch, daß er innerhalb der Grenzen unseres Gehirns stattfinden muß ... und diese im „Selbstversuch" auszuloten, scheint eine viel zu gewaltige Aufgabe zu sein.[142]

Sind wir beim Begreifen unseres Gehirns auf Grenzen gestoßen, so können wir mit Analogieschlüssen dennoch effektiv arbeiten. Denn derartige Modelle helfen uns trotz ihrer begrenzten Reichweite, grundlegende Sachverhalte zu begreifen. Vor allem können aus ihnen Schlußfolgerungen gezogen werden, wie man als Anwender sein tägliches Verhalten optimieren könnte. Sie können uns auf bestimmte perspektivische Verzerrungen, z.B. „linkshirnig" oder „rechtshirnig" zu denken, aufmerksam machen. Ferner bewahren sie uns durch ihre Überschaubarkeit davor, uns in einzelnen Details zu verlieren. Diese didaktisch-methodischen Möglichkeiten sind nicht von der Hand zu weisen und Leitlinie für die Erarbeitung von besseren Modellen.

Es kommt demnach gar nicht darauf an, exakt zu begreifen und nachzustellen, wie unser Gehirn wirklich funktioniert, sondern lediglich Hypothesen darüber zu bilden und auszuprobieren, welche der Hypothesen uns letztlich einen Schritt weiter bringen. „Lineare" versus „vernetzte" Aufzeichnungsmethoden sind so gesehen auch nur Hypothesen, die mit der Wirklichkeit an sich nichts gemein haben, mit deren Hilfe wir jedoch unsere Wirklichkeit erfassen und – je nach verwendeter Methode – ein kleines Stückchen „angemessener" verarbeiten können. Und dieser „kleine" Entwick-

142 vgl. Haaf 1987, S. 31: Das Problem bei der Hirnforschung besteht generell darin, daß „Objekt und Subjekt eins sind. Niemand weiß, ob es prinzipielle Grenzen der Erkenntnis gibt, die es einem Menschenhirn verwehren, ein Menschenhirn zu verstehen."

lungsschub kann sich schon als „Quantensprung" herausstellen, indem er in vielen verschiedenen Teilbereichen bereichernd hineinwirkt und dadurch große Veränderungen auslöst.

Wie können wir uns letztere Aussage begreiflich machen? Vielleicht durch folgende Überlegung: Stellen Sie sich vor, sie stünden an einem Punkt irgendwo in Köln und würden von dort aus mit Hilfe eines Kompasses zu Fuß über Stock und Stein nach München wandern wollen. Auf den ersten Metern würde eine Abweichung von nur einem Grad sich kaum großartig auswirken, auf die Gesamtstrecke bezogen wird diese kleine anfängliche Ungenauigkeit jedoch etliche Kilometer Zielabweichung ausmachen.

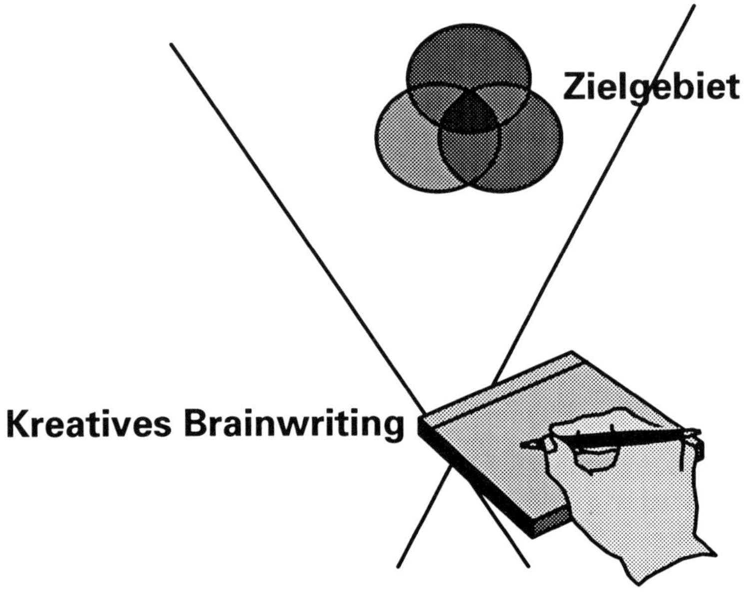

In ähnlicher Weise verstehen wir die Auswirkungen unseres Konzepts: Es liegt den gehirngerechten Denkprozessen etwas näher als vergleichbare Ansätze und wird daher im Laufe unseres Lebens mehr und mehr unsere persönliche Denkeinstellung, Kreativität, Lernbereitschaft, Problemlösungs- und Teamfähigkeit bereichernd beeinflussen und uns auf diese Weise zu weitaus präziseren Ergebnissen befähigen.

Viele der nachfolgend beschriebenen Abbildungs-Modelle haben demnach nicht den Anspruch, die Prozesse wirklich so abzubilden, wie sie im Gehirn ablaufen – das funktioniert ja allein schon deshalb nicht, weil wir im Gehirn über drei und mehr Bewegungsrichtungen verfügen, uns auf dem Papier jedoch nur begrenzte Gestaltungsmöglichkeiten gegeben sind. Und dennoch werden wir entdecken, welche Auswirkungen sich allein dadurch einstellen, daß unser Denk-Verhalten nunmehr über einen entsprechenden, wenig behindernden Denk-Rahmen verfügt und unserem „inneren Gedankenfluß" freien Lauf läßt.

7.2 Aufzeichnungstechniken: Unser kulturelles Erbe

In der Einführung dieses Buches wurde das zugrundeliegende Problem aus aktueller Sicht thematisiert, nämlich die Fülle, Vielfalt und Vernetztheit der stetig auf uns einströmenden Information und die daraus resultierende Anforderung an den modernen Menschen, dieser Informationsflut „Herr" zu werden.

Es ist sicherlich eines der bedrückendsten Zeugnisse unserer Zeit, daß viele Menschen an dieser Aufgabe scheitern. Sie sind mehr „Sklaven" ihres Terminkalenders, ihres Zeitplaners, der Versuche, ihre verschiedenen beruflichen und privaten Aufgaben unter einen

Hut zu bringen ... und geraten durch das Balancieren der unterschiedlichsten Anforderungen in einen Teufelskreis hinein, der mitverantwortlich für viele der modernen Zeitkrankheiten ist:

Wir meinen den selbstverursachten Streß, der darin besteht, zu einer Sache (aus welchen Gründen auch immer) laut „ja“ zu sagen und innerlich „nein“ zu meinen.[143]

Aufzeichnungen jeglicher Art (Notizen, Lernstoff, Verabredungen, Aufbereitungen eines Themas, Gesprächsprotokolle, Gebrauchsanweisungen, Briefe, Tagebucheintragungen, Konferenzmappen, Tagesordnungspunkte bei Besprechungen, ...) haben nun die Aufgabe, den betreffenden Menschen zu entlasten. Und jeder Mensch in unserer Gesellschaft hat ein eigenes System entwickelt, wie er Termine, Ideen und Konzepte so zu Papier bringt, daß sein Gedächtnis entlastet wird. Dabei gibt es „gute“ (erfolgreiche) und „weniger gute“ (erfolglose, ja verwirrende) Methoden, um seine Aufzeichnungen zu tätigen. Schaut man aber einmal genauer hin, so unterscheiden sich viele dieser Strategien und Methoden, um sich seine Termine etc. zu organisieren, gar nicht so sehr voneinander.

- Dies ist einerseits erstaunlich, weil es sich ja um derart unterschiedliche Sachverhalte mit je anderen Zielsetzungen handelt. Sollte wirklich eine Technik für alle Möglichkeiten genügen?
- Andererseits ist dies auch nicht verwunderlich, weil wir uns durch die Art unserer Aufzeichnungen als „Kinder unserer Kultur“ ausweisen. Wir tragen unser kulturelles Erbe auch in diesem Zusammenhang mit uns und in uns. **Die „Welt“, in der wir**

143 vgl. Sprenger 1992.

leben, bestimmt demnach unseren Denk- und Aufzeichnungsrahmen. Sind wir uns dieses Rahmens eigentlich bewußt? Wissen wir, was er uns erlaubt? Ist uns bekannt, wo er uns behindert?

Die wesentlichen Einflüsse haben wir sehr früh in unserem Leben gelernt und profitieren weitgehend von den Erfahrungen, die im Laufe unserer Lebensjahre hinzugekommen sind und unsere bisherigen Erfahrungen bestätigt haben. Aufzeichnen (Schreiben) ist neben Rechnen und Lesen eine der grundlegenden Kulturtechniken, die wir in den ersten Schuljahren lernen. Und in den späteren Schul-, Ausbildungs- und Berufsjahren nutzen wir diese Fähigkeiten, um uns allgemeine und später spezielle Kenntnisse und Fertigkeiten anzueignen. Und wir gehören sicherlich zu den Menschen, die vorhaben, auch in zukünftigen Jahren aus diesem Pool zu schöpfen ...

Ein wichtiger Aspekt kommt uns bei diesem Vorgehen jedoch nicht in den Sinn. Wir sind so mit dem Erwerb neuer Fertigkeiten und Kenntnisse beschäftigt, daß wir **keine Zeit haben, uns zu fragen, ob unsere grundlegenden Kulturtechniken wirklich noch unseren gewachsenen Ansprüchen genügen (können)**. Den Blick „zurück" (oder sollte man besser „nach vorn" sagen?), den Blick auf die Wurzeln unserer Fertigkeitspyramide, den Blick auf die gegenwärtige Qualität unseres Kulturtechnikpotentials tun nur wenige Menschen ... und bemerken dadurch gar nicht die Wachstumsgrenze, die sie sich selbst gesteckt haben!!!

Darum geht es in diesem Buch, hier setzt das Kreative Brainwriting neue Akzente: Denn wir haben Lesen, Schreiben und Aufzeichnen in einer ganz charakteristischen (kulturspezifischen) Weise gelernt, und vielen Menschen sind eben die Grenzen nicht bewußt, die aus ihrer spezifischen Art des Aufzeichnens resultieren, die sie ungewollt akzeptieren, obwohl sie sie gar nicht akzeptieren müßten!

Entscheidenden Einfluß auf unser gegenwärtiges Aufzeichnungsverhalten hat dabei die **Erfindung des Buchdrucks** gegen Ende des Mittelalters. Die mit dieser Erfindung einhergehenden Einflüsse auf unsere Art und Weise des Schreibens und Lesens sind immens. Denn seit dieser Zeit haben wir uns mehr und mehr angewöhnt, im Rahmen der dadurch gegebenen „gedruckten Vorlagen“ zu denken und zu handeln; wir haben es uns angewöhnt, uns am gesprochenen und geschriebenen Wort zu orientieren, wir haben angenommen, daß die gestrengen Regeln des vorliegenden linearen Systems (von links oben nach rechts unten, Zeile für Zeile, Wort für Wort) wirklich die „normale Art“ sei, um Dinge und Ideen aufzuzeichnen, um sie zu erinnern.

Und je leichter Papier als Aufzeichnungs- und Dokumentationsmaterial zur Verfügung stand, umso ausgiebiger wurde und wird es genutzt. Selbst die Möglichkeit der Dokumentation mit Hilfe des Computers hat diesen Trend (noch) nicht gebrochen. Dies belegen zumindest die gewaltigen, täglichen Papierberge in vielen Unternehmen.

Möglicherweise wird dieser Trend auch weiterhin beibehalten, weil wir Menschen das bedruckte Papier als wesentlich „sinnvoller“ erachten als die abgespeicherte Information auf Diskette oder Festplatte. Das Papier gibt die inhaltliche Information direkt weiter, ist zudem auch kinästhetisch begreifbar, wohingegen dieselbe Textinformation im Computer erst dekodiert (von der Festplatte auf den Bildschirm) werden muß und selbst dann nur visuell wahrnehmbar erscheint.

Vielleicht ist dies nur eine gegenwärtig noch verbreitete subjektive Erscheinung, die sich mit dem weiteren „Eindringen“ des

Computers in sämtliche Lebensbereiche nach und nach relativiert, möglicherweise spricht hieraus aber auch das grundlegende Bedürfnis nach ganzheitlicher (kinästhetischer, visueller und auditiver) Erfassung von Sachverhalten. Überprüfen Sie sich einmal selbst, was Sie benötigen, um ein Schriftstück zu bearbeiten. Den Autoren ist – trotz ihres tagtäglichen Umgangs mit Textverarbeitungssystemen – nach wie vor das reale Schriftstück wesentlich näher und oft auch leichter zu korrigieren als der sich nach und nach (linear!) aufbauende Schriftsatz auf dem Bildschirm.

Wir sind der Ansicht, daß das Medium „Computer" diesen Prozeß zur Linearität nicht entschärfen, sondern im Gegenteil noch weiter verstärken wird, nämlich menschliche Kommunikation mit Hilfe von Sätzen, Wörtern, Zahlen, Gliederungen und Linearität zu begreifen ... und Aufzeichnungen in normaler literarischer Art als das Maß aller Dinge anzusehen.[144]

Die Grenzen dieses linearstrukturellen Denkens und Aufzeichnens zeigen sich am deutlichsten in unseren Bildungseinrichtungen, in unseren Schulen, wo einerseits Kreativität und Individualität im kindlichen und jugendlichen Lernverhalten und andererseits die auch heute noch vorherrschende lineare Art des Lernens und (Lehrens) aufeinanderprallen.

Es gilt immer noch als normale Pädagogik in unseren Schulen, so schreiben Klaus Marwitz und Maria Beyer,

> „Stoff zu vermitteln, Wissen zu vergrößern, Informationen zu geben, und zwar derart, daß die Kenntnisse abfragbar sind. (Dabei kommt es doch – wenn man es genau betrachtet –, nicht darauf an, was man gelernt hat oder schwarz auf weiß nach Hause trägt, sondern darauf, wie sich das Denken verändert hat."[145])

144 vgl. Buzan 1988a, S. 93ff.

145 Beyer/Marwitz 1989, S. 7.

Die häufig beklagte Schulmüdigkeit hat eine Ursache darin, daß Inhalte nicht mehr im Lebenszusammenhang der Lernenden vermittelt werden. Und heute glauben viele immer noch, daß der Lebenszusammenhang, die Wirklichkeit, dadurch hergestellt würde, daß man reale Gegenstände mit in den Unterricht hineintrüge. Zu Zeiten von Comenius und seinen Nachfolgern entstammen aus diesem Denken die „Realiensammlungen". Doch die Mühen kann man sich sparen, denn die Gefahr der persönlichen Enttäuschung ist auf diesem Wege zu groß, nämlich daß trotz aller Anstrengungen der Weg zu den Herzen der Kinder und Jugendlichen, überhaupt zu dem der Lernenden, nicht freigelegt wird.

Denn das Eigentliche hat man noch nicht getan: Lernen ist immer ein aktiver Prozeß – und Lernaktivitäten kann man zwar „vorbereiten", indem man ihnen „Gestaltungsspielraum" gibt, aber man kann sie nicht erzwingen. Wer wirklich möchte, daß ein anderer lernt, daß ein anderer Mensch irgend etwas in seinem Sinne tut, der achte den anderen auch in seiner Freiheit, zu allen Aktivitäten und Bemühungen „nein" sagen zu können. Wenn man dazu bereit und fähig ist, dann kann man mit der Suche beginnen, nämlich mit der Suche, wie dieser spezifische Mensch seine Informationen organisiert und welche sinnesspezifische Ansprache er demzufolge braucht, damit er „sich bewegt".

Ein sich bewegender Mensch ist immer emotional angesprochen, denn er erlebt und verarbeitet aktiv die Dinge, um die es geht; er hat begriffen, worauf es ankommt, und er weiß genau, was sein Ziel ist; und er verwandelt auch immer das Material, was er lernen will, womit er sich gerade befaßt. Und das ist wichtig, denn erst mit der Verwandlung von Material wird eine Sache, ein Gegenstand, ein Anliegen, ein Projekt, eine Aufgabe oder was auch immer, zu seiner Sache, seinem Anliegen, seinem Projekt!

Leider werden diese beiden Gesichtspunkte in vielen Handlungsfeldern nicht berücksichtigt, ja nicht einmal angedacht ... mit den schon beschriebenen Folgen der Unlust, der Unwilligkeit und des Unverständnisses in die Zusammenhänge, des geringen persönlichen Einsatzes, der mangelnden Zielerreichung, der unterentwickelten Bereitschaft zur Zusammenarbeit etc. Alles Auswirkungen einer mehr oder weniger linearen Denk-, Arbeits- und Lernhaltung.

7.3 Kreatives Aufzeichnen – nur in bestimmten Situationen notwendig?

Wir haben es uns heutzutage angewöhnt, zwischen reproduktiven und kreativen Handlungen zu unterscheiden ... als ob wir hier wirklich eine Unterscheidung treffen könnten! Ist nicht jede Handlung kreativ ... aus einer bestimmten Perspektive betrachtet? Der entscheidende Unterschied liegt unserer Ansicht nach ganz woanders: Es gibt Handlungen, zu denen wir mit ganzem Herzen „ja" sagen, und Handlungen, die wir tun, weil wir sie tun müssen ... und wo unser persönliches Engagement auch eher unterentwickelt ist.

Wenn Sie nach Lösungen für letztere Aufgaben suchen, dann wird Ihnen das Kreative Brainwriting nicht gefallen, weil es wenig dafür geeignet ist, eine Sache ohne Engagement zu tun. Wenn Sie jedoch „ja" zu Ihrer Aufgabe sagen und nach Lösungen suchen, um sie noch besser machen zu können, dann wird Ihnen das Kreative Brainwriting ein sehr nützliches Instrument sein, um Ihre Ziele zu verwirklichen.

Wir haben bewußt „**Kreativ**" in den Titel aufgenommen, um damit dieses besondere Engagement zu betonen, welches die Auseinandersetzung mit interessanten Themen und Aufgabenstellungen befruchtet. Denn es ist letztlich unsere Entscheidung, eine Sache „halbherzig“ und „wenig interessant“ oder „mit ganzem Herzen“ und bei „vollem Interesse“ zu tun.

Beppo Straßenkehrer, eine fiktive Gestalt aus Michael Endes Buch „Momo“,[146] kann uns lehren, was es heißt, eine Straße „richtig“ zu kehren:

> „Siehst du, Momo“, sagte Beppo, „es ist so: Manchmal hat man eine sehr lange Straße vor sich. Man denkt, die ist so schrecklich lang; das kann man niemals schaffen, denkt man.“
>
> Er blickte eine Weile schweigend vor sich hin, dann fuhr er fort: „Und dann fängt man an, sich zu eilen. Und man eilt sich immer mehr. Jedesmal, wenn man aufblickt, sieht man, daß es gar nicht weniger wird, was noch vor einem liegt. Und man strengt sich noch mehr an, man kriegt es mit der Angst, und zum Schluß ist man ganz außer Puste und kann nicht mehr. Und die Straße liegt immer noch vor einem. So darf man es nicht machen.“
>
> Er dachte einige Zeit nach. Dann sprach er weiter: „Man darf nie an die ganze Straße auf einmal denken, verstehst du? Man muß nur an den nächsten Schritt denken, an den nächsten Atemzug, an den nächsten Besenstrich. Und immer wieder nur an den nächsten.“
>
> Wieder hielt er inne und überlegte, ehe er hinzufügte: „Dann macht es Freude; das ist wichtig, dann macht man seine Sache gut. Und so soll es sein.“
>
> Und abermals nach einer langen Pause fuhr er fort: „Auf einmal merkt man, daß man Schritt für Schritt die ganze Straße gemacht hat. Man hat gar nicht gemerkt wie, und man ist nicht außer Puste.“ Er nickte und sagte abschließend: „Das ist wichtig.“

146 Ende, M.: Momo, S. 38f.

Was sind unsere „Straßen" im täglichen Leben? Und mit welcher Einstellung, mit wieviel „Herz" gehen wir an diese Aufgaben heran?

Doch zurück zum Stichwort „kreativ": Was heißt eigentlich „kreativ"?

Etymologisch betrachtet kommt der Begriff aus dem Lateinischen (creare) und bedeutet soviel wie „schaffen, gebären, zeugen". Kreativität hat also viel damit zu tun, etwas Neues zu schaffen (bzw. in Altvertrautem zu entdecken). Dieser Gesichtspunkt ist aber nach Ansicht vieler Autoren[147] nicht ausreichend, um kreatives Handeln zu beschreiben. Betrachtet man einige Definitionen, so läßt sich erkennen, daß einige Autoren den Aspekt des „sinnvollen" und „brauchbaren" hinzufügen, während wieder andere die „Zielgerichtetheit" und „Absichtlichkeit" in den Vordergrund stellen, wobei nach genereller Ansicht Nutzlosigkeit und insbesondere Phantasie keine Wesensmerkmale der Kreativität darstellen.[148]

Wilkes versucht dem Dilemma eines Definitionskonsenses durch einen Perspektivenwechsel zu entgehen. Er schlägt vor, sich dem Phänomen durch die Frage nach dem **Gegenteil von Kreativität** zu nähern. Und seine Antwort hierauf lautet: die Neurose! Diese Antwort leuchtet insofern ein, wenn man nämlich Neurosen als Produkt der menschlichen Fähigkeit ansieht, ihr ohnehin schon durch die Sinne begrenztes individuelles Weltbild sukzessive durch Wahrnehmungseinschränkungen weiter zu verringern: „Eine totale Einschränkung der Weltwahrnehmung wäre also die Neurose."[149]

Kreativität im Gegenzug beinhaltet demzufolge die Suche nach Möglichkeiten, nach Alternativen, um aus einschränkenden, festgefahrenen Strukturen auszubrechen und das eigene Wahrnehmungs-

147 vgl. exemplarisch Wilkes 1988, S. 197ff.

148 vgl. Wilkes 1988, S. 198.

149 Wilkes 1988, S. 200.

potential sukzessive oder – wenn nicht anders möglich – auch radikal zu erweitern.

Wie wird man nun kreativ? Welche Voraussetzungen sind notwendig? Um die Suche nach Veränderungen anzugehen, bedarf es jedoch zunächst der Einsicht, daß eine Erweiterung (oder Verengung oder ein Perspektivenwechsel oder ein Sprung in andere Kontexte oder ...) unbedingt notwendig sei, ferner der Bereitschaft zur Tat (denn was nützt die beste Einsicht, wenn sie mich nicht in Bewegung versetzt?) und schließlich bedarf es eines bestimmten Aktionsrahmens (angemessene Umgebungsbedingungen, streßfreier innerer Zustand, Flow-Zustand, Alpha-Zustand)[150], um kreativ sein zu können.

Sind diese Voraussetzungen geschaffen, dann beginnt die kreative Phase. Hier „denkt" das Gehirn in Bildern und vernetzten ganzheitlichen Strukturen. Wenn man nun die Ergebnisse eines derartigen Denkprozsses, z.B. eines Brainstorming, möglichst „gehirngemäß" zu Papier bringen möchte, sind geeignete Aufzeichnungstechniken vonnöten, die den „Denkfluß" (Flow-Zustand) möglichst wenig behindern.

150 Diesen Zustand könnte man durch mentale Übungen und durch bestimmte „hinführende" Fragen gezielt erzeugen. Erinnern Sie sich an die Darstellung des NLP: Ein Zustand wird beeinflußt durch eine bestimmte Art von **internalen Repräsentationen** (Welche Bilder benötige ich, um „kreativ" zu sein? Welche Situationen sind mir in Erinnerung, wo ich mich als „besonders kreativ" erlebt habe? Was hatte ich damals gesehen, gehört, gefühlt, geschmeckt, gerochen?), ferner durch eine **Gestaltung des Setting**, der realen Arbeitsumgebung (Wenn ich alles machen dürfte, um mich wohlzufühlen, um 100%ig gut drauf zu sein, um meine volle Kreativität entfalten zu können: Was in meiner Umgebung müßte ich ändern? – Fällt Ihnen etwas auf? – Dann tun Sie es ... jetzt!!!) und schließlich noch durch eine **bestimmte Körperhaltung** (Physiologie: Wie sollte ich sitzen, stehen, liegen, gehen, um „kreativ" zu sein? Wie atme ich als Kreativer? Wie spreche ich? Wie bewege ich mich? – Haben Sie darauf Antworten? – Dann tun Sie es ... jetzt!!!).

Linearstrukturelle Konzepte „stören" von Anfang an den gesamten Denkprozeß, da sie schon mit den ersten Worten dem gesamten Denkprozeß eine Ordnung aufzwingen und somit unmittelbar in die Denk-Geschwindigkeit und den Ideenfluß eingreifen. Hierdurch verschwinden sehr oft wichtige Gedanken und Erkenntnisse. Kurze „Geistesblitze", die als mögliche Lösungen von anstehenden Problemen vor dem geistigen Auge auftauchen, verschwinden wieder, bevor sie „erfaßt" und aufgezeichnet werden können.

Zudem fallen bei satzförmigen Standardnotizen – wie Tony Buzan herausarbeitet – nahezu 90 Prozent an nicht-erinnerungswürdigen Wörtern an; d.h. das Gehirn wird durch eine Fülle von „Nebensächlichkeiten" unnötig belastet; im einzelnen fallen vor allem zwei Nachteile dieser Aufzeichnungstechniken im Gegensatz zu sog. Techniken, die mit Schlüsselworten arbeiten (wie vor allem das Mind Mapping und das Kreative Brainwriting), ins Gewicht. Dies sind

- zum einen arbeitsökonomische Zeit-Verluste,
  1. um Wörter niederzuschreiben, die keinen direkten Erinnerungswert besitzen;
  2. um dieselben unnötigen Wörter wieder zu lesen;
  3. um aus dem Gesamttext die Wörter herauszufiltern, die Schlüsselfunktion besitzen;
- zum anderen lernpsychologische Nachteile,
  1. weil die Verbindung zwischen den Schlüsselwörtern durch andere trennende Wörter unterbrochen ist (assoziative Blockade);
  2. weil dadurch auch die gedankliche Verknüpfung der Schlüsselwörter gefährdet ist und
  3. weil auch durch die erheblich längeren Texte der „Gesamt-Überblick" kaum möglich ist.[151]

151 vgl. Buzan 1988a, S. 93ff.

7.4 Vorläufer des Denkens in Netzwerken

Die Entdeckung der Netzwerkmodelle und deren Überlegenheit beim gehirngerechten Erinnern und Verarbeiten von Informationen ist keine Erfindung unserer Tage, ihre Wurzeln reichen vielmehr weit zurück in unser geistesgeschichtliches Erbe. Denn die Frage, wie man gehirngerecht lernen und arbeiten könne, ist im Grunde genommen fast so alt wie die Kulturgeschichte der Menschheit. Schon Aristoteles hat sich den Zugang zum menschlichen Gedächtnis über Schlüsselbilder vorgestellt[152]. Auch den großen redegewandten römischen Senatoren sagte man nach, daß sie über Lernstrategien verfügten, die durch Verknüpfung von Sprache und Bild, Imagination und Assoziation entstanden.[153]

Ein Vorläufer für Netzwerkmodelle ist auch aus dem 13. Jahrhundert bekannt. Der spanische Philosoph Llull hatte sich der Frage zugewandt, wie man Worte, Begriffe und Bilder am besten lexikalisch so ordnen könne, daß auch die bestehenden komplexen verwandtschaftlichen Beziehungen der einzelnen Begriffe untereinander deutlich abgebildet würden. Llull entwickelte schließlich – in Anlehnung an die Natur – einen sog. „Stammbaum", indem er die bestehenden Zusammenhänge in der Form eines Baumes mit Wurzeln, Stamm, Ästen, Zweigen und Blättern darstellte.[154]

152 vgl. Kirckhoff 1988, S. XIII.

153 Hier sind vor allem Mnemotechniken wie Loci-Technik, Assoziationstechnik, Schlüsselworttechnik zu nennen – vgl. Lindsay/Norman 1981, S. 275ff.; Buzan 1988b, S. 46.

154 vgl. Kirckhoff 1988, S. XIV.

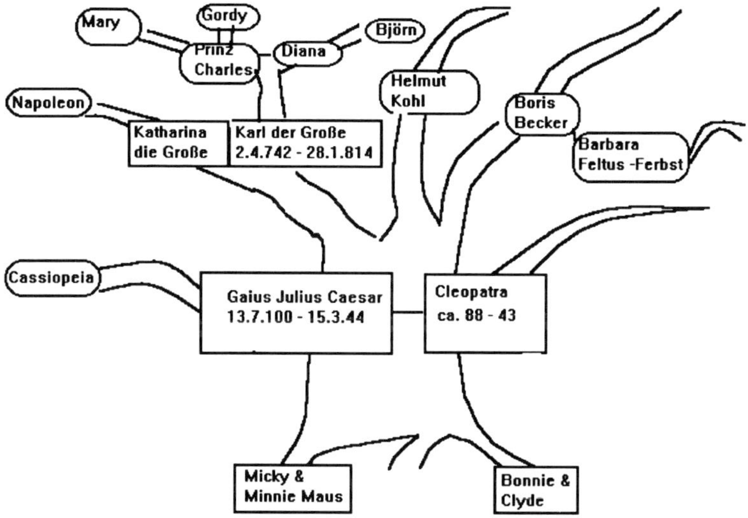

Doch trotz dieser verstreuten Einzelzeugnisse und der im rhetorischen Bereich in all den Jahrhunderten bekannten ganzheitlichen Merkansätze, blieb es der neuesten Zeit vorbehalten, sich wieder gezielt auf die Suche zu machen nach praktikablen Anwendungsmöglichkeiten für Netzwerkmodelle. Die nachfolgend vorgestellten Ansätze sind dabei als „Kinder ihrer Zeit" zu verstehen, d.h. mit ihnen sollten ganz bestimmte Fragestellungen bearbeitet werden, und demzufolge ist auch die Reichweite und Leistungsfähigkeit der einzelnen Ansätze stark davon geprägt, was genau mit ihnen untersucht werden soll.

Nachfolgend haben wir einige Beispiele für Netzwerk-Modelle, die zum Teil auch als Vorläufer des Kreativen Brainwriting betrachtet werden können, ausgewählt:

1. Kognitionspsychologische Ansätze – Versuche, ein objektiv-formallogisches Ableitungssystem zu entwerfen,
2. die Netzwerkdarstellungen von Frederic Vester – vornehmlich als Visualisierungsinstrument für systemisch-ganzheitliche Prozesse eingesetzt,
3. die geistigen Landkarten (cognitive maps) von Tolman u.a. – als subjektiv-assoziative Netzwerke,
4. das Mind Mapping nach Tony Buzan und seine Weiterentwicklungen durch Maria Beyer und Klaus Marwitz (Innere Mind-Maps)
5. und sog. PC-Maps – oder Versuche, die Linearität des Computers zu überwinden.

Wir präsentieren eine Auswahl dieser Netzwerkmodelle, um dem Leser zu zeigen, daß die Anwendungsbreite erheblich ist und daß man von keinem Modell als *dem Modell* sprechen kann; denn jedes Modell hat seinen ganz spezifischen Einsatzraum und bietet dort seinen Nutzen an.

Nehmen Sie, liebe(r) Leser und Leserin, aus dieser Fülle von Möglichkeiten die Aufforderung mit, für Ihre ganz persönlichen Fragestellungen eigene Netzwerke zu entwickeln und die noch junge Geschichte dieser ganzheitlichen Ansätze gestaltend weiterzuentwickeln.

7.4.1 Kognitionspsychologische Ansätze

Das Problem, komplexe Sachverhalte anschaulich darzustellen, ist aus kognitionspsychologischer Sicht eng an die Arbeits- und Funktionsweise des menschlichen Gehirns als Informationsaufnahme, -verarbeitungs- und -speicherungsinstrument geknüpft.

Diese lernpsychologische Richtung hat sich dabei aber nicht mit der Perspektive befaßt, wie einzelne konkrete Handlungssubjekte „ihre“ Informationen aufnehmen, verarbeiten und speichern, sondern erklärtes Ziel dieser Wissenschaftsrichtung ist es, möglichst objektive (objektivierbare) Ergebnisse zu präsentieren und diese angestrebte Objektivierbarkeit durch die Entwicklung von formallogischen Ableitungssystemen zu erreichen.

Man kann den Forschungsansatz der Kognitionspsychologen auch so beschreiben: Im Mittelpunkt dieses Ansatzes steht **der Mensch als Lernsubjekt an sich**, nicht aber etwa die Person Heinz Krause mit ihren ganz spezifischen und konkreten Lernhandlungen. Vor diesem Hintergrund wird verständlich, daß die Übertragung auf die Lernhandlungen von Heinz Krause sich als recht schwierig gestalten dürften. Mit diesen Modellen wird halt ein formalwissenschaftliches Ableitungssystem gesucht, eine Nutzanwendung und Übertragung auf allgemeine Fragestellungen war von den Erfindern nicht vorgesehen.

Die Grundstruktur kognitionspsychologischer Netzwerkmodelle sieht folgendermaßen aus: Ziel ist es, die Wissensstrukturen im menschlichen Gedächtnis abzubilden. Zu diesem Zweck geht man von der Annahme aus, daß der Mensch über verschiedene Gedächtnisse (etwa Ultrakurzzeit-, Kurzzeit- und Langzeitgedächtnis) verfügt. Die Vielzahl der wahrgenommenen Informationen wird von dem Organismus zu Begriffen zusammengefaßt, diese Begriffe werden als Einheiten gespeichert. Diese Einheiten sind schließlich durch qualitativ unterschiedliche Relationen miteinander verbunden, so daß letztlich ein Netzwerk entsteht.[155]

Für unser Thema, Vorläufer des Kreativen Brainwriting zu entdecken, sind nur die darstellungstechnischen Gesichtspunkte dieser Ansätze von Interesse. Eine Vorstellung über die generelle Vorgehensweise kognitionspsychologischer Konzepte sollen die nachfolgenden Ansätze vermitteln:

Beispiel 1: Die hierarchischen Netzwerke nach Collins/Quillian (1969)

Dieses Modell basiert auf einem Zwei-Speicher-Gedächtnis,

- einem **episodischen Gedächtnis**, welches räumliche und zeitliche Informationen über Ereignisse speichert und stets einen autobiographischen Bezug hat, und
- einem **semantischen Gedächtnis**, welches als organisierter Wissensspeicher fungiert. Das semantische Gedächtnis enthält „Wissen über die Welt, über die Sprache und ihre Verwendung“[156] und umfaßt Programme bzw. Regeln für Aktionen und Operationen.

Das semantische Gedächtnis, welches für Gebrauch, Organisation und Verstehen von Schrift und Sprache zuständig ist, steht im Zentrum dieses Ansatzes. Nach Collins/Quillian ist es als Netzwerk organisiert, dessen grundlegende Struktur sich als „Substantivhierarchie“[157] darstellt. Das Netzwerk wird gebildet durch zwei

155 vgl. Hoffmann 1986, S. 45.

156 Kintsch 1982, S. 244.

157 vgl. Collins/Quillian 1969, zitiert in: Kintsch 1982, S. 246.

verschiedene Formen von Knoten, Begriffsknoten und Merkmalsknoten, und drei verschiedene Arten von Zuordnungen (Relationen), erstens die Oberbegriffsrelation, zweitens die Unterbegriffsrelation und drittens eine Klasse zur Bindung unterschiedlicher begrifflicher Merkmale.[158]

Die jeweiligen „Knotenbegriffe" werden so lange mit jeweils übergeordneten Begriffen logisch verbunden, bis schließlich ein Netzwerk mit einem „höchstmöglichen Konzeptknoten", einem alles umfassenden Begriff, gefunden wurde. Dieser „höchste" Begriff braucht im Gedächtnis nur einmal repräsentiert sein. Die nachfolgende Abbildung zeigt einen Ausschnitt eines hierarchischen Netzwerkes, welches nach diesen Regeln gestaltet wurde:

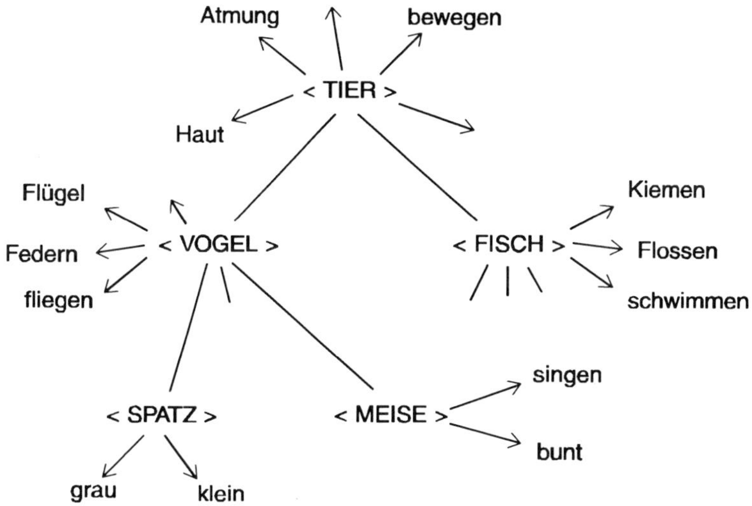

158 vgl. Hoffmann 1986, S. 45.

Das erklärte Ziel von Collins und Quillian war es, ein Modell zur Hierarchisierung von Begriffen zu schaffen; das ist ihnen gelungen. Kritisch muß zu diesem Modell angemerkt werden, daß die monotone Unter- und Oberbegriffsbeziehung in ihrer Anwendung doch recht starr und unflexibel erscheint und keine andersartigen Zuordnungsmöglichkeiten zwischen den einzelnen Begriffen zuläßt. Weiterhin bedeutet die einseitige Ausrichtung nur auf den semantischen Teil des Gedächtnisses doch eine erhebliche Einschränkung, und dadurch scheint dieses Konzept nur sehr bedingt zur Erfassung der „wirklichen" Leistungsfähigkeit des menschlichen Gehirns geeignet zu sein.

Beispiel 2: Das Modell der sich ausbreitenden Aktivierung nach Collins/Lotfus (1975)

In einem revidierten Modell haben Collins und Lotfus auf die hierarchische Struktur ihres kognitiven Netzwerkes verzichtet und statt dessen als vorherrschendes Prinzip die semantische Relation bzw. semantische Entfernung der Begriffe untereinander eingeführt. Auch in diesem Modell werden die Knotenbegriffe netzwerkartig miteinander verknüpft, wobei jedoch die Länge der Verbindungen über die Verwandtschaft der Begriffe Aufschluß gibt: D.h., je kürzer die Verbindungslinie zwischen den Begriffen ist, desto enger ist die Relation zwischen den Begriffen.

Wie in dem ursprünglichen Modell von Collins/Quillian lassen sich hier bei Bedarf auch andere Beziehungen darstellen: Zum Beispiel würde „isa" (= is a) verdeutlichen, welche Begriffe anderen übergeordnet sind, wohingegen „isnota" (= is not a) in der Abbildung „kein Beispiel für ..." bedeutet.

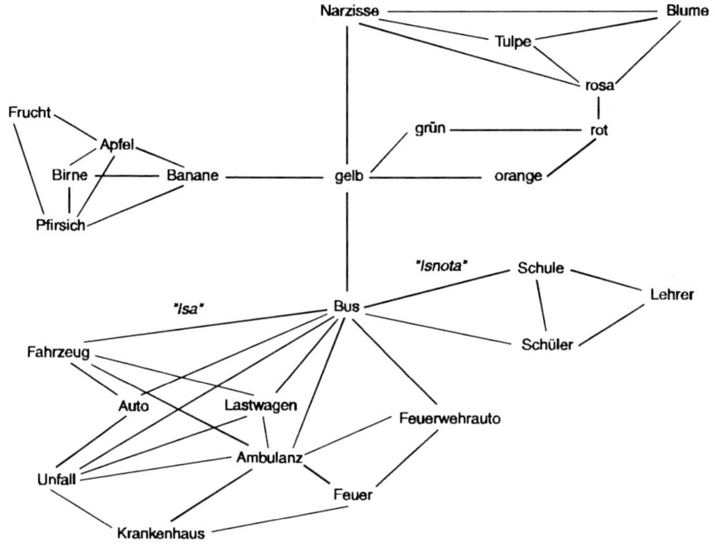

Das Modell der sich ausbreitenden Aktivierung enthält mehrere Annahmen über die Art der Informationsverarbeitung im Gehirn:

1. Verbindungswege unterscheiden sich durch ihre Zugänglichkeit und Stärke, d.h. es braucht weniger Zeit, einen starken als einen schwachen Verbindungsweg zu durchlaufen (Blume – Narzisse gegenüber Narzisse – Feuerwehrauto);

2. Wird ein Begriff aktiviert, dann überträgt sich seine Aktivierung auch auf benachbarte Begriffe – genauso wie Wellen, die entstehen, wenn man einen Stein in einen Teich wirft. Das gesamte Ausmaß der Aktivierung ist abhängig von der ursprünglichen Stärke der Erstaktivierung, der Entfernung von Aktivierungspunkten und dem Zeitbetrag seit Beginn der Aktivierung.

3. Geht die Aktivierung von schon aktiven Knoten aus und sind die Verbindungswege auch stark ausgeprägt, so spricht alles für eine rasche und weite Ausdehnung, im anderen Fall wird die Aktivierung schnell im Sande verlaufen.

4. Das Modell beschreibt schließlich ein komplexes Muster an Entscheidungsprozessen, d.h. wenn mehrere Knoten aktiviert werden (durch den Satz „Apfel und Birne sind Früchte"), so betreiben sie gemeinsam die weitere Ausdehnung des Aktivitätspotentials.[159]

Beispiel 3: Modelle aktiver semantischer Netzwerke nach Rumelhart, Lindsay und Norman

Die Grundidee des semantischen Netzwerkes wurde beibehalten, eine Erweiterung findet bei diesen Autoren jedoch insofern statt, daß in ihrem Modell des „aktiven strukturellen Netzwerks" die Knotenpunkte des Netzes für Begriffe, Situationen und Ereignisse stehen. Desweiteren sollen durch die gerichteten Pfeile die Art der Relationen verdeutlicht werden.

Das Modell versucht gleichfalls linguistische Beschreibungen, möchte aber die bei Collins u.a. vorhandene statische Betrachtungsweise zugunsten einer dynamischen Sicht aufgeben, d.h. es sollen auch Prozesse und geistige Operationen erfaßt werden, und zwar in einer ersten Phase in ihren „**aktiven Strukturen**" (den aktiv beteiligten Begriffsinhalten, situativen Komponenten und prozeßorientierten Komponenten), bevor in einer zweiten Phase **interpretative (semantische) Strukturen** einbezogen werden.[160]

159 vgl. Wessels 1984, S. 257ff.

160 vgl. Kluwe 1979, S. 16ff.

Als Beispiele für ein aktives strukturelles Netzwerk sei eine fiktive Situation genommen, nämlich „Jens löste die Gleichung mit dem Taschenrechner und wurde vom Lehrer getadelt"; diese wird zunächst in ihre einzelnen Aussageteile zerlegt (Schritte a bis c), bevor schließlich der vor allem im Zeitablauf interessante Gesamtzusammenhang dargestellt wird (Schritt d).

Situationen werden formal durch ihre wesentlichen Elemente abgebildet; diese sind

- die *Handlung* (= Verb; hat, h; ist ein, ie)
- der *Ausführende* (= Agent, ag)
- der *Handlungsgegenstand* (= Objekt, obj)
- das *Handlungsinstrument* (= Instrument, inst)
- der *Handlungsempfänger* (= Rezipient, rez bzw. recipient, rec).
- *Ortsbezeichnungen* (= location, loc)

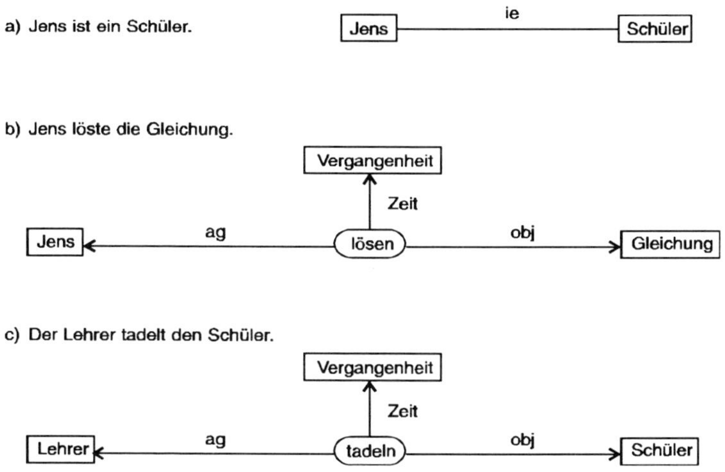

d) Jens löste die Gleichung mit dem Taschenrechner und wurde vom Lehrer getadelt.

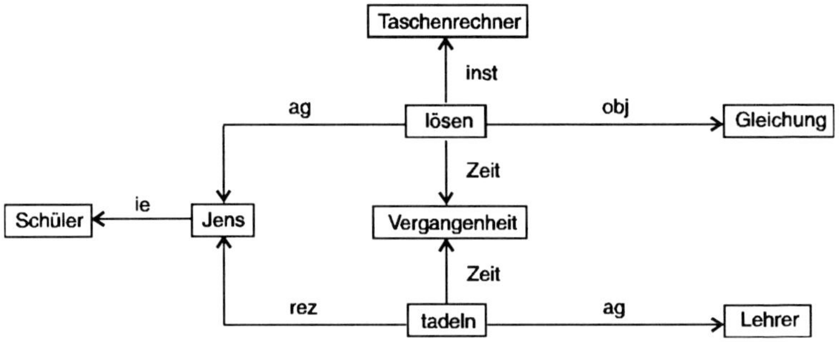

Bei der *Abbildung von Prozessen* werden die einzelnen situativen Komponenten um eine zentrale Handlung herum gruppiert und angeordnet. Durch die Netzwerkstruktur können dann die zeitliche Abfolge von Situationen, die Handlungsfolgen oder der Zusammenhang zwischen verschiedenen Handlungen geklärt werden.

Als weiteres Beispiel wird ein einfaches Ereignis darstellt: Ein Schüler bearbeitet eine Gleichung mit Hilfe eines Taschenrechners und mit der Unterstützung des Lehrers. Dabei führt er die Rechenoperationen „kürzen“ und „multiplizieren“ durch. Als zusätzliche Relationen sind in diesem Beispiel

- *dann* (= führt zur nächsten Handlung) und
- *während* (= verbindet gleichzeitig ablaufende Handlungen)

vertreten.

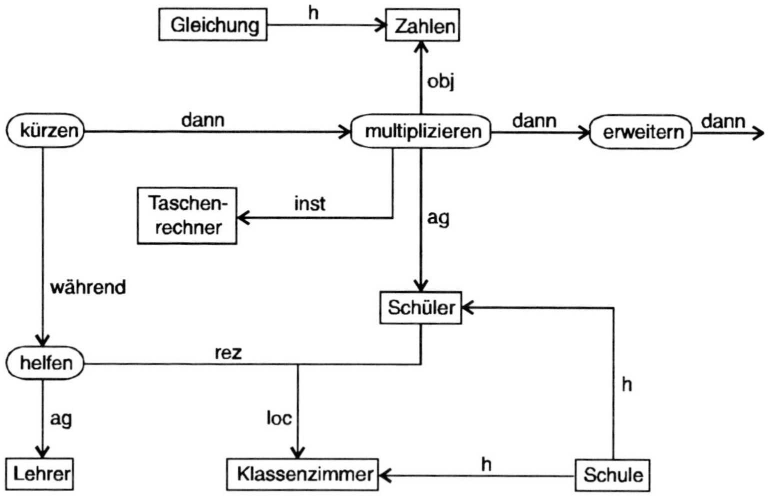

Was können wir aus diesen Beispielen ersehen?

Die Kognitionspsychologen geben sich viel Mühe, um grundlegende Situationen in ihren Strukturen zu erfassen und eindeutige linguistische Beziehungen darzustellen. Diese Beispiele verdeutlichen ferner, daß schon zur Verarbeitung einfachster Konstellationen, Situationen und Prozesse erhebliche Anstrengungen unternommen werden müssen, um eine einfache Klarheit zu erlangen. Dabei ist man mit den hier vorgestellten Elementen noch gar nicht am Ende der Fahnenstange angelangt, sondern könnte ohne weiteres noch feinere Unterscheidungen vornehmen ... was wiederum zu einem noch erweiterten „Abkürzungsverzeichnis" führen würde ... was den Aufwand noch weiter in die Höhe treiben würde, was ...

In gewisser Weise befindet man sich in der Lage, daß man eine Tür zu einem Raum öffnet und in diesem Raum dann auf drei weitere Türen stößt, die wiederum in andere Räume führen, wo auch wieder drei Türen auf einen warten usw. usf.

Mit Blick auf die Netzwerkmodelle fällt auf, daß die Verfasser den zentralen Gegenstand bzw. die Handlung in der Mitte ihres Modells zentrieren, um sich so Entwicklungsfreiheiten in jede Richtung zu verschaffen. Dennoch dominieren in diesen Darstellungen noch der Hierarchisierungsgedanke und eine lineare Darstellungsform (erst x, dann y, dann z).

Aus diesen Sachverhalten könnte man schlußfolgern, daß das semantische Gedächtnis – wie hier vorgestellt – beim Problemlösungs- und Wiedererkennungsprozeß überwiegend logisch arbeiten würde. Somit sind nach wie vor die eingangs erwähnten „episodischen Gedächtniselemente“ (mir fällt gerade ein, ...; das erinnert mich an ...; schaut diese ... nicht aus wie ...; das hat ... auch immer getan) vernachlässigt. Doch mit diesen „chaotischen“, d.h. sich dem Ordnungsgedanken entziehenden Potentialen, steht und fällt doch das menschliche Denken und Handeln.

Beispiel 4: Denken als Interpretationsprozeß nach Lindsay und Norman

Lindsay und Norman haben Versuche unternommen, Linearität und Hierarchie sukzessive aufzulockern. Dabei bedienen sie sich ebenfalls des durch Knotenpunkte, gerichtete Pfeile und viele Abkürzungen gekennzeichneten Instrumentariums. Die nachfolgende Abbildung[161] auf Seite 285 zeigt den Teil einer möglichen Gedächtnisstruktur, nachdem der betreffenden Person folgende Fakten erzählt wurden:

161 vgl. Norman, modifiziert nach Dörner 1979, S. 29.

- Henry hat Sam gebissen, weil Sam Mary angeschrien hat, als Mary bei Luigis Luise traf.
- Luigi's ist eine Kneipe, die Al gehört, der wiederum der Besitzer des Hundes Henry ist.
- Mary liebt Bob, der wiederum Luise liebt.

Ferner gelten in der Abbildung l = liebt, tr = trinkt und bes = besitzt. Versuchen Sie einmal, sich ein Bild von dem hier gegebenen Sachverhalt zu machen und die einzelnen Beziehungszusammenhänge zu entschlüsseln.

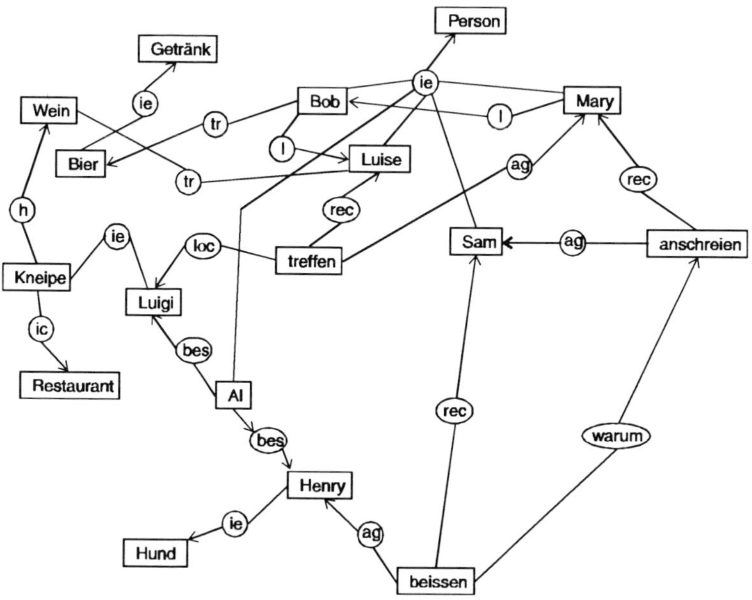

Beispiel 5: Das Modell der epistemischen und heuristischen Struktur nach Dörner

Als letztes Beispiel der Kognitionsforschung sei das o.g. Modell von Dörner vorgestellt. Dieser unterscheidet, was Menschen wissen (= epistemische Struktur) und wie sie dieses Wissen anwenden (= heuristische Struktur). Man könnte auch sagen, die epistemische Struktur gleicht einem Bild des Realitätsbereiches eines Menschen, und die heuristische Struktur sei die Verfahrensbibliothek, über die ein Mensch verfügen muß, um handeln zu können.

Mit dieser Unterscheidung ist Dörner ja nicht weit entfernt von unseren Aussagen über die Art, wie Menschen denken und lernen. Damals haben wir Struktur und Inhalt als die wesentlichen Aspekte vorgestellt (vgl. Kapitel 5.1) und deren Zusammenspiel, aber auch deren Mißverhältnis in der heutigen Zeit zugunsten des Inhaltsaspekts betont.

Doch wie gestaltet Dörner das Zusammenspiel zwischen epistemischer und heuristischer Struktur in einem Netzwerkmodell? Und wie vermag er dynamische Aspekte (Prozesse und Handlungen) zu integrieren?

Dazu wieder ein Beispiel: Die Handlung „Rost-Bildung“ (als chemischer Prozeß, der von einem Schüler im Chemieunterricht initiiert wird) ergibt sich aus

- einem Eingangssachverhalt (= Ausgangsbasis bzw. Ist-Zustand),
- einem Ausgangssachverhalt (= Zielzustand bzw. Soll-Zustand) und
- einem dazwischengeschalteten Prozeß (= verschiedene Zwischenzustände).

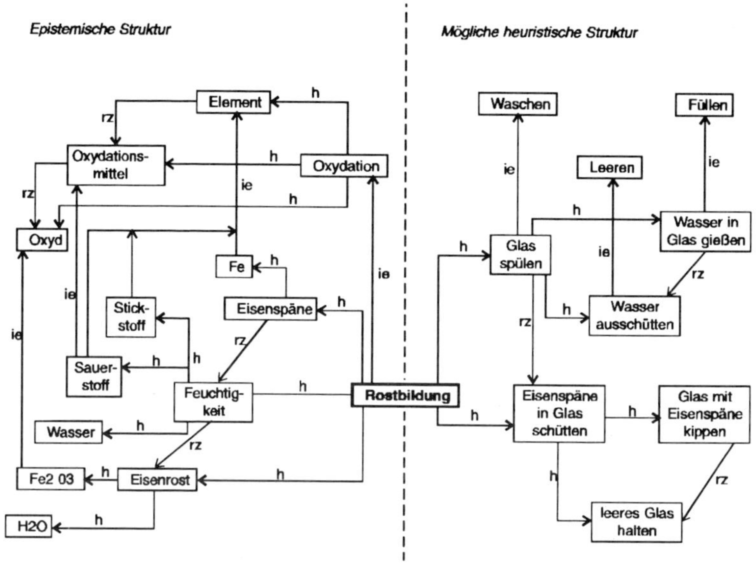

Zudem hat Dörner in diesem Modell auch schon Möglichkeiten angedacht, wie spezifische Inhalte und Prozesse zu einer übergeordneten Struktur (zu einer Komplexion) zusammengefaßt werden. Was Komplexionsbildung heißt, verdeutlicht Kluwe am Beispiel von Schachspielern:

> „Gute und erfahrene Schachspieler erkennen rasch günstige oder ungünstige Konfigurationen; bestimmte Figuren und ihre Stellung zueinander werden im Laufe der Spielpraxis zu einer Komplexion ‚günstige Stellung' zusammengefaßt. Ein ungeübter Spieler nimmt hingegen eher einzelne Steine auf dem Brett wahr.“[162]

Im Gegensatz zu den zuvor dargestellten Modellen hat Dörner zwei strukturelle Teilsysteme, die durch die Zentralhandlung „Rost-

162 Kluwe 1979, S. 28.

bildung" miteinander verwoben sind. Im Vergleich zu den Vorgängermodellen ist es wesentlich übersichtlicher und ökonomischer gestaltet, was vor allem auf die gleichgewichtige Beschreibung von Sachverhalten und Veränderungsmaßnahmen beruht.

Zusammenfassende Betrachtung der kognitionspsychologischen Netzwerke

Wie wir gesehen haben, handelt es sich bei den vorgestellten kognitionspsychologischen Ansätzen überwiegend um Versuche, die Repräsentation von Gedächtnisinhalten zu klären. Diesen Vertretern geht es darum, mit Hilfe von Netzwerkmodellen zu verdeutlichen, wie eine aufgenommene Information verarbeitet wird, wie sie langfristig im Gedächtnis verankert werden kann und wie man beim Problemlösen auf sein Gedächtnispotential zurückgreifen kann.

Dabei wird es Ihnen, lieber Leser, wahrscheinlich ähnlich wie uns ergangen sein: Durch die vielen Ableitungsregeln etc. wird das Verständnis der Modelle nicht unbedingt erleichtert, und mancher wird sich fragen, weshalb derart banale Situationen theoretisch so „verfremdet" werden müssen. Steckt man nicht in der Gefahr, so möchte man meinen, daß man schließlich den Wald vor lauter Bäumen nicht mehr sieht?

Vielleicht hilft hier ein kleiner Perspektivenwechsel: Schauen Sie noch einmal genauer hin. Betrachten Sie die Abbildungen nicht als Sachverhaltsdarstellungen, sondern als „Bilder". Handelt es sich hierbei nicht samt und sonders auch um Brain-Maps oder zumindest um map-artige Darstellungen? Um Brain-Maps, die vielleicht jeweils **nach anderen Regeln** erstellt worden sind?

- Es sind Brain-Maps, die – und das könnte ein gewichtiger Unterschied sein – nicht spontan, sondern – so scheint der Eindruck – „total kontrolliert" und „überlegt" entstanden sein müssen. Oder schließen wir zu voreilig vom vorliegenden „Endergebnis" auf den Prozeß zu diesem Ergebnis? Wir können ja letztlich nur darüber spekulieren, welche „Basteleien" die einzelnen Autoren angestellt haben, bis die Modelle schließlich die Gestalt erhielten, wie sie uns präsentiert wurden. Die Vermutung, daß Wissenschaftler zumeist sich lange besinnen, bevor sie schließlich zur Tat schreiten ... andere Menschen hingegen auch mal etwas „ins Unreine" tun dürfen und sich anschließend erst fragen sollten, was sie sich wohl dabei gedacht haben, könnte durch diese Modellkonstruktionen neue Nahrung erhalten.

- Es sind Brain-Maps, die so wirken, als ob die Entstehungsgeschwindigkeit der Brain-Maps keine Rolle spielen würde, als ob die betreffenden Personen in aller Ruhe die Situationen, Prozesse und Handlungen analysiert und dann ohne Eile ihre Netzwerkmodelle konstruiert haben. Die je unterschiedliche Darstellungsökonomie steht im Vordergrund, völlig vernachlässigt wird aber in sämtlichen Untersuchungen die Zeitökonomie, d.h. die Notwendigkeit, solche alltäglichen Situationen schnell erfassen zu müssen, um auch möglichst schnell zu einem Entschluß gelangen zu können. Dieser zeitökonomische Aspekt dürfte letztlich das entscheidende Hindernis bei einer breitgefächerten Anwendung dieser Arten von Brain-Maps sein.

- Es sind Brain-Maps, die sich mit ganz spezifischen Themen beschäftigen und die in ihren Verfahrensweisen vornehmlich wissenschaftlichen Ableitungsregeln genügen sollen. Keiner der Autoren hat in seinem jeweiligen Buch Hinweise gegeben, ob und wie sein Ansatz auch auf ganz andere Kontexte übertragen werden könnte, insbesondere sind zwar alltägliche Situationen „reflektiert" worden, aber kein Hinweis, wie dieses Modell potentiellen Anwendern in Alltagssituationen helfen könnte. Es sind ausschließlich wissenschaftliche Instrumente.

Es ist das Verdienst von Frederic Vester und Tony Buzan gewesen, diesen engen wissenschaftlichen Rahmen aufzubrechen und die Anwendungsmöglichkeiten von Netzwerkmodellen für ein breiteres Publikum zugänglich zu machen. Im folgenden sollen deshalb diese Ansätze besonders gewürdigt und damit die weitere Entwicklungsgeschichte bis hin zu unseren Vorstellungen von Brain-Maps ausgebreitet werden.

7.4.2 Die Netzwerkdarstellungen von Vester

Die Arbeiten Frederic Vesters zählen ohne Zweifel zu den Grundlagenwerken, seitdem man sich in den letzten Jahren mehr und mehr für ganzheitliche, vernetzte, systemische Ansätze interessierte. Unter biokybernetischen Gesichtspunkten hat er dabei schon vor Jahren mit seinem bekanntesten Buch „Denken, Lernen, Vergessen" eine sehr anschauliche Darstellung der Denk- und Lernprozesse im Gehirn gegeben, in den letzten Jahren galt sein Interesse mehr einer kybernetischen Gesellschaftsgestaltung („Neuland des Denkens", „Unsere Welt – ein vernetztes System", das kybernetische Umweltspiel „Ökolopoly"). Sein vornehmliches Anliegen besteht darin, die Überlegenheit biokybernetischen Denkens und Handelns gegenüber dem gegenwärtig in sämtlichen Gesellschaftssystemen weitverbreiteten linearen, kurzfristig angelegten Denken und Handeln zu verdeutlichen.

Biokybernetisches Handeln bedeutet für ihn, sich nach den Systemzusammenhängen, Funktionsweisen und Überlebensregeln der Natur auszurichten. Zur Visualisierung und Verdeutlichung seiner Ideen und Gedanken bedient er sich häufig der Netzwerktechnik, die wesentlich zur Erfassung und Durchdringung komplexer, nichtlinearer Sachzusammenhänge beiträgt.[163]

Mit Hilfe dieser Technik lassen sich vor allem konzeptionelle Planspiele durchführen, bei denen es gilt, Situationen über die gegenwärtigen Gegebenheiten hinaus zu erfassen und zu simulieren (Trendberechnungen, Szenariotechnik).

Dazu bedarf es grundsätzlich eines Überblicks über die gegenwärtige Gesamtsituation und über die bestehenden Zusammenhänge, bei denen vor allem die Wechselwirkungen, ihre Verzahnungen und Abhängigkeiten untereinander interessierten. Typische Fragen, denen bei solchen Analysen nachgegangen wurde[164], sind zum Beispiel:

- Welche Einflußfaktoren (Personen, Instanzen, Abteilungen, Rahmenbedingungen, etc.) müssen berücksichtigt werden?
- Welche Wechselwirkungen bestehen zwischen diesen?
- Welches sind starke und schwache Einflußfaktoren?
- Welche Entwicklungsdynamik (räumlich und vor allem zeitlich) besteht bei den einzelnen Faktoren?
- Wie können Einflußfaktoren in den laufenden Prozeß konstruktiv mit einbezogen werden?

Doch betrachten wir einmal die Struktur der Netzwerkdarstellungen von Vester. Die Netzwerkdarstellungen, die Vester zur Visualisierung verwendet, haben alle einen ähnlichen Aufbau: Der zentrale Gedanke bzw. die Hauptthematik befindet sich jeweils im

163 vgl. Vester 1979, passim.

164 vgl. Mertineit 1992, S. 39.

Zentrum des Blattes, um diesen Zentralbegriff gruppieren sich die einzelnen einflußnehmenden Faktoren, wobei mit Hilfe von Pfeilen die jeweilige Zuordnung vorgenommen wird.

Vester bedient sich bei der Darstellung der einzelnen Elemente und Wirkungsgefüge der sog. Rückkoppelungskreise, die je nach Ausprägungen als Verstärkungs- oder Abschwächungskreise wirken. Diese prognostizierten Tendenzen werden durch die bereits angesprochenen Pfeile ausgedrückt, indem die unterschiedliche Pfeilstärke den Ausprägungsgrad und die beigefügten mathematischen Symbole (+) und (-) die gleich- oder gegengerichtete Wirkungsrichtung dokumentieren.

Auf diese Weise kann an jeder Stelle des Netzwerkes ein Vergleich des Verhältnisses von Einflußnahme und Beeinflußtwerden vorgenommen werden und so die Rolle der einzelnen Elemente im Gesamtwirkungsgefüge bestimmt werden. Dabei unterscheidet Vester vier Element-Typen:[165]

1. **aktive Elemente**, das sind Elemente, die die übrigen stark beeinflussen, selbst aber nur schwach beeinflußt werden;
2. **passive Elemente**, also Elemente, die von den übrigen stark beeinflußt werden, selbst aber nur schwachen Einfluß auf andere ausüben;
3. **kritische Elemente**, darunter versteht er Elemente, die die übrigen stark beeinflussen und selbst auch stark beeinflußt werden, und
4. **puffernde Elemente**, das sind Elemente, die die übrigen kaum beeinflussen und selbst auch kaum beeinflußt werden.

165 vgl. Mertineit 1992, S. 41.

Folgende Abbildung zeigt ein Gesamtnetzwerk zur Thematik des Vernetzten Denkens; dieses steht nach Vesters Ansicht mitten im Spannungsfeld von Qualifikationsanforderungen auf der einen Seite und den Realisationsmöglichkeiten auf der anderen Seite.

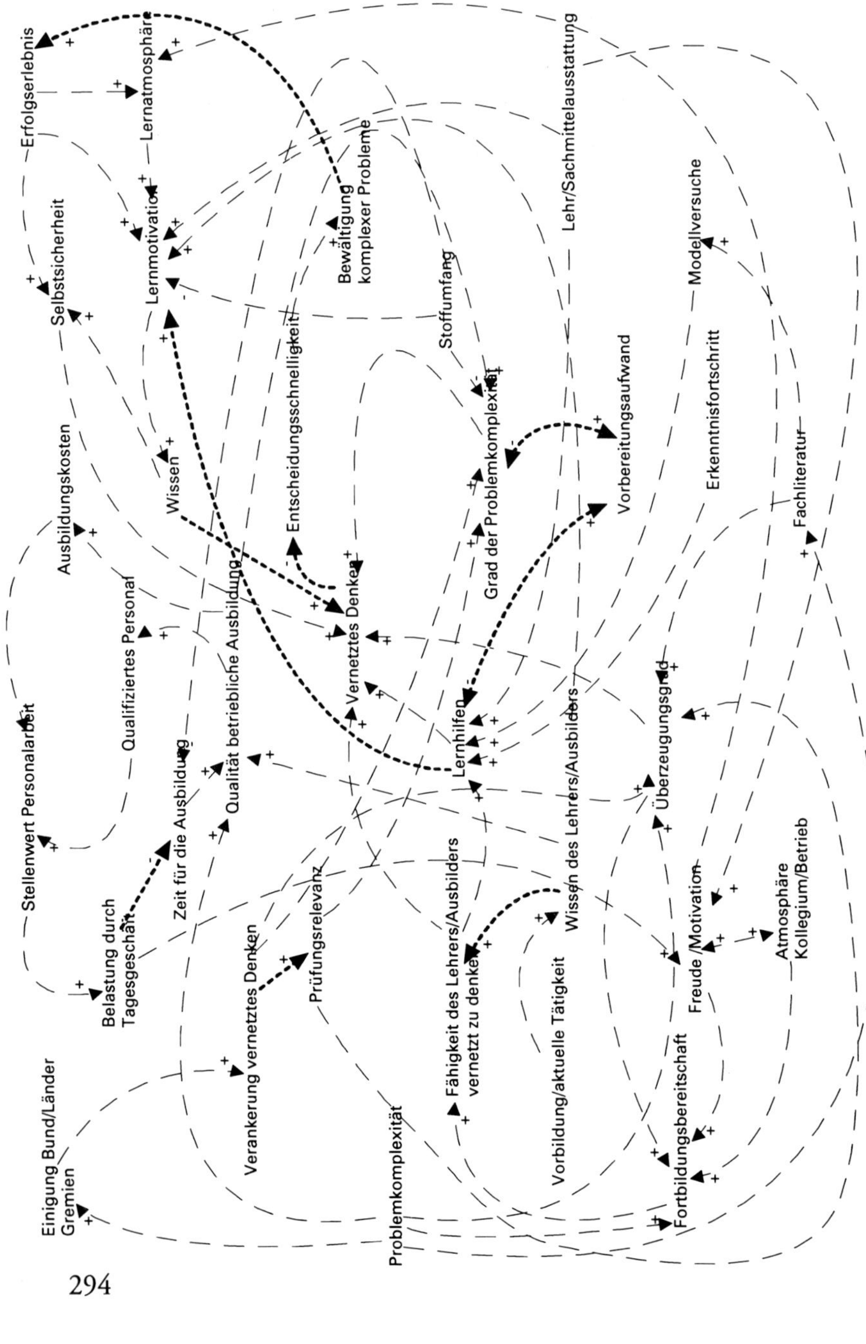
Erfolgserlebnis
Lernatmosphäre
Lehr/Sachmittelausstattung
Selbstsicherheit
Lernmotivation
Bewältigung komplexer Probleme
Stoffumfang
Modellversuche
Entscheidungsschnelligkeit
Erkenntnisfortschritt
Vorbereitungsaufwand
Grad der Problemkomplexität
Ausbildungskosten
Wissen
Fachliteratur
Vernetztes Denken
Qualifiziertes Personal
Qualität betriebliche Ausbildung
Lernhilfen
Überzeugungsgrad
Stellenwert Personalarbeit
Zeit für die Ausbildung
Wissen des Lehrers/Ausbilders
Belastung durch Tagesgeschäft
Fähigkeit des Lehrers/Ausbilders vernetzt zu denken
Freude /Motivation
Atmosphäre Kollegium/Betrieb
Prüfungsrelevanz
Verankerung vernetztes Denken
Vorbildung/aktuelle Tätigkeit
Fortbildungsbereitschaft
Einigung Bund/Länder Gremien
Problemkomplexität

7.4.3 Geistige Landkarten – der Schritt zur Berücksichtigung des subjektiven Elements in der Arbeit mit Netzwerkmodellen

Bevor wir auf das Mind Mapping des Engländers Tony Buzan eingehen, müssen wir noch einen Augenblick innehalten und einen kurzen Blick zurückwerfen auf einen Begriff, der viel zum Verständnis der nachfolgenden Ansätze beigetragen hat.

Aus der Kognitionspsychologie stammen nicht nur die in Kapitel 7.4.1 vorgestellten formalen Ansätze, sondern in diese psychologische Richtung reichen auch die Wurzeln, wenn es um die Berücksichtigung subjektiver Einflüsse bei der Denkarbeit geht.[166]

Die Idee der Gedächtnisrepräsentation mit Hilfe von kausalen Landkarten geht dabei u.a. auf Korzybski und auf Tolman zurück; letzterer prägte dabei im Jahre 1948 den Begriff der sog. „**cognitive map**“ (deutsch: der „geistigen Landkarte“).[167]

Diesem Begriff liegt die Vorstellung zugrunde, daß das menschliche Gehirn räumliche Verhältnisse der Umwelt wie auf einer Landkarte repräsentiert. Die Repräsentation beinhaltet dabei sowohl die abstrakte Speicherung der Ortsdaten im Raum (die genaue Lokalisierung) als auch die Beziehung der Objekte zueinander (etwa ihren relativen Abstand, ihre Nähe oder Distanz). Bemerkenswert ist an diesem Ansatz, daß er die Eigenschaften der Objekte fast völlig vernachlässigt und sie statt dessen als Raumpunkte repräsentieren möchte.

Zu unterscheiden sind zwei Arten von „geistigen Landkarten“, nämlich zum einen die sog. „Überblickskarten“ und zum anderen

166 Auf die wissenschaftlichen Vorbehalte einer Einführung von so offenen Begriffen wie „cognitive map“ wurde in Kapitel 7.1 kurz eingegangen.

167 vgl. Tolman 1948, Aufsatztitel, zitiert in Neisser 1974, S. 366.

die sog. „Straßenkarten". Beide Kartentypen unterscheiden sich danach, wie ihre jeweiligen Wissensstrukturen erworben werden.

So erwirbt man zum Beispiel relevantes **Wissen für seine Straßenkarte**, wenn man rein physisch den Raum mit seinen Sinnen wahrnimmt und erlebt, wenn man sieht, was es zu sehen gibt, hört und fühlt, was zu hören und zu fühlen ist. Auf diese Weise erwirbt man sich die besten Voraussetzungen, um sich in seiner aktuellen Umgebung zurechtzufinden. Man nimmt **Wissen aus der Realität** auf.

Das **Wissen für seine Überblickskarten** erhält man hingegen durch das entsprechende Studium von Kartenmaterial, man könnte auch sagen, durch das Studium von Sekundärerfahrungen: Durch rein kognitive Handlungen wie Nach-Denken, Lesen über ..., Sich-Erinnern an ... usw. entwickeln sich feste Strukturen, Schemata, Meta-Kognitionen, kurz: **Wissen über die Realität.**[168]

Von Korzybski ist in dieser Hinsicht vor allem seine Analyse bekannt, in welchem Verhältnis eine Landkarte zum entsprechenden Gebiet steht oder – auf das Gehirn und Denken bezogen – in welchem Verhältnis die kognitiven Repräsentationen zur Realität stehen. Sein Ausspruch, „The map is not the territory" („Die Landkarte ist nicht das Gebiet"), betont, daß keine der geistigen Landkarten der Realität entsprechen können. Jede Karte bildet nur einen Realitätsausschnitt ab, es gibt unzählige Elemente, die nicht enthalten sind. Die Qualität der Karten steht und fällt damit, inwieweit relevante Aspekte der Realität erfaßt worden sind und so ein angemessenes Bild der Realität entsteht, ein Bild, das handlungsfähig macht.[169]

168 vgl. Engelkamp 1991, S. 224.

169 vgl. Bachmann 1991, S. 120f.

7.4.4 Die Mind-Map-Methode nach Tony Buzan

Die Methode des Mind-Mapping wurde von dem Engländer Tony Buzan entwickelt und basiert auf hirnbiologischen Erkenntnissen der Hirnhemisphärentheorie.

Buzans zentraler Forschungsgegenstand ist das Lernen. Hierbei befaßt er sich hauptsächlich mit erwachsenengerechten autodidaktischen Methoden; sein Ziel ist es, der Flut an Informationen Herr zu werden, insbesondere der der Printmedien, welche seiner Ansicht nach zu wenig lese- und lerngerecht aufbereitet sind.[170]

Aus diesem Grunde hat sich Buzan in der Hauptsache mit neuen Methoden und Strategien der Informationsverarbeitung auseinandergesetzt, bekanntgeworden ist er dabei aber vor allem durch Eigenentwicklungen wie das sog. „Speed Reading“ und die „Mind Map Organic Study Technique (MMOST)“.

Kennzeichnend für seine Schnellesetechnik ist das ganzheitliche Erfassen kompletter beschrifteter Seiten und das anschließende Herausfiltern (Scimming and Scanning) von Schlüsselworten.[171] Diese Vorgehensweise macht sich der Verfasser auch bei Prozessen der schriftlichen Wiedergabe (Note-Taking) von Informationen zunutze: Hier sollen alle unnützen Füllworte eines Textes eliminiert bzw. von vornherein vermieden und lediglich die verbleibenden Schlüsselworte (Key-Words) zum Aufzeichnen genutzt werden.[172]

Dieser Kerngedanke stand schließlich auch Pate, als es darum ging, eine Form des Aufzeichnens zu generieren, die weitgehend auf die Funktion und Arbeitsweise des menschlichen Gehirns abgestellt

170 Buzan – 1988b, S. 8 – spricht von „no real qualification in the fields of Education, Psychology and Reading“.

171 vgl. Buzan 1988a, S. 61ff.

172 vgl. Buzan 1988a, S. 99.

ist; als theoretische Grundlage beruft er sich auf die sog. Hemisphärentheorie, welche die logischen Verarbeitungsprozesse der linken Hirnhälfte mit den Phantasien und Imaginationen der rechten Hirnhälfte verknüpfen möchte.[173]

Als Ergebnis dieses gedanklichen Abbildungsprozesses entstand nach und nach ein Gebilde, welches nach Buzan wirklich ein Abbild der Gedanken- und Ideenstruktur des menschlichen Gehirns darstellt. In Anlehnung an den Begriff der geistigen Landkarte, die als Abbild eines Territoriums ähnliche Aufgaben erfüllt, hat er diese Gedankenbilder dann als „**Mind-Maps**" bezeichnet.[174]

Das Besondere an dieser Aufzeichnungstechnik ist ihre offene vernetzte Struktur, die sich von einer Zentralidee in der Mitte eines quergelegten Blattes aus entwickelt und zum Randbereich hin auffächert. Hierbei greift er wieder auf seine eingangs erwähnte Idee der **Schlüsselworte** zurück, die sich von der Mitte ausgehend immer weiter verzweigen und dadurch differenzieren sollen. Kirckhoff spricht in diesem Zusammenhang von „organisierten und methodisch strukturierten"[175] Schlüsselworten.

Doch was genau sind nun im Buzan'schen Verständnis Schlüsselworte? Es sind diejenigen Worte, die bei ihrem Anwender bestimmte erinnernde Assoziationen auslösen. Sie haben somit **für diesen bestimmten Menschen** einen wesentlich höheren Informationsgehalt als das eigentliche Wort selbst es hat, wenn es ein anderer Mensch gebrauchen würde.

Mit dieser Akzentsetzung hat Buzan der subjektiven, der individuumbezogenen Darstellung den Freiraum eingeräumt, den sie zur Entfaltung benötigt. Im Mittelpunkt dieses Konzepts stehen daher

173 vgl. Kapitel 5.3.3; vgl. auch: Friedrich 1990, S. 5.

174 vgl. Buzan 1988a, S. 100.

175 vgl. Kirckhoff 1988, S. 2.

die Mind-Maps einer bestimmten Person und nicht ein Netzwerk, welches so und nicht anders zu gestalten ist.

Dieser Akzent ist äußerst wichtig! Besonders Anfänger stellen immer wieder die Frage, ob ein Begriff an dieser oder jener Stelle „richtig“ sei oder ob man nicht besser noch nach „angemesseneren“ Begriffen suchen solle. Dabei geht es beim Mind-Mapping nicht um „richtig“ oder „falsch“: Jeder Begriff ist zunächst einmal „wichtig“, wenn er einer betreffenden Person eingefallen ist ... und gehört im Mind Map an die Stelle, wo die Person ihn hinschreibt!!!

Doch Buzan möchte sein Konzept der Schlüsselworte noch weiter präzisieren. Eine weitere Unterscheidung in sog. **„erinnernde“** und **„kreative“ Schlüsselworte** sollen dem Mind-Mapper helfen, seine Ideen und Gedanken noch präziser auf den Punkt zu bringen.[176]

- Ein erinnerndes Schlüsselwort enthält dabei eine Reihe spezieller Bilder, die es beim Aufruf wieder nahezu gleichartig zurückgibt: Die repräsentierte Information ist der dann aktuell präsenten Information nahezu gleich. Diese Schlüsselworte sind sehr stark mit der jeweiligen Person verbunden, sie stammen aus deren Lebensgeschichte und haben deshalb oft auch nur für diese eine Person eine besondere Bedeutung.

176 vgl. Buzan 1991, S. 89f.

Abb. 12: Die Wirkungsweise erinnernder Schlüsselworte[177]

- Demgegenüber handelt es sich bei kreativen Schlüsselwörtern um solche Worte, die besonders bildformend und eindrucksstark sind. (Man denke an den bekannten Satz: „Ein Bild sagt mehr als 1000 Worte.") Ein bildformendes, kreatives Schlüsselwort regt demnach dazu an, weitere Worte und Assoziationen zur gedanklichen Klärung zu bilden. Diese Worte prägen sich besonders gut ein; ferner sind sie in der Regel weitaus allgemeiner als erinnernde Schlüsselwörter. Andererseits ist es relativ unwahrscheinlich, daß bei jeder Nennung immer ein spezielles Bild entsteht, viel wahrscheinlicher dürfte sein, daß bei jedem neuen Mind-Map eine völlig andere Struktur aufgrund wieder anderer Assoziationen gebildet wird, frei nach dem Motto: „Heute fällt mir dieses dazu ein, morgen jenes, usw."

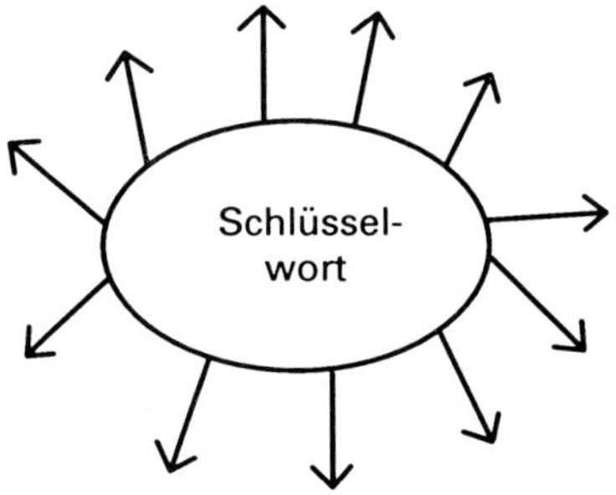

Abb. 13: Das Wesen von kreativen Schlüsselworten[178]

177 modifiziert nach: Buzan 1988a, S. 99.

Wozu trifft Buzan diese Unterscheidung? Nun, es hängt viel davon ab, was der Mind-Mapper mit seinem Produkt anfangen möchte:

- Wenn es einzig und ausschließlich nur für ihn bestimmt ist und er sich einen konkreten Sachverhalt erarbeiten möchte, dann sind erinnernde Schlüsselworte sicherlich sehr hilfreich;
- wenn das Mind-Map jedoch auch anderen zugänglich und verständlich gemacht werden soll, dann sind assoziative Schlüsselworte eher geeignet, eine gemeinsame Verständigungsbasis zu erreichen.
- Auf jeden Fall sollte aber bei jedem Mind-Map auf ein gewisses Mischungsverhältnis von erinnernden und kreativen Schlüsselwörtern geachtet werden, damit dadurch die persönliche und die innovative Note optimal zum Ausdruck kommen.

Bei der Aufzeichnung mit Hilfe dieser „Schlüsselwortmethode" ist jedoch zu beachten, daß sie nicht zu kreativ und allgemein gestaltet wird, um einen späteren Erinnerungsprozeß nicht zu gefährden. Außerdem sei vermerkt, daß es sich stets um individuelle Wörter handelt, die einen selbst und nicht andere Personen zufriedenstellen sollen.

Aufgrund des komprimierten Informationsgehaltes dieser Schlüsselwörter können mit Hilfe der Mind-Map-Methode sehr viele Informationen auf einem einzigen Blatt schriftlich erfaßt und übersichtlich strukturiert dargestellt werden. Bei dieser Methode können zudem aufgrund der offenen Gestaltungsweise neue Ideen und Gedanken an jeder beliebigen Stelle des Maps eingefügt

178 modifiziert nach: Buzan 1991, S. 90.

werden, so daß es letztlich wiederum zu neuen Gedankenverknüpfungen kommt.

Bei der Erstellung der Maps haben sich bestimmte Regeln als hilfreich erwiesen: so z.B. die Anregung, das Blatt in Querformat zu beschriften und die Zentralidee, wie bereits erwähnt, in die Mitte zu setzen. Die generelle Verwendung von Farbe, Blockbuchstaben sowie von Bildern und sonstigen Symbolen dient dazu, im Sinne der Hemisphärentheorie auch die rechte Hirnhälfte in den Erarbeitungsprozeß zu integrieren.[179]

Somit wird ein Mind-Map zur bildhaften Darstellung von Informationen, wobei man Worte und Symbole als Einzelelemente und Linien und graphische Tricks zur Darstellung von Sinnverbindungen und Zusammenhängen benutzt.

Abbildung 14 zeigt ein Mind-Map zum Thema „Mind-Map".

179 vgl. zu den Regeln ausführlich Buzan 1988a, S. 100f. sowie Friedrich 1990, S. 9f.

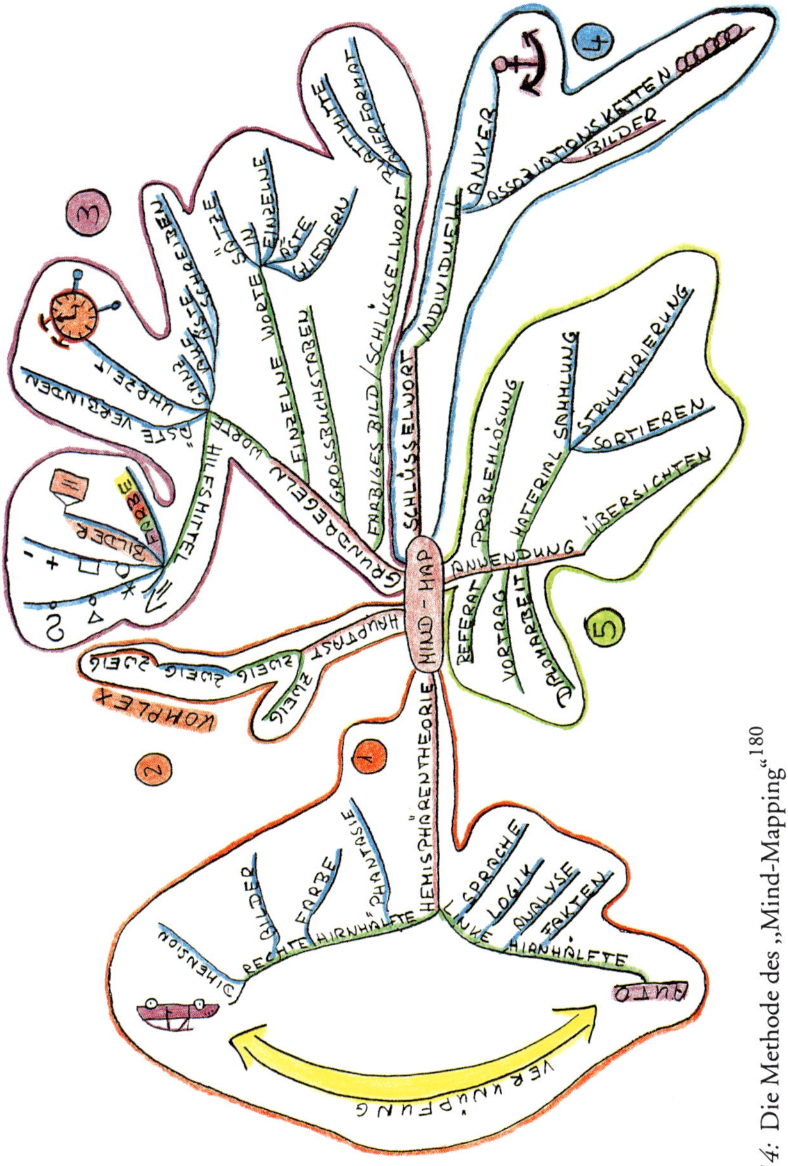

Abb. 14: Die Methode des „Mind-Mapping“[180]

180 vgl. Friedrich 1990, S. 12.

7.4.5 Weiterentwicklungen der Mind-Map-Methode

Von Tony Buzan selbst sind keine innovativen Neuerungen bekannt, er hält nach wie vor an seinem in Kapitel 7.4.4 beschriebenen Grundkonzept fest. Interessante Weiterentwicklungen der Methode sind im deutschsprachigen Raum von **Maria Beyer** und **Klaus Marwitz** vorgestellt worden. Ihre Ideen konzentrieren sich dabei vor allem auf die **Einbeziehung und Integration der Persönlichkeit des Mind-Mappers in den Mapping-Prozeß.**

> Maria Beyer schreibt: „Es steht dem Mind Mapping nicht an und nicht zu, ein Regelinventar zu begründen. Das, was auf dem Papier mit Hilfe der wenigen Vereinbarungen entsteht, ist das unwichtigste überhaupt! Mind Mapping ist weniger eine Eigenschaft einer eitlen und eifrigen Darstellungskunst, es ist vielmehr eine geistige Einstellung, eine Grundeinstimmung gegenüber sich selbst und der Welt, wie Sie sie beleben und verändern! Das Map auf dem Papier ist lediglich ein ‚Ausdruck' einer Abbildung der Gedanken. Und die sind ‚inside of you'."[181]

Diese persönlichkeitsbezogene Sichtweise wird deutlich, wenn sie von „Inneren Mind-Maps"[182] sprechen, d.h. im Verlauf einer ständig wachsenden Map-Fähigkeit wird das äußere Map für die betreffende Person immer stärker in den Hintergrund treten und die mentalen Fähigkeiten des Visualisierens sich mit dem Mind-Mapping zu einem völlig neuen Fähigkeitskomplex verbinden, nämlich zur Bildung innerer Map-Landkarten.

Der Anwender dieser Methode würde sich sein Mind-Map auf einem „inneren Fernsehschirm" ansehen. Er könnte im Reproduktionsfall alle in seinem Gedächtnis gespeicherte Information zu

181 Beyer 1993c, S. 19.

182 vgl. Bierbaum u.a. 1991, S. 137.

einem bestimmten Thema mit seinem inneren Auge betrachten und könnte das dort Gesehene unmittelbar in Wort oder Schrift umsetzen.

Eine weitere Steigerung sieht Klaus Marwitz darin, verschiedene innere Maps miteinander zu verbinden oder zu vernetzen.[183] Hierzu müßte man vor dem inneren Auge Mind-Maps hinauf- und hinabschalten. Konkret stellt sich der Verfasser dies so vor:

> „Wenn man sich ein einzelnes Stichwort in einem Mind-Map vergrößert vorstellt, könnte automatisch ein neues Mind-Map mit Informationen zu diesem Punkt entstehen. Beim ‚Hinaufschalten' könnten ganze Mind-Maps Einzelteile einer noch größeren ‚geistigen Landkarte' sein."[184]

Schließlich würden gar „virtuelle Projektionen" mit Hilfe eines Cyber-Mapping möglich sein:

> „Mit Cyber-Mapping ist die Person in der Lage, sich per Fragen-Szenario und geleiteter Mentalreisen in eine artifizielle 3-D-Vision hineinzuversetzen. Diese wird im Mind Map entwickelt und kann ganz nach den jeweiligen Wünschen verändert werden. Man ist somit in die Lage versetzt, neue Realitäten zu entwerfen und diese sogleich per Strategien-Konzept aus dem NLP zu testen, indem man das zwar mental tut, es jedoch als real empfinden kann."[185]

Das Ziel dieses personbezogenen Veränderungsprozesses ist möglicherweise für Außenstehende nicht sogleich erkennbar, jedoch wird der Mind-Mapper schon seines gewachsenen Potentials bewußt sein: „Von Außen ist keinerlei Unterschied zu der Zeit ‚vor Mind Mapping' erkennbar. Doch als Mind Map-Aktive(r) weiß man um den Quantensprung, den man lebt bzw. dessen erweitertes

183 vgl. Bierbaum u.a. 1991, S. 137f.

184 Bierbaum u.a. 1991, S. 138.

185 Beyer 1993c, S. 17.

Denken zur Denk-Autonomie führt. Insofern ist es doch nach außen dokumentiert!«[186]

Mittlerweile hat Maria Beyer ihre Überlegungen in einem Buch mit dem Titel *„BrainLand"* vorgestellt. In diesem Buch demonstriert sie in einer fiktiven inneren Auseinandersetzung mit Brain Man (einem sog. Koordinations-Mind, welcher die verschiedenen Aktivitäten im Gehirn steuert), wie dem Gehirn („BrainLand") durch die Anwendung von Mind Mapping neue Denk- und Arbeits-Möglichkeiten erschlossen werden. Mind Mapping – so könnte man dieses Buch zusammenfassen – ist ihrer Ansicht nach das Schlüsselinstrument, mit dessen Hilfe man

- ein ganzheitlich-assoziatives Denken und Handeln einüben,
- die eigene Lernfähigkeit ausbauen,
- seine sinnesspezifischen Wahrnehmungen erweitern kann,
- sich entspannen, ja sogar innerlich (mental) zu reinigen vermag,
- Seine Alltagsgeschäfte konstruktiv planen und organisieren kann,
- seine Kommunikationsfähigkeit ungeheuer erweitern kann und
- große Ziele und persönliche Visionen zu klären und zu präzisieren vermag.[187]

Wie aus diesen Ausführungen deutlich wird, sind das Kreative Brainwriting und das Mind Mapping relativ nah miteinander verwandt. Dennoch sind auch einige grundlegende Unterschiede festzuhalten, u.a. in einzelnen Erstellungsregeln, vor allem aber ist im Kreativen Brainwriting das didaktische Element (das Setting) von vornherein in den Erstellungsprozeß integriert, um eine ganzheitliche Strukturerfassung zu gewährleisten, und um auch die Erkennt-

186 Beyer 1993c, S. 19.

187 vgl. Beyer 1993a, S. 37; die einzelnen Möglichkeiten sind aus dem BrainLand-Map abgeleitet.

nisse der Chaos-Forschung bezüglich der Auswirkungen der Randbedingungen auf das erzielte Ergebnis zu berücksichtigen. Insofern ist das Kreative Brainwriting insgesamt unserer Ansicht nach noch variabler einsetzbar als das Mind Mapping.

7.4.6 PC-Maps

Die derzeitige rasante Entwicklung im Bereich der Computersoftware mit ihren entsprechenden Anwendungsmöglichkeiten in vielen Bereichen, in denen es um Automatisierung und Standardisierung menschlicher Arbeitsprozesse geht, haben auch die Frage laut werden lassen, ob mit Hilfe dieser Technologie nicht auch sog. PC-Maps entwickelt werden könnten.

Die vielfältigen Analogien von Gehirn und Computer könnten dieses Vorhaben ja möglich erscheinen lassen, andererseits sind aber auch die Besonderheiten zu beachten, die der Denkarbeit und der eher linear organisierten „Computerei" zugrundeliegen.

Vergegenwärtigen wir uns noch einmal die besonderen Stärken von „normalen" Brain-Maps auf Papier: Brain-Maps können mit Hilfe von Stift und Papier völlig flexibel gestaltet werden; von der Zentralidee ausgehend ist jeder neue Gedanke direkt und in Bruchteilen von Sekunden an der richtigen Stelle einfügbar, ferner können an jeder Stelle eines Brain-Maps beliebig viele Zusatzäste eingebaut werden, und auch Drehungen des Blattes um 360 Grad stellen kein besonderes Problem dar.

So gesehen scheint es zunächst fraglich, ob PC-Maps diese entscheidenden Vorteile, nämlich Flexibilität und Erstellungsgeschwindigkeit – möglicherweise durch andere, computerspezifische Stärken – ausgleichen können. Runte hat sich mit der Frage eingehender befaßt, inwieweit PC-Maps auf elektronischen Datenverarbeitungsanlagen mittels Standard-PC-Software schon heute mit gängigen Programmen möglich sind. Im folgenden möchten wir eine kurze Zusammenfassung seiner Ergebnisse vorlegen.[188]

Als **materielle Voraussetzungen** benötigt ein PC-Anwender zunächst ein entsprechend leistungsfähiges **Hardwarepaket**, welches sinnvollerweise aus einem Computer (IBM-kompatibel, Mac u.a., als Desktop-, Tower- oder Portablesystem) mit graphikfähigem (Farb-)Monitor, einem Drucker mit entsprechender Schriftqualität und Auflösung, gegebenenfalls einem Scanner sowie zur Erstellung von Gruppen-Brain-Maps einem Local Area Network (LAN) besteht.[189]

Da es sich bei PC-Maps um graphikorientierte Arbeiten handelt, bei denen beim Aufbau eines Bildes bzw. bei Veränderungen innerhalb eines Bildes erhebliche Rechnerleistungen abverlangt werden, kommt der Verarbeitungsgeschwindigkeit des jeweiligen PCs eine besondere Bedeutung zu. Denn es leuchtet sicherlich ein, daß der kreative Prozeß durch allzu lange Wartezeiten auf das jeweils neueste PC-Bild empfindlich gestört werden dürfte.

Weitere Time-Lags dürften auch beim Zugriff auf einzelne Daten und Dateien entstehen, wo doch vielfach Suchprozesse notwendig sind, bis schließlich dann das gewünschte Feature in das aktuelle PC-Map eingebunden ist.

Schnelligkeitsvorteile lassen sich im PC-Map immer dann erzielen, wenn Worte oder Gedankengänge symbolhaft bzw. bildhaft dargestellt werden müssen, da das Gehirn in diesem Augenblick nur ganze Sätze zu produzieren vermag. Die Symbole und Bilder der

188 vgl. Runte 1991, S. 1ff.

189 vgl. Krauß 1991, S. 35.

entsprechenden Bibliotheken lassen sich schnell zuladen, so daß der Anwender Assoziationsunterstützung erlangt und das gewählte Symbol schnell in die gewünschte Form bringen kann. **Auf diese Weise läßt sich auch in zunehmendem Maße ein Denken in Bildern und Symbolen als Handlungsalternative erlernen.** Hierbei ist jedoch zu beachten, daß die große Anzahl an Auswahlmöglichkeiten sehr schnell beschränkend wirkt, so daß selbst versierte PC-Anwender hierüber das Flow-Erlebnis des Mappens verlieren und somit u.U. die Freude an der eigenen Kreativität.

Doch nun zurück zu den Voraussetzungen, die ein PC-Mapping möglich machen. Das **Softwareprogramm** sollte dabei nach Runte folgenden Leistungskriterien standhalten. Es sollte[190]

1. eine flexible und handliche Benutzeroberfläche mit Mousesteuerung, Pull-Down-Menüs[191], State-of-the-Art-Techniken[192] und Symbolbibliothek enthalten, ferner
2. eine frei definierbare Farbpalette sowie grundsätzlich

190 vgl. Runte 1991, S. 4f.

191 Ein Pull-Down-Menü ist ein zweidimensionales Menü, dessen höhere Ebene in einer Kopfleiste auf dem Bildschirm sichtbar ist. Wird eine der dort erkennbaren Merkmale angeklickt, d.h. mit der Mouse angewählt, so wird von unten nach oben ein entsprechendes Untermenü angezeigt (vgl. expl. Langlotz 1990, S. 22ff.).

192 Als State-of-the-Art-Techniken gelten: Bezier-Kurven, Autotracing und Layer-Technik (vgl. o. V. 1991d).
Bezier-Kurven dienen der Beschreibung sämtlicher graphischer Elemente. Sie besitzen je zwei Ankerpunkte, welche die Länge der Kurve bestimmen, sowie je vier Kontrollpunkte, die ihre jeweilige Krümmung beeinflussen. Werden mehrere Bezier-Kurven zusammengesetzt, kann die Linienführung eines beliebigen Objektes beliebig nachgebildet werden.
Autotrace-Programme vektorisieren Zeichen- und Bildvorlagen automatisch oder interaktiv und legen die graphischen Informationen als Bezier-Kurven ab.
Die **Layer-Technik** läßt sich vergleichen mit der Technik des Übereinanderlegens von Folien bei der Verwendung von Overhead-Projektoren: Indem man nach und nach Folien mit Teilelementen übereinanderlegt, so daß zuletzt ein komplexes Ganzes entsteht.

3. kompatibel zu Standard-PC-Betriebssystemen und Benutzeroberflächen, wie z.B. zu MS-Windows sein, ferner auch
4. eine komprimierte bzw. schnelle Speicherung, Berechnung und Abrufbarkeit der Daten ermöglichen und nicht zuletzt
5. eine mehrdimensionale Darstellung (WYSIWYG[193]) und beliebige Erweiterung bieten.

Diese aufgeführten Kriterien unterstützen die grundlegenden Forderungen einerseits nach Kreativität, Farbe, Dimensionalität und Schnelligkeit für ein freies Assoziieren, andererseits bieten sie aber auch Möglichkeiten an, um ausreichende Ordnung und Systematisierung der Ideen und damit ein gehirngerechtes Vorgehen bei der Erstellung von PC-Maps zu gewährleisten.

Zur konkreten Umsetzung werden von Runte aus dem breiten Spektrum des Softwareangebots[194] die Programme ***Arts and Letters*** sowie **COREL *DRAW!*** zum professionellen Einsatz empfohlen. Zur Erstellung einfacher PC-Maps eignen sich aber auch Zeichenprogramme wie z.B. ***Paintbrush***, das zum Umfang des Leistungsangebots von MS-Windows gehört.

Sämtliche genannten Programme bedürfen der o.a. Benutzeroberfläche MS-Windows, die mittlerweile zum Weltstandard der PC-Anwendung der 90er Jahre geworden ist[195], und sind somit in der Lage, deren graphikorientierte Möglichkeiten, den Graphical User Interfaces (GUIs)[196], weitgehend zu nutzen.

193 „What you see is what you get" bedeutet die Übereinstimmung von Bildschirm- und Druckerdarstellung, was einem Verzicht auf lästige Druckersteuerzeichen gleichkommt.

194 Eine Übersicht über Angebot und Leistungsvermögen von Designer-Programmen findet sich bei o. V. 1991d, S. 64f.

195 vgl. o. V. 1991a, S. 52.

196 vgl. o. V. 1991b, S. 52.

Das Progamm ***Paintbrush***, das 1984 als erstes Programm die Möglichkeit bot, mit dem Computer Freihand-Zeichnungen anzufertigen[197], ist im Vergleich zu den anderen angegebenen Programmen nicht sonderlich vielseitig, hat aber den Vorteil, schnell erlernbar zu sein, so daß schon in kürzester Zeit PC-Maps erstellt werden können. Um die Leistungsfähigkeit dieses Programms zu veranschaulichen, haben wir versuchsweise ein PC-Map zum Thema „Mind-Map" mit diesem Programm erstellt:

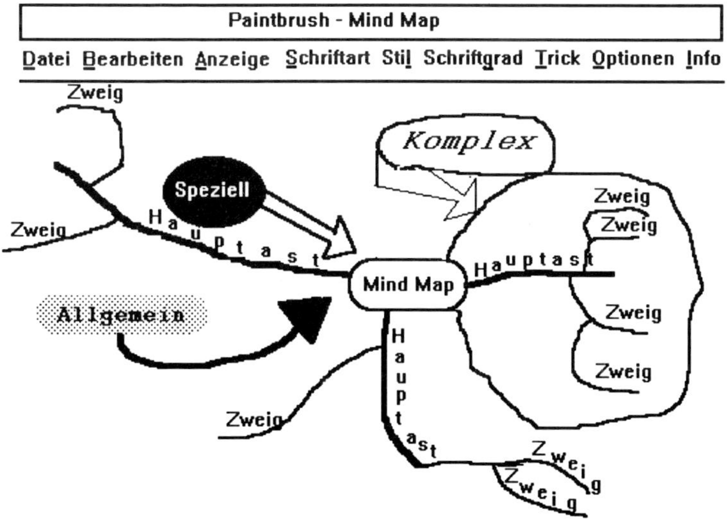

Abb. 15: PC-Map, erstellt mit Paintbrush

197 vgl. Schiemer 1990, S. 11f.

Die Abbildung zeigt nachdrücklich die gegenwärtigen Grenzen dieses Programms auf; Begriffe und Zweige sind zum Teil räumlich weit voneinander getrennt, das PC-Map kann nicht beliebig gedreht werden, zum Teil sind Buchstaben übereinander zu schreiben, um so einzelne Zweige auszufüllen. Als interessante, computerspezifische Erweiterung kann hingegen das Unterlegen einzelner Worte mit einem besonderen Raster (wie bei „allgemein“) bezeichnet werden. Doch auch hier könnte man mit Buntstiften und Schraffierungen bei normalen Brain-Maps ähnliche Effekte erzielen. Insgesamt kommt der „Spieltrieb“ und die Herausforderung an „kniffligen Konstellationen“ bei diesem PC-Map zwar ohne weiteres zu seinem Recht, aber die unbedingt erforderliche Erstellungszeit rechtfertigt nur bedingt das vorliegende Ergebnis.

Die Programme *Arts and Letters* und **COREL** ***DRAW!*** sind aufgrund ihrer designerorientierten Features (u.a. Vektororientierung, Layer-Technik, Blending, Farbverläufe, Autotracing, Bezier-Kurven, Symbolbibliothek, Filter zum Import von Daten, die in fremden Formaten gespeichert sind, flexible Schriftgestaltung, Formsatz und Maskieren)[198] weitaus eher den Anforderungen an PC-Maps gewachsen.

Mit **COREL** ***DRAW!*** lassen sich besonders leicht ausgewählte Objekte hinsichtlich ihrer Dimensionen und Perspektiven verändern. Als weitere Vorteile sind die große Auswahl an Farben und Schriftfonts sowie auch die weltweit große Verbreitung und damit die zur Zeit noch hypothetische Möglichkeit eines kontinentübergreifenden Austauschs von erstellten PC-Maps anzusehen.

Arts and Letters zeichnet sich ebenfalls durch eine benutzerfreundliche Oberfläche aus, die durch Übersichtlichkeit, große

198 vgl. o. V. 1991c, S. 64.

Flexibilität und Anwenderfreundlichkeit sowie durch eine sehr umfangreiche Symbolbibliothek eingescannter Darstellungen charakterisiert ist.[199] Somit entspricht dieses Programm in gleichem Maße den zur Zeit gültigen Kriterien des PC-Mapping.

Die Entscheidung für oder gegen eines der angegebenen Programme unterliegt somit weitgehend individuellen und subjektiven Entscheidungskriterien des Anwenders. Direkte Empfehlungen für ein Programm sind zum gegenwärtigen Zeitpunkt noch nicht möglich.

Abschließend sei noch eine wesentliche Unterscheidung getroffen, die insbesondere das kreative Arbeiten mit dem PC betrifft. Dabei sind zwei Aspekte nicht miteinander zu verwechseln, nämlich zum einen die frei assoziierten Gedanken, die zur Erstellung von Brain-Maps führen, und zum anderen die oftmals gewaltigen Auswahlmöglichkeiten aus einem nahezu unendlich erscheinenden Gestaltungsrepertoire, die sog. Clip-Art-Bibliotheken zur Verfügung stellen.

- Denn auf der einen Seite stehen die sich aus dem eigenen Gehirn speisenden Assoziations- und Gestaltungsfreiheiten,
- auf der anderen Seite stehen die „schon fertigen" Vorgaben an Clip-Arts (Cartoons oder Bild- und Symbolbibliotheken) und die Freiheit der Entscheidung aus der Gesamtauswahl.

Beide Wege bieten **je andere Kreativitätsanreize**, hier der Gedanke und die teilweise unvollkommenen zeichnerischen Bemühungen in der Umsetzung dieses Gedankens, dort die zeichnerisch perfekte Vorlage, die Anreize aus der Vielfalt verschiedener Vorlagen und die technisch perfekte Veränderung der Vorlage nach eigenem Ermessen.

Kreativität kann sich auf die eine oder andere Weise „ausleben" und „ausdrücken" – insofern sollten die weiteren Entwicklungen

199 vgl. Runte 1991, S. 6.

von PC-Maps aufmerksam verfolgt werden und als interessante Bereicherung begrüßt werden. Denn es gibt so viele Wege und Ausdrucksmöglichkeiten für den menschlichen Geist – und jede Einschränkung bedeutet sogleich eine Beschränkung, durch die innovative Prozesse aufgehalten und gestört werden können.

Der Personal Computer ist in unseren Tagen zu einem der wichtigsten Kommunikationsmedien geworden, und ein Ende der gegenwärtigen dynamischen Entwicklung ist nicht abzusehen. Wir sind sicher, daß sich in den nächsten Jahren noch wesentliche Verbesserungen, z.B. freies Zeichnen auf einer Vorlage und das sofortige Abspeichern im PC, einstellen werden, die zu einer weitgehenden Verschmelzung von Brain-Maps und PC-Maps führen können. Erste Ansätze dazu sind in den gegenwärtigen Programmen schon vorhanden. Und dann werden die Gedanken, Ideen und Geistesblitze auch direkt „in den PC" hineinfließen können ... und unsere Art des Denkens und Aufbereitens unserer Ideen und Gedanken in einer Weise beeinflussen, an die wir heute noch gar nicht zu denken wagen.

Abb. 16: Ein PC-Map zum Thema Mind-Map erstellt mit dem Programm COREL *DRAW!*

Nutzen Sie Ihre neugewonnen Fähigkeiten und fassen Sie Kapitel 7 als Brain-Map auf der folgenden Leerseite zusammen.

MEIN PRIVATES BRAIN-MAP

8 Unser Angebot für Sie: Lernen Sie das Kreative Brainwriting im Seminar kennen

Selbstverständlich wird es uns auch nicht gelingen, Sie in diesem letzten Kapitel von den Vorzügen des Kreativen Brainwriting zu überzeugen, ... wenn Sie bisher noch nicht überzeugt sind. Wenn Sie sich eine feste Meinung gebildet haben und zu dieser stehen, dann ist das „okay" für uns.

Wir wenden uns vielmehr *an diejenigen unter Ihnen,* die durch dieses Buch in irgendeiner Weise angerührt worden sind, in denen eine Ahnung, eine leise innere Stimme, geweckt wurde,

- daß ihr bisher erworbenes Lern- und Arbeitspotential in irgendeiner Weise optimiert werden könnte (oder sollte),
- daß Selbstmanagement möglicherweise nicht nur durch Disziplinierung, sondern auch durch Zulassen und Würdigen von Verwirrungen, Widersprüchen und Unausgegorenem gestaltet wird,
- daß Notizen nicht nur einfach Notizen, sondern auch Ausdruck ihrer Persönlichkeit darstellen und
- daß dieser Spiegel der eigenen Persönlichkeit nicht immer nur in ein-und-derselben Weise, sondern auf viele verschiedene Weisen Gestalt annehmen möchte,
- daß Lernen mit Erfahrungen sammeln zu tun hat und nicht nur mit Wissen aufnehmen und konservieren,

- daß dieses Buch halt nur Erfahrungen in einer bestimmten (konservierten) Form weitergeben konnte und
- daß deshalb persönliche Lernerfahrungen im direkten Ausprobieren der Methode, im unmittelbaren Kontakt und Austausch mit erfahrenen Trainern hilfreich wäre.

Ihnen möchten wir unser Angebot unterbreiten, an einem unserer Seminare teilzunehmen und von unseren Erfahrungen zu profitieren.

Was Sie in unseren Seminaren erwartet?

♣ Sie werden – selbstverständlich – die Lernmethode des Kreativen Brainwriting kennenlernen und auf verschiedene Aufgabenstellungen hin anwenden, in Einzelarbeit und in Teamarbeit.

♦ Sie werden lernen, wie Sie durch Entspannungen und mentales Vorbereiten von Lern- und Arbeitseinheiten weitaus verschleißärmer Ihre Ziele erreichen werden.

♠ Sie werden das „andere Denken“ (das „Denken in chaotischen Strukturen“) mit Hilfe des Kreativen Brainwriting einüben und dadurch Ihr persönliches Selbstmanagement von Grund auf revolutionieren.

Wirklich Revolutionieren? – Ein starkes Wort, doch wir stehen dazu! Man kann auch sagen: Ihr persönliches Selbstmanagement wieder auf die Beine stellen, wenn Sie das Gefühl hatten, daß Sie kein Bein mehr auf die Erde bekommen, oder wieder ins Ruder zurückführen, wenn Ihre Erfahrungen darin bestehen, daß viele Anforderungen Ihnen aus dem Ruder laufen oder zu laufen drohen ...

Wir sind der Ansicht, daß der Schlüssel unserer Zeit im kreativen Umgehen mit dynamischer Komplexität besteht, d.h. darin, Dinge nicht mehr von A bis Z beherrschen zu wollen, sondern den Mut und das Selbstvertrauen zu entwickeln, nur dann einzugreifen, wenn es notwendig ist.

Dazu benötigen Sie Mut und Selbstvertrauen und ein spielerisches Umgehen mit „offenen Situationen". Dieses Fähigkeitspotential – über das Sie im übrigen schon verfügen, es möglicherweise nur nicht aktiviert haben – können Sie aber nur dann aktivieren, wenn Sie mit ganzem Herzen dabei sind. Und damit möchten wir unsere letzte Trumpfkarte ausspielen, nämlich Herz-As!

♥ Lernen ist Herzenssache! Und diese innere Begeisterung möchten wir gleichfalls vermitteln.

Leider – so unsere Erfahrungen – haben wir erfahrungsorientiert in unserer Schul- und Berufszeit kaum gelernt. Schulisches Lernen hat wenig mit „Selbst-Erfahrung" zu tun, aber viel mit „Dressieren" (im Sinne des Konditionierens mittels Reiz-Reaktions- oder Programmiertem Lernen). Und weil dies so ist, deshalb benötigen wir – wie es unsere Kinder noch erleben, bevor sie in die Schule kommen – Erfahrungsmaterial, welches zurück- bzw. vorführt, wie und was uns unsere inneren Stimmen mitteilen wollen, wie sie uns weiterhelfen können, das zu tun, was gerade ansteht und sich nicht mit Nebensächlichkeiten abzugeben. Das ist erlebtes Selbstmanagement!

Sind Sie neugierig geworden? Neugierde ist die Triebfeder der Lernbereitschaft! Wir erwarten Sie in einem unserer Seminare!

Schreiben Sie an:
Dr. Winfried Bachmann und Partner
Kreatives Lernen Training Coaching
Voglsam 1
D-84579 Unterneukirchen / Oberbayern
Telefon: 0 86 33/63 45
Telefax: 0 86 33/77 56

Literatur

Andreas, C.; Andreas, S. (1990): Gewußt wie. Arbeit mit Submodalitäten und weitere NLP-Interventionen nach Maß. Paderborn.

Bachmann, W. (1989): Konzepte der didaktischen Reduktion aus handlungstheoretischer Sicht. Bergisch Gladbach.

Bachmann, W. (1991): Das neue Lernen. Eine systematische Einführung in das Konzept des NLP. Paderborn.

Bachmann, W.; Priester, A. (1992): Win-Win. Die Handschrift des erfolgreichen Verkäufers. Paderborn.

Bandler, R.; Grinder, J. (1981): Neue Wege in der Kurzzeit-Therapie. Neurolinguistische Programme. Paderborn.

Bandler, R.; Grinder, J. (1984): Metasprache und Psychotherapie. Die Struktur der Magie I. Paderborn.

Bandler, R. (1987): Veränderung des subjektiven Erlebens. Fortgeschrittene Methoden des NLP. Paderborn.

Bandler, R. (1991): Bitte verändern Sie sich ... jetzt! Transkripte meisterhafter NLP-Sitzungen. Paderborn.

Bandler, R.; MacDonald, W. (1991): Der feine Unterschied. NLP-Übungsbuch zu den Submodalitäten. Paderborn.

Bateson, G. (1988): Ökologie des Geistes. Frankfurt M.

Berger, L. (1993): Neues Lernen braucht das Land (zwei gleichnamige Aufsätze). In: *Connection special*, S. 86-89; in: *MultiMind – NLP aktuell*, 1/1993, S. 5-8.

Bernstein, A.J.; Rozen, S.C. (1990): Das Dinosaurier-Syndrom. Zürich, Wiesbaden.

Beyer, M.; Marwitz, K. (1989): Einführung in die Strategie des ganzheitlichen Lehrens und Lernens. Kiel, Workshopbericht.

Beyer, M. (1992): Power Line. Paderborn.

Beyer, M. (1993a): BrainLand. Paderborn.

Beyer, M. (1993b): Mind Mapping. Mehr als nur eine alberne Darstellungsform von Gedanken, eher der Paradigmenwechsel des Denkens – Teil 1. In: *MultiMind - NLP aktuell*, 1/1993, S. 34-37.

Beyer, M. (1993c): Mind Mapping. ... – Teil 2. In: *MultiMind – NLP aktuell*, 2/1993, S. 17-19.

Bierbaum, G.; Marwitz, K.; May, H. (1991): Happy Selling. Der geniale Verkäufer. Paderborn.

Birkenbihl, V.F. (1990): Stroh im Kopf? Oder: Gebrauchsanleitung fürs Gehirn. 7. Aufl., Speyer.

Buzan, T. (1988a): Kopftraining. Anleitung zum kreativen Denken, Tests und Übungen. 5. Aufl., München.

Buzan, T. (1988b): Speed Reading. 6th Impression. London.

Buzan, T. (1991): Nichts vergessen! Kopftraining für ein Supergedächtnis. München.

Cameron-Bandler, L. (1983): Wieder zusammenfinden. NLP – neue Wege der Paartherapie. Paderborn.

Cameron-Bandler, L.; Lebeau, M. (1991): Intelligenz der Gefühle. Grundlage der „Imperative Self Analysis“ I. Paderborn.

Carter-Scott, C. (1992): Negaholiker am Werk. Mit schwierigen Kollegen, Vorgesetzten und Geschäftspartnern gut fertig werden. Frankfurt/M.

Chaouli, M. (1990): Fundamentaler Wandel. Ein Interview mit Lotfi A. Zadeh. In: *highTech*, Heft 11, 1990, S. 50-51.

Covey, S.R. (1992): Die sieben Wege zur Effektivität. Ein Konzept zur Meisterung Ihres beruflichen und privaten Lebens. Frankfurt; New York.

De Bono, E. (1989): Chancen. Das Trainingsmodell für erfolgreiche Ideensuche. Düsseldorf u.a.

De Bono, E. (1991): Der Klügere gibt nicht nach. Düsseldorf u.a.

Dilts, R.B.; Epstein, T.; Dilts, R.W. (1991): Tools for Dreamers. Strategies for Creativity and the Structure of Innovation. Cupertino (California); dt.: Know how für Träumer. Paderborn (1994).

Dilts, R.B.; Hallbom, T.; Smith, S. (1991): Identität, Glaubenssysteme und Gesundheit. Höhere Ebenen der NLP-Veränderungsarbeit. Paderborn.

Dilts, R.B. (1992): Einstein. Geniale Denkstrukturen & Neurolinguistisches Programmieren. Paderborn.

Dörner, D. (1979): Problemlösen als Informationsverarbeitung. 2. Aufl., Stuttgart u.a.

Dörner, D. (1989): Die Logik des Mißlingens. Reinbek.

Eccles J.C. (1975): Das Gehirn des Menschen. München.

Engelkamp, J. (1991): Das menschliche Gedächtnis. 2. Aufl., Göttingen u. a..

Friedrich, M. (1990): Basteln Sie sich eine Leiter! Übersteigen Sie Ihre Hirnblockaden ... – mit Mind-Mapping ...! In: *Der Arbeitsmethodiker*, Heft 2, S. 5-12.

Friedrich, M. (1992): Kreatives Brainwriting mit Brain-Maps. In: Stratenwerth, W.: Information zum Projekt „Auftragsorientiertes Lernen im Handwerk“. Informationsschrift anläßlich der Veranstaltung: „Wege zur Förderung von Schlüsselqualifikationen in Betrieb und Schule“ am 22. September im Haus der Wirtschaft. Stuttgart, S. 1-6.

Froitzheim, U. (1990): Entfesselte Querdenker. In: *highTech*, Heft 11; 1990, S. 40-47.
Gardner, H. (1989): Dem Denken auf der Spur. Der Weg der Kognitionswissenschaft. Stuttgart.
Gardner, H. (1991): Abschied vom IQ. Stuttgart.
Gardner, H. (1993): Der ungeschulte Kopf. Wie Kinder denken. Stuttgart.
Geo Wissen (1990): Chaos + Kreativität, Heft 2/1990.
Gerken, G. (1991): Geist. Das Geheimnis der neuen Führung. Düsseldorf u.a.
Gerken, G. (1992): Manager ... Die Helden des Chaos. Wenn alle Strategien versagen. Düsseldorf u.a.
Gerken, G. (1993): Brain News. In: *MultiMind – NLP aktuell.* 1/93, S. 4.
Haaf, G. (1987): ... also bin ich. Das alte Weltbild der Hirnforschung ist erschüttert. Wie wird die Flut neuer Erkenntnisse unser Selbstbewußtsein beeinflussen? In: *Geo Wissen.* Gehirn, Gefühl, Gedanken, Heft 1/1987, S. 30-32.
Hoffmann, J. (1986): Die Welt der Begriffe. Psychologische Untersuchungen zur Organisation des menschlichen Wissens. Weinheim.
James, T.; Woodsmall, W. (1991): Time Line. NLP-Konzepte zur Grundstruktur der Persönlichkeit. Paderborn.
James, T. (1992): Time Coaching. Programmieren Sie Ihre Zukunft ... Jetzt! Paderborn.
Kerner, C. (1990): Hab Chaos im Herzen ... In: *Geo Wissen:* Chaos + Kreativität. Heft 2/1990, S. 139-142.
Kintsch, W. (1982): Gedächtnis und Kognition. Berlin u.a.
Kirckhoff, M. (1988): Mind Mapping. Die Synthese von sprachlichem und bildhaftem Denken. Berlin.
Kluwe, R. (1979): Wissen und Denken. Modelle, empirische Befunde und Perspektiven für den Unterricht. Stuttgart u.a.
Küppers, B.-O. (1990): Wenn das Ganze mehr ist ... In: *Geo Wissen:* Chaos + Kreativität. Heft 2/1990, S. 28-31.
Laborde, G.Z. (1991): Kompetenz und Integrität. Die Kommunikationskunst des NLP. Paderborn.
Langlotz, M. (1990): Windows 3. 2. Aufl., Düsseldorf.
Levy, J. (1986): Das Gehirn hat keine bessere Hälfte. In: *Psychologie Heute.* 1/1986, S. 32-37.
Lindsay, P.; Norman, D. (1981): Einführung in die Psychologie. Informationsaufnahme und -verarbeitung beim Menschen. Berlin, Heidelberg, New York.
Lynch, D.; Kordis, P. (1991): DelphinStrategien. ManagementStrategien in chaotischen Systemen. Fulda.

Manager Seminare, Heft 3/1991.
Marwitz, K. (1989): Multimind - Ein spannendes Szenario über das, was wir Denken nennen. In: *congress & seminar*, Heft 11, S. 34.
Marwitz, K. (1993): Eine neue „Wirtschafts-Bildungs"-Politik. Beobachtungen und ein Konzept. Unveröffentlichtes Thesenpapier.
Maturana, H.R.; Varela, F. (1989): Der Baum der Erkenntnis. München.
Mertineit, K.-D. (1992): Netzwerk und Papiercomputer in der beruflichen Umweltbildung. In: *Berufsbildung*, Heft 17, S. 39-42.
Minsky, M. (1990): Mentopolis. Stuttgart.
Neisser, U. (1974): Kognitive Psychologie. Stuttgart.
o.V. (1991a): Motivation der Benutzer wird größer. In: *PC-Magazin* Nr. 20. S. 50-54.
o.V. (1991b): GUIs machen produktiver. In: *PC-Magazin* Nr. 20, S. 52.
o.V. (1991c): State-of-the-Art-Techniken im Überblick. In: PC-Magazin Nr. 20. S. 61.
o.V. (1991d): Schrift und Fotodesign inklusive. In: *PC-Magazin* Nr. 20, S. 64-65.
Ornstein, R. (1989): Multimind – Ein neues Modell des menschlichen Geistes. Paderborn.
Petzold, H.G.; Stahl, T. (1981): Vorwort. In: Bandler, R.; Grinder, J.: Neue Wege der Kurzzeit-Therapie. Neurolinguistische Programme. Paderborn, S. 7-10.
Priester, A. (1992): Mir geht's gut! Management-Entwicklung ganz anders – Teil 1. In: *MultiMind - NLP aktuell*, 6/1992, S. 4-8.
Priester, A. (1993): Mir geht's gut! ... – Teil 2. In: *Multi Mind – NLP aktuell*, 1/1993, S. 12-15.
Radar für Trends. Der Zukunfts-Letter des Instituts für Trend-Forschung.
Riedl, R. (1988): Biologie der Erkenntnis. Die stammesgeschichtlichen Grundlagen der Vernunft. München.
Robbins, A. (1991): Awaken the Giant within. New York u.a.
Robbins, A. (1992): Grenzenlose Energie: Das Power-Prinzip. 4. Aufl. München.
Robbins, A. (o.J.): Personal Power. 30 Days to Success. Tapes.
Rosenkranz, H. (1990): Von der Familie zur Gruppe zum Team. Familien- und gruppendynamische Modelle zur Teamentwicklung. Paderborn.
Rossi, E.L. (1993): 20 Minuten Pause. Wie Sie seelischen und körperlichen Zusammenbruch verhindern können. Paderborn.
Runte, N. (1991): Möglichkeiten und Grenzen der Realisierung von Mind Maps auf EDV mittels Standard-PC-Software. Unveröff. Seminararbeit, Köln.

Scheele, P. (1993): Hochgeschwindigkeits-Lernen heute: Photo Reading. Sonderveröffentlichung von: IdyLL aktuell – Januar 1993.

Schiemer, H. (1990): Das große Paintbrush IVplus Buch zum PC. Düsseldorf.

Schiermann, J.U. (1987): Die Repräsentation anschaulicher Information. Eine experimentelle Studie zur kognitiven Psychologie über die Identifizierung modalitätsspezifischer Repräsentationssysteme. Frankfurt / Main u.a..

Schuler, M. (1992): Mind-Mapping. Unveröffentlichtes Seminarskript. Idstein.

Spinola, R.; Peschanel, F.D. (1989): Das Hirn-Dominanz-Instrument (HDI). 2. Aufl., Speyer.

Sprenger, R.K. (1992): Mythos Motivation. Wege aus einer Sackgasse. Frankfurt / Main, New York.

Tolman, E.C. (1948): Cognitive maps in rats and men. In: *Psychological Review* 55, S. 189-208.

Vester, F. (1979): Ökologie im Verdichtungsraum – Biokybernetische Erfassung und Planung. Darstellung der Gesamtdynamik und Entwicklung eines Sensitivitätsmodells. München.

Vester, F. (1987): Denken, Lernen, Vergessen. Was geht in unserem Kopf vor, wie lernt das Gehirn und wann läßt es uns im Stich? 14. Aufl., München.

Wagner, H.R. (1989): Struktogramm-Analyse. 4. Aufl., Speyer.

Waterman, R.H. (1993): Ad-hoc-Strategien. Die Kraft zur Veränderung. Paderborn.

Weiß, J. (1990): Selbst-Coaching. Persönliche Power und Kompetenz gewinnen. Paderborn.

Wehowsky, S. (1990): Die unvernünftige Gesellschaft. In: *Geo Wissen*: Chaos + Kreativität, Heft 2/1990, S. 152-161.

Wessels, M.G. (1984): Kognitive Psychologie. New York.

Wilkes, M.W. (1988): Die Kunst kreativ zu denken. München.

Zeising, M. (o.J.): Unveröffentlichte Seminarunterlagen.

Zink, J. (o.J.): Wie wir beten können. Stuttgart.

Sachwortregister

Z

Personenregister